감정

감정

지은이 문지현

초판 1쇄 발행 2014년 6월 17일
초판 2쇄 발행 2014년 9월 23일

발행처 도서출판 작은씨앗
공급처 도서출판 보보스
발행인 김경용
본문디자인 류봄

등록번호 제300-2004-187호 등록일자 2003년 6월 24일

주소 서울시 서초구 바우뫼로 7길 64-25 1층
전화 (02)333-3773 팩스 (02)735-3779
이메일 ky5275@hanmail.net

ISBN 978-89-6423-169-2 03180

값은 뒤표지에 있습니다.
잘못된 책은 구입하신 서점에서 바꾸어 드립니다.

이 도서의 국립중앙도서관 출판시도서목록(CIP)은 서지정보유통지원시스템 홈페이지(http://seoji.nl.go.kr)와
국가자료공동목록시스템(http://www.nl.go.kr/kolisnet)에서 이용하실 수 있습니다. (CIP제어번호:CIP2014015242)

감정

죄책감 guilt 분노 anger 슬픔 grief 우울 depression 두려움 fear 불안 anxiety 사랑 love 스트레스 stress

행복과 불행은 어디서, 어떻게 교차하는가

문지현 지음

작은씨앗

저자 서문

우리가 잘 몰랐던 '한 길 사람 속' 이야기

"색깔 하나만 달라져도 많은 차이가 납니다."

언젠가 본 광고 문구다. 이 광고의 배경에는 하늘빛 구름과 회색 구름이 자리하고 있었다. 사람의 마음도 그런 것 같다. 똑같은 하늘이지만 터질 듯한 기쁨으로 바라보는 하늘과 찢어지는 고통으로 올려다보는 하늘에는 큰 차이가 있으니까. 어떤 감정을 담고 있느냐, 마음의 색깔이 어떤 상태이냐에 따라 세상은 백팔십도 다른 모습으로 다가온다.

감정이란 게 참 어렵다. 살다 보면 가슴이 찢어지도록 아플 때가 있는데, 그럴 때면 문득 '차라리 이런 감정 따위 못 느끼게 되면 좋겠다'는 생각이 들기도 한다. 견디기 힘든 감정이 극에 달했을 때 자기 생명을 스스로 끊는 극단적인 선택을 하는 사람들 중에는 자신을 짓누르고 뒤흔드는 감정에게서 도망치고 싶다고 생각하는 경우가 많다. 죽는 게 두려운 것은 본능임에도 이 본능을 건너뛸 만큼 강렬한 감정의 고통이 사람을 극한으로 몰아가기 때문이다.

한편으로 병원을 찾는 사람들 중에는 감정을 느끼지 않는 데 성공(?)한 사람들도 종종 눈에 띈다. 겉으로 보기에는 아무런 문제가 없어 보이지만 실제로 문제가 없는 것이 아니다. 아니, 오히려 겉으로 문제가 드러날 때보다 훨씬 더 심각한 문제를 안고 있는 경우도 많다. 한번 생각해 보자. 칼에 몸을 찔렸는데 통증을 느끼지 못한다면 어떻게 되겠는가! 이런 모습을 숱하게 보면서 자연스럽게 감정에 대해 깊이 생각해보는 계기가 되었다.

감정이라는 주제는 최근에 들어서야 제대로 주목받기 시작하는 것 같다. 요즘엔 감정이라는 말이 어디서나 일상적으로 사용된다. 약간 과하다 싶을 때도 있을 정도다. 그러다 보니 어떨 땐 세상이 너무 감정에 '꽂힌' 것처럼 보일 때도 있다. 그러나 최근까지 감정이 받아온 홀대, 심지어는 금기로까지 취급되던 상황을 떠올리면 그간 받지 못했던 관심을 이제라도 받게 되니 솔직히 다행이다 싶기도 하다. 계속 감정에 치우친 상태로 지속된다면 문제가 되겠지만 감정을 제대로 인정하고, 표현하고, 받아들이기 위하여 하나씩 밟아가는 과정으로 생각했으면 좋겠다.

감정을 가진 사람이기에 아플 때도 있지만 감정 덕분에 행복을 느낄 수 있다는 사실을 다시 한 번 돌아보며 다양한 감정 안에 사는 만족감을 함께 경험하게 되기를 바란다.

차례

저자 서문 우리가 잘 몰랐던 '한 길 사람 속' 이야기 4

프롤로그 마음이 힘들어본 적 없는 사람이 있을까?

그들은 정말 괜찮은 걸까? 10 | "한 사람이 올 때 그 사람의 일생이 온다" 14 | 아는 만큼 고칠 수 있다 19 | 행동과학 시간에 배운 죽음의 5단계 23 | 잘 버텼어, 괜찮아, 이제 다시 해보면 돼! 26

Part 1
죄책감

"정신과 치료는 받아보셨나요?" 35
죄책감은 어떻게 생겨나는가? — 외디푸스 갈등에 대해서 37
마음의 검열관, 초자아 40
프로이트 이론의 한계를 뛰어넘으려는 심리학자들 43
1. 정신분석학자 에릭슨의 이론
2. 정신분석학자 브래너의 이론
3. 인격 의학의 주창자 폴 투르니에의 이론
싱글맘 지영 씨의 양육 딜레마 49
죄책감을 느끼는 곳은 어디일까? 51
인간의 뇌에 대해 우리가 잘못 알고 있는 것들 54
죄책감은 우리 삶의 '조미료'다? 57
너무 싱겁잖아! — 죄책감이 빠져나간 그 자리 59
다시는 이렇게 살지 말아야지 63
너무 불쾌하잖아! — 죄책감이 넘쳐나는 그 자리 66

'그래? 증거가 뭔데?' 69
"그 자리에 엄마가 계셨네요!" 73
죄책감을 지혜롭게 극복한 연주 씨 78

Part 2
분노

상습적으로 약속시간에 늦는 남친 때문에 감정이 상한 효정 씨 87
부정적인 감정의 선두주자, 분노 90
아드레날린과 노르아드레날린의 역할 93
분노의 시작점, 배고픔 96
남편에 대한 분노로 자신에게 형벌을 가하게 된 윤서 씨 100
꼭 필요하고 건강한 배고픔 103
"그분이 오신다!" 106
분노와 폭력을 유발하는 곳, 편도 109
"괴물로 사는 게 나을까요, 좋은 사람으로 죽는 게 나을까요?" 112
화를 내야 할 상황에서 화를 내지 못하는 건우 씨 115
성숙하게 분노하는 사람이란? 119
아버지에게 극도로 분노하는 기훈 씨 122
기훈 씨 아버지 심리분석 125
자식들을 향한 살인적인 분노로 힘들어하는 소은 씨 128
소은 씨 심리분석 133
일상 속에서 쉽게 만날 수 있는 분노의 다양한 모습들 135
자기 안의 불길부터 다스려라 139

Part 3

슬픔 & 우울

맨발로 깨진 유리조각을 밟는 느낌, 병적인 우울 145
실연에 대처하는 두 여성의 자세 148
엄마의 죽음에 적응하는 것과 엄마의 죽음을 이해하는 것의 차이 152
우울의 뿌리, 학습된 무기력 156
우울의 원인으로 작용하는 뇌 구조와 기능 160
잘못된 위로는 약이 아니라 오히려 독이다 164
감정을 조절하는 뇌의 4가지 부위 167
제대로 된 슬픔이란? 172
웃음과 감동 강박사회 176
수진 씨의 불면에 숨은 이유 180
수진 씨의 고백 184
우울증과 조증을 넘나드는 원진 씨 187
자신의 슬픔을 마주보기로 결심한 유정 씨 191
슬픔을 억누르지 않고 지혜롭게 다스리는 방법 196

Part 4

두려움 & 불안

'정신 차려! 위험이 닥쳐오고 있다'라는 신호, 불안과 두려움 201
두려움을 담당하는 뇌의 자리, 변연계 204
"그 형에게 느낀 감정이 성욕일까 봐 두려웠어요" 210
우리나라에는 사회 공포증이 적다고? 214
불안의 씨앗은 지뢰와 같다 218
아주 어렸을 때 경험하는 해체 불안 222
'공황 장애'의 주요 원인, 부모의 빈자리 225
두려움을 감지하는 기초 기지, 측두엽 229
두려움은 눈을 밝게 만든다 233
조작된 공포가 세상을 지배한다? 236
역공포적 태도란? 239
두려움은 움직이도록 떠미는 감정이다? 243
두려워하기로 결정한 건 어느 누구도 아닌 자기 자신이다 246
영원히 사라지지 않을 감정, 두려움과 불안 252

Part 5

사랑&인간관계

진정한 사랑의 주역, 친밀감 259
플러스 고통에는 반드시 마이너스 고통이 따라온다 262
사랑의 감정은 어떻게 생겨날까? 267
삶의 원동력이자 인간관계의 배양토, 애착 270
버려진 아기였던 미라 씨와 할로우의 원숭이 격리 실험 275
애착의 3가지 유형 279
2가지 성격 장애 — 분열성 성격 장애와 회피성 성격 장애 284
이 세상에 유통기한이 없는 건 없는 걸까 289
사랑의 감정을 만들고 유지시키는 호르몬들 294
성, 중독되거나 담을 쌓거나 299
"내가 사랑하는 사람에게는 항상 나쁜 일만 생겼어요!" 303
나를 행복하게도 불행하게도 만들 수 있는 유일한 사람은 나 자신이다 307
지금부터, 사랑하기로 결심하다 311

Part 6

스트레스&트라우마

생물체의 항상성을 깨뜨리는 자극, 스트레스 319
스트레스의 교류모델이란? 325
동일한 스트레스 상황에 180도 다르게 반응하는 균영 씨와 경한 씨 329
스트레스 인자가 달라지면 고통도 달라진다 336
"안 힘들게 산 적이 없는 것 같아요" 342
기억을 담당하는 '해마'를 손상시키는 스트레스 347
생명을 위협할 정도의 극심한 스트레스, 트라우마 351
스트레스가 병이 된 적응 장애 355
현실과 자신을 분리하는 과정, 해리 359
스트레스가 삶의 균형을 맞추어준다고? 363
"나를 죽이지 못하는 것은 나를 더 강하게 한다" 371

프롤로그

마음이 힘들어본 적 없는 사람이 있을까?

그들은 정말 괜찮은 걸까?

"진료실에서는 정신과 의사지만 병원에서 입던 가운을 벗고 진료실 문을 나올 때에는 의사의 정체성도 벗어놓는다"던 어느 선배 의사의 글귀가 떠오른다. 그건 나 역시 마찬가지다. 가까운 테두리 안에 있는 사람들에게까지 정신과 의사의 안테나를 켠 채로 접근한다면 그들만이 아니라 나도 피곤하기는 마찬가지일 테니 말이다.

하지만 문득 복잡한 도심 한가운데에서, 소란스러운 관광지에서, 다들 졸면서 집으로 향하는 늦은 밤 전철 안에서, 한적한 산속 오솔길에서 스쳐가는 사람들의 모습을 조용히 지켜보게 될 때가 있다. 무표정한 얼굴로 무장한 사람들이 대다수지만 개중에는 깔깔 웃어대며 자기들만의 이야기에 빠져 있는 것처럼 보이는 사람들도 있다.

가끔은 사소한 일로 서로 삿대질까지 하며 싸우는 사람들도 본다.

아, 그렇다! 무슨 내용인지는 모르겠지만 자못 심각하게 전화를 받으면서 눈물을 뚝뚝 흘리다가 마침내 흐느끼는 사람을 본 적도 있다. 그래도 대부분의 경우, 다들 큰 문제는 없어 보인다. 하기는, 겉으로 드러날 정도로 큰 문제를 가진 사람이라면 그와 주변 사람들 사이에 틀림없이 관계의 '틈새'가 벌어져 있을 것이다.

전철 안에서 어떤 남자가 제법 큰 소리로 중얼중얼하는 모습을 본 적이 있다. 처음에는 누군가와 이어폰을 이용해 전화 통화를 하고 있는 줄 알았다. 하지만 조금 시간이 지나면서 보니 대화의 상대가 얼마 전 세상을 뜬 모 대통령이었다. 한창 이야기에 열을 올리는 걸로 보아 환청이 들리는 듯했다. 아마도 그걸 실제 그 대통령의 목소리로 착각하고는 혼자서 열심히 주고받고 하며 얘길 나누는 모양이었다. 처음엔 술에 취한 건가 싶어 자세히 살펴보니 그것도 아닌 것 같았다.

직업병이랄까, 대체 무슨 이야기를 나누나 궁금증이 일어 가만히 귀 기울여 보았다. 전前 대통령과 대화를 나누는(?) 중간 중간, 또 다른 환청의 주인공으로 보이는 누군가가 옆에서 참견이라도 하는지 그에게 윽박질러가면서 얘기를 하고 있었다. 그러고 보니 그의 행색에서도 길에서 오래 시간을 보낸 사람 특유의 남루함과 지저분함이 묻어났다.

서서히 주변 사람들의 움직임이 감지되기 시작했다. 그 남자의 바로 옆에 있던 사람들부터 천천히 자리를 피하기 시작하더니 곧 그의 주변에는 아무도 남지 않게 되었다. 꽤 붐비는 시간이었는데도 말이다.

이야기가 잠시 옆길로 샜지만 다시 돌아와서 묻는다. 그 남자의 주변을 스쳐 지나갔던, 겉으로 볼 땐 아무렇지도 않아 보였던 사람들. 그들은 정말 괜찮은 걸까? 사무적이고도 기계적인 친절함과 무표정으로 잠깐은 덮어둘 수 있을지 모르겠지만 정말 속속들이 괜찮은 게 쉬운 일이 아님을 잘 알고 있다. 이 시대를 살아가는 한국인으로 이 땅에 서 있다는 건 특히 더 쉽지 않은 일인 것 같다. 정신과의 문턱이 많이 낮아졌다고는 하지만 병원까지 찾아와 자신의 마음이 힘들다는 걸 호소하는 이들은 우리나라 정서로 볼 때 아직까지 그리 많은 편이 아니다.

최근 급증하고 있는 우울증과 자살에 대한 대책을 마련하기 위해 한국보건의료연구원에서 2011년 6월 실시한 연구 결과를 살펴보자. 이 자료에 따르면, 평생 한 번이라도 우울증을 앓아본 경험이 있는 사람이 우리나라 전체 인구의 5.6퍼센트(약 200만 명)에 달하는 것으로 나타났다. 이 자료는 현재 우울증에 걸린 사람도 전 국민의 2.5퍼센트(약 100만 명)에 이른다고 추산했다. 또한 정신과 등에서 우울증 치료를 받고 있는 환자 수는 29만 명에 그쳤으며, 이중 지속적으로 치료를 받는 사람은 15만 명(15퍼센트)에 불과하다고 했다. 결국 85퍼센트에 해당하는 사람들이 치료의 범위 안에 들어오지 못한 채 각자의 자리에서 '생짜로' 고통을 겪고 있다는 이야기다.

나라 밖에서 우리를 보는 시각은 어떨까. 2011년 7월 《뉴욕타임스》

아시아퍼시픽판에는 엄청나게 스트레스를 받고 우울해하면서도 정신과 치료를 기피하는 한국인에 대한 기사가 실렸다. 기사에서 그려지는 한국인의 모습은 이렇다. 과로하고, 스트레스는 넘치고, 불안해하면서, 이혼율은 치솟고, 학업에 대한 압력으로 학생들은 질식감으로 괴로워하는 사회. 전 세계에서 가장 높은 자살률에, 아직까지도 마초적인 기업 문화가 퇴근 후 필름이 끊길 때까지 술 마시기를 강권하는 사회……. 결국은 국가적인 신경 쇠약 증상에 시달리는 모습으로 우리 사회가 비쳐지고 있는 것이다. 너무 과장된 표현에 악의적인 보도라고 화라도 낼 수 있으면 좋겠는데, 전혀 밑도 끝도 없이 나오는 소리가 아니라는 생각에 말꼬리가 흐려진다.

굳이 병적인 우울증이나 스트레스까지 들먹이지 않더라도 다들 하나씩 자기만의 어려움을 짊어지고 힘겹게 살아가는 게 우리의 진짜 모습이란 생각에 마음이 짠해진다. 만일 내면까지 투시해볼 수 있는 거울이 있다면 방금 내 옆을 스쳐 지나간 발랄한 그녀의 내면에 깊이 감춰져 있는 슬픔이 보일지도 모르겠다. 조용히 입을 꾹 다물고 있는 아저씨가 품은, 마음대로 되지 않는 삶에 대한 분노가 비쳐 보일 수도 있다.

여자 친구를 만나 신나게 목소리를 높이는 그에게서는 그녀를 충분히 사랑하지 않는 것에 대한 죄책감이 드러날지도 모를 일이다. 남들이 마다하는 일거리까지 떠맡아 척척 처리해내는 그녀의 내면에는 두려움이 꽁꽁 숨어 있지 않을까. 세상 걱정 없어 보이는 그가 사실은 말로 다 표현할 수 없는 엄청난 스트레스로 고통 받고 있는지도 모른다. 휴대전화에 가득 찬 전화번호 목록에도 불구하고 속마음을 털어놓고 얘기할 친구 한 명이 아쉬운 그녀에게는 인간관계가 제일 힘든 부분일 수도 있다.

"한 사람이 올 때 그 사람의 일생이 온다"

왜 우리는 이렇게 아파하고 힘들어해야 하는 걸까? 종교적이고 철학적인 생각으로 이어지는 질문일 수도 있겠지만 그렇게 되면 여기에서 다룰 수 있는 범위를 넘어서기 때문에 조금 더 질문의 폭을 좁혀서 생각해보면 좋겠다. 왜 우리 마음이 이런 여러 가지 감정적인 어려움들로 힘들어하게 되었을까? 그러면서 떠오르는 건 '광화문글판'으로 유명한 정현종 시인의 시 「방문객」이다.

> "사람이 온다는 건 실은 어마어마한 일이다. 그는 그의 과거와 현재와 그리고 그의 미래와 함께 오기 때문이다. 한 사람의 일생이 오기 때문이다.(일부 발췌)"

이 시는 온라인 투표를 통해 1997년부터 게시된 58편의 '광화문글판' 문안 가운데 베스트 문안으로 선정되기도 했다. 비교적 최근에 게시되어서 가장 많이 기억에 남은 이유도 있었겠지만 그만큼 많은 사람들의 공감을 불러일으켰다는 데 의미가 있다고 생각한다.

지금 여기 있는 나는 겉으로 보이는 '나, 이런 사람'만이 아니다. 나의 안에는 지금 이 자리에 오기까지 거쳐온 나의 시간이 차곡차곡 쌓여 있다. 그 시간들을 어린 시절의 추억이라고 부를 수도 있고 경험이나 기억이라고도 할 수도 있다. 무슨 이름으로 부르든 지금의 나를 만든 건 그 시절의 나다. 그리고 지금의 내가 선택하며 살아가는 현재의 이 시간은 1년 뒤, 5년 뒤, 10년 뒤에 내가 어떻게 지내게 될지를 결정하기도 한다. 내가 오늘 하루 보내는 시간은 당연히 24시간이지만 그 24시간은 그 사이 쭉 쌓아왔던 기나긴 시간이 농축된 채로 반영된다.

지금의 나는 과거의 나에서 왔다. 내가 과거에 겪은 경험이 지금의 나를 만들었고, 지금의 나는 미래의 나를 만들 것이다. 짤막한 예를 하나 들어볼까. 사실 나는 스포츠를 그리 좋아하는 편은 아니다. 그러나 모두의 관심이 쏠리는 경기는 자연스럽게 보게 된다. 2010년에 김연아 선수는 동계올림픽에서 금메달을 땄다. 피겨 스케이팅의 쇼트 프로그램 시간은 2분 50초다. 프리 스케이팅은 그보다 좀 더 길지만 4분에 불과하다. 그 시간은 전철 2~3정거장을 지나가는 정도의 짧은 시간에 지나지 않지만 그 시간 속에는 김 선수가 보낸 지난 1년 이상의 훈련이 담겨 있고, 더 길게는 10년이 넘는 동안 쌓아온 노력과 걸어온 발자취가 담겨 있는 셈이다(김 선수는 7살 때부터 피겨스케이팅을 시작했다고 한다).

정신과적으로, "한 사람이 올 때 그 사람의 일생이 온다"라는 이 싯귀는 특히나 더욱 깊은 의미를 갖는다. 병원을 찾아서 현재 내가 겪는 어려움에 대해 털어놓으면 지금 현재 느끼는 아픔이 무엇인지 확인한 뒤 그 사람이 어떤 성장과정을 거쳤는지 확인하는 과정이 자연스럽게 따라온다. 굳이 정신분석적인 진료를 하는 경우가 아니라고 하더라도 그가 어떤 시간을 자기 안에 쌓아왔는지 확인되지 않는다면 그 사람에 대해 정확히 이해하기가 어렵다. 그리고 이해가 안 되면 치료가 안 되는 건 당연한 이야기다.

우울증이나 조울증과 같은 기분 장애는 워낙 흔하기 때문에 비교적 연구가 잘 되어 있는 편이다. 그런데 반복적으로 확인되는 연구 결과 가운데 하나는 처음 우울 증상을 겪기 전 스트레스가 될 만한 생활 사건이 있는 경우가 많다는 사실이다. 나중에 우울증을 앓게 되는 것으로 가장 연관성이 높은 생활 사건으로는 11세가 되기 이전에 부모 중 한 명을 잃는 일이었다.

두 번째로 우울 증상을 겪을 때보다 처음으로 우울 증상을 겪을 때 주변에 스트레스 상황이 있는 이유에 대해서는 이렇게 설명할 수 있다고 한다. 그때 경험하는 스트레스가 뇌에 변화를 일으키는 것이다. 이 변화는 그 자체로 끝나지 않고 다양한 신경전달물질이나 뇌세포 사이의 연락 체계에 영향을 미치기 때문에 또 다른 변화를 일으키게 된다. 예를 들면 뇌신경세포(뉴런이라고 한다)가 없어지거나 시냅스라고 불리는 뇌 연접이 대폭 감소되는 변화까지 생길 수 있다고 한다.

이런 뇌의 변화는 꼬리에 꼬리를 물어서 우울증을 일으키게 되며, 마침내는 아무런 일이 생기지 않아도 저절로 우울증이 생기는 상태에 도달하게 만든다고 한다. 살짝 이야기가 어려워진 것 같지만 사실 한 발짝 물러서서 생각해보면 아주 이해하기 어려운 얘기만은 아니다. 지금의 나는 과거의 내가 보내온 시간과 경험의 총합인데, 이전의 나는 (안 그랬더라면 정말 좋았겠지만) 어떤 상처를 겪었다.

개중에는 일찍 부모를 잃는 것 같은 큰 상처도 있고, 아무 잘못 없이 친구들에게 왕따를 경험하는 아픔도 있고, 아끼던 연필을 잃어버린 것 같은 비교적 작은 아픔도 있다. 아프고 싶어서 아픈 사람은 그리 많지 않았겠지만, 어쨌든 내가 겪었던 크고 작은 일들이 내가 세상에 반응하는 모습을 결정해왔다. 상처가 아물어도 흉터가 남듯이, 마음에 입은 상처는 지금의 내 생활 속에 흔적으로 남는다.

여기 한 소녀가 있다. 아버지가 돌아가시고 홀어머니 손에 자랐다. 왜 그랬는지 잘 모르겠지만 그녀의 어머니는 아버지가 돌아가신 사실을 외부에는 끝내 감추게 하셨다. 그래서 항상 소녀의 아버지는 '외국 장기 출장 중'으로 되어 있었다. 초등학교 때 소녀는 단짝 친구 무리가 생겨서 같이 어울려 다니며 좋은 시간을 보냈다. 이 아이들만큼은 나의 이야기를 털어놓아도 될 것 같다는 생각이 들어서 친구들과 나름 심각한 얘기를 나누던 어느 날 아버지가 돌아가셨다는 말을 했다. 그리고 얼마 지나지 않아서 소녀는 담임선생님의 호출을 받았다.

"얘, 너희 아버지가 출장 가 계신 게 아니라 돌아가셨다는 게 맞니?"

소녀가 모르는 사이에 그녀의 이야기는 반 전체에 쫙 퍼져 있었다. 이 일은 소녀 안에 깊은 상처로 남았다. 소녀가 자라서 성인이 되었지만 그녀는 자기 안에 담아놓은 이야기들을 절대로 겉으로 꺼내지 않는 강력한 습관을 가진 성인이 되었다.

여기 한 소년이 있다. 소년과 다섯 살 차이가 나는 형은 언제나 주먹부터 앞서는 행동파였다. 나이도 어리고 몸도 약한 소년은 언제나 형에게 한 주먹감이었다. 얻어맞고 코피가 터지기 일쑤였다. 말썽을 피우는 형과 달리 책 읽기 좋아하고 유순한 소년을 부모님들은 대놓고 편애했다. 나이 어린 친구들에게는 당연한 얘기지만 소년은 자기만 사랑받는 게 지극히 당연하다고 생각했다. 소년이 중학생이 되었을 때 고등학교를 자퇴하고 폭력배들과 어울려 다니던 형은 술자리에서 벌어진 시비 끝에 깨진 술병에 찔려서 비명에 죽고 말았다.

소년은 이제 중년의 어른이 되었다. 그런데 지금의 그는 당연히 화를 내야 할 상황에서도 화를 내지 못하는 사람인 동시에, 형의 죽음에 자신이 뭔가 책임이 있는 것 같은 죄책감에 시달리고 있다. 부모를 독차지해서 형을 밖으로 나돌게 했으니까 결국 형이 그런 끔찍한 꼴을 당한 거라고 생각했다. 머릿속으로 직접 그런 생각을 한 적은 없었지만 자기가 형을 죽게 만든 거나 다름없다고 느끼고 있었다.

아들의 죽음 이후로 삶이 정지되어버린 듯한 부모님은 잘 지낼 리가 없는 게 당연한데도 부모가 행복하지 않은 것조차 자기 탓이라고 생각하며 괴로워했다. 그가 이 생각에 묶여 있는 동안 정작 그 자신의 가정, 즉 그의 아들과 아내는 언제나 생각이 딴 곳에 가 있는 아버지 때문에 외로워하고 있었다.

"그래서 날더러 어쩌라고?"

어쩌면 그렇게 날선 질문이 튀어나올 시점일지도 모르겠다. 이전의 내가 겪었던 일들 때문에 지금의 내가 힘들다고 치자. 그런데 그건 지금의 내가 어떻게 할 수 있는 부분이 아니다. 반복되는 연구 결과라고 소개한, 일찍 부모를 잃은 사람의 우울증만 해도 그렇다. 자기 의지와 상관없이 부모를 잃어야 했던 사람은 그 자체만으로도 무척 힘들었을 텐데 나중에 우울증까지 걸리기 쉽다니 이보다 더 안타까운 일이 어디 있을까. 더구나 속상해한다고 해도 돌아가신 부모님이 살아 돌아오시는 것도 아니고, 만일 지금 와서 갑자기 나타나서는 "내가 바로 죽은 줄 알고 있던 네 아버지다"(흔치 않은 일이긴 하지만 TV 드라마 같은 것을 보면 생각보다 자주 일어나는 일처럼 보이기도 한다)라고 말한다 해도 어렵고 힘들게 살아왔던 그 시절이 보상되는 것도 아니다.

아는 만큼 고칠 수 있다

속상해해도 달라지지 않는 상황이라면 속상해하는 것으로 끝내지 말고 거기에서 한 발짝 더 나갈 수 있으면 좋겠다. 어디로 한 발짝? 그렇다. 바로 내가 바라는 그 곳, 회복의 자리로 한 발짝 나가는 것이다. 상처를 어루만지고, 아픔을 조금이라도 덜고, 지금까지 무거운 짐에 짓눌려 있던 내 자신의 마음을 손잡아 일으켜주는 그 자리다.

내가 지금 왜 힘든지 아는 사람은 알지 못하는 사람보다 달라질 가능성이 크다. 내가 우울증에 걸릴 가능성이 높다는 걸 알면 마음의 건강을 위해 더 열심히 노력하는 기회로 만들 수도 있다. 다른 몸의 병을 예로 들어 생각해보면 조금 더 쉽게 이해가 갈 것이다. 부모님 두 분 다 기름진 것과 맛있는 것을 좋아하고 체중 관리에 전혀 신경 쓰지 않다가 고혈압과 관상 동맥 질환으로 오십대에 모두 돌아가신 경우를 생각해보자.

부모님을 진료하던 의사가 "아직 이십대 중반의 젊은 나이니까 지금부터 바른 식습관을 기르고, 열심히 운동하고, 심장의 건강을 위해 노력한다면 얼마든지 달라질 수 있고 장수할 가능성도 있다"고 조언했다고 해보자. 그리고 그 말을 듣고 실제로 식습관을 고치고 꾸준히 운동하며 노력했다면 나의 오십대는 부모님의 오십대와는 현격히 달라질 수 있다. 대학에 들어가면서 배웠던 담배도 끊고, 체중이 늘어나지 않도록 조심하고, 언제든 기회가 되면 몸을 많이 움직이려고 노력하고, 지나치게 스트레스 받는 일들은 피하려고 애쓴다면 내가 부모님과 똑같은 시기에 세상을 떠나는 일을 막을 가능성은 높아질 것이다.

물론 안타깝게도, 내가 아무리 열심히 노력한다고 해도 상황이 전혀 나아지지 않는 경우도 있을 수 있다. 부모님의 지병이 사실은 유전적 성향이 강한 고혈압이어서 열심히 노력했음에도 불구하고 사십대에 고혈압 진단을 받고 오십대가 되면서 협심증 진단을 받게 될 수도 있다. 하지만 그렇다고 하더라도 내가 건강하게 살려고 노력한 20여 년은 결코 헛된 시간이 아니다. 건강한 삶을 선택한 나는 마음

내키는 대로 무절제하게 살았을 때의 나보다 더 깊은 행복을 느꼈을 가능성이 크니까.

이처럼 마음이 아프고 힘들 때 그것이 어디에서 어떻게 발단이 되었는지 알 수 있다면 달라질 가능성이 생긴다. 물론 단지 아는 것만으로는 아무것도 달라지지 않는 경우도 있을 수 있다. 그러나 그럴 때조차 전후좌우 분간조차 안 되는 마음의 고통에 시달릴 때보다 '물밖'으로 고개를 내놓은 채 무슨 일이 벌어지고 있는지 간파할 수 있을 때가 견디기 한결 수월하지 않을까. 내 문제가 무엇인지 안다는 건 말처럼 쉬운 일은 아니다. 그렇지만 가만히 생각해보면 우리 삶에 쉬운 일은 없다.

학교 공부만 끝나면 모든 일이 술술 잘 풀릴 줄 알았는데, 차라리 시키는 대로 공부만 하면 되었던 학창시절이 오히려 쉽고 편했다는 생각이 든다면 비로소 세상을 제대로 알아가고 있는 중이라고 얘기해주고 싶다.

좋은 사람 만나서 결혼하면 행복하게 잘살 줄 알았는데 그 사람과 서로 주도권 쟁탈전을 벌이면서 아옹다옹하느라 힘들다면 제대로 된 삶의 길을 밟고 계시는 중이라고 말씀 드리고 싶다.

사실 병원에 와서 전문의와 상담하면서도 끝까지 자기 문제가 정말 무엇인지, 왜 내가 지금 이렇게 되었는지를 알지 못하는 경우도 왕왕 있다. 병원에서 상담을 진행할 때에는 오시는 분이나 만나는 의사나 둘 다 "정말 왜 그랬을까?" 하는 질문을 가지고 여러 가지 가설을 만들어본다. 어떤 가설은 얼마 안 가서 버려지기도 하고 어떤 가설은 갈수록 형체가 뚜렷해지면서 살을 붙여 나간다. 그렇지만 가장 중요한 건 그 가설이 맞느냐 틀리느냐가 아니다.

여기에서 중요한 것은 자기 자신의 문제에서 도망치지 않고 진땀 흘리며 씨름하는 한이 있다 하더라도 그 자리에 남아 있어 보는 과정 그 자체다. 정말 왜 그랬는지를 알게 되어도 바꿀 수 없는 어떤 것들이 존재한다. 그러면 그때 필요한 것은 바로 수용(Acceptance)이다. 정신과를 찾는 사람들에게 추천하고 싶은 책을 묻는 질문을 받은 적이 있었다.

그때 내가 꼽은 책이 바로 『인생 수업Life Lessons』이었다. 정신과 여의사이자 사망학(사망심리, Thanatology) 전문가인 엘리자베스 퀴블러 로스가 쓴 책이다. 인생, 혹은 삶에 대해 쓴 책이지만 로스는 삶보다는 죽음 쪽에 조금 더 전문적이다. 물론 죽음만큼 삶에 대해 또렷하게 볼 수 있게 도와주는 것도 없긴 하지만 말이다. 로스는 닥쳐오는 죽음에 대해 사람들이 보이는 반응을 잘 정리한 사람으로 제일 많이 기억된다.

행동과학 시간에 배운 죽음의 5단계

나 역시 의사가 되기 전 의과대학에 다닐 때에도 행동과학 시간에서부터 죽음의 5단계를 배웠다. 그게 무슨 의미가 있고 무슨 뜻이 있는지도 모른 채 5단계의 앞 글자를 따서 줄줄 외우던 기억이 난다(의

과대학생들이 온갖 잡다한 것들을 외우기 위해 많이 쓰는 방법이다). 그 순서는 이랬다 : SABDA. 무슨 암호같이 보이지만, 영어 앞 글자를 따서 조합해 만든 말이다. 죽음을 앞둔 사람들이 보이는 반응은 대체로 이러하다. 처음에는 충격을 받고 부정한다(Shock & Denial).

"설마, 그럴 리가 없다고.' '병원에서 뭔가 실수한 거겠지."

그 다음 단계에서는 펄펄 뛰며 화를 낸다(Anger).

"난 열심히 살아왔는데 고작 이 따위 병으로 이제 인생을 끝내야 한다고?!"

주변의 모든 사람들, 즉 자신을 진료하는 의사나 자기에게 중요한 의미가 있는 가족들도 이 사람의 분노에 속수무책이 된다. 그다음 단계는 타협 내지 협상이다(Bargaining). 하나님께 기도하면서 이번에 살려주시면 열심히 교회 다니고 헌금도 열심히 하겠노라고 약속한다. 갑자기 봉사 활동을 다니면서 나 이만하면 착하게 살려고 노력하지 않느냐고 들이댄다.

그러다가 다음 단계는 우울이다(Depression). 이 모든 노력이 다 헛수고란 생각이 들면서 죽고 싶은 생각이 들 정도의 깊은 우울에 빠진다. 그리고 마지막으로 만나는 단계가 수용이다(Acceptance). 죽음이 불가피하고 누구나 경험하는 보편타당한 사건임을 받아들인다. 그렇다고 갑자기 기분이 좋아지거나 하는 건 아니지만 이 단계의 사람들은 감정 기복이 가라앉고 차분해지면서 안정을 찾는다. 이 순서들을 하나씩 하나씩 따라가는 사람은 없다. 한 단계가 지나갔다고 생각했는데, 앞의 단계가 도로 나오기도 한다. 이 수용의 단계는 쉽지 않다. 어쩌면 앞에서 얘기한 자기 문제 알기보다 몇십, 아니 몇백 배는 더 어려울 수도 있다. 하지만 수용 역시, 해보려는 노력을 하는 그 자체만으로도 - 설령 수용하는 데 성공을 못한다고 하더라도 - 의미는 있다.

내가 지금 마음이 아프고 힘들다. 누구나 다 이 정도의 고통을 이런 상황에서는 다 느끼겠지 했는데, 조금 자세히 살펴보니 이게 웬걸, 나만 혼자 이 고생을 하고 있는 거였다. 억울하고 기가 막히고 분통이 터지기도 하겠지만 그런다고 아픈 마음이 저절로 자연 치유되는 게 아니라면 내가 왜 아픈지, 어떤 부분이 나에게 아픔인 건지, 들여다 볼 필요가 있다. 파닥거리던 걸 접고 가만히 바라보니 내가 겪었던 지난날들의 상처들이 하나씩 새록새록 떠오른다.

복수? 후우~, 복수해서 풀리는 문제가 없다는 걸 로미오와 줄리엣이 똑똑히 보여줬다. 복수는 내 상처를 더 깊이 후벼 파는 결과만 남긴다. 더구나 복수하려면 지금 내가 하려는 일들, 내 상처를 들여다보고 이걸 받아들이려는 노력을 하는 것보다 훨씬 더 많은 에너지가 필요하다.

지금 자신을 힘들게 하는 걸 몇 가지 꼽아보자. 자신을 힘들게 하는 것들을 몽땅 꼽아보라면 몇 가지로 끝나지 않겠지만 제법 중요하다 싶은 것만 잘 잡아도 삶이 지금보다 한결 가벼워질 수 있기 때문에 자주 문제가 되는 것들 여섯 가지를 먼저 짚어보려고 한다.

- 슬픔과 우울 : 무척 익숙한 이름이지만 가만히 생각하면 정말 잘

알고 있는 게 맞나 싶게 낯설다. 우울로 침몰해버린 사람들의 이름이 하나씩 떠오른다. 나도 가라앉고 있는 게 아닌가 두렵다. 반대로 슬픔을 느껴야 하는 상황에서 낄낄 웃음이 터진다면 그건 진정한 의미에서 비극이다.

• 분노 : 불같이 치솟는 분노는 여러 사람 잡는다. 표현되지 않은 분노도 역시 여러 사람 잡는다. 그중에 제일 피해 보는 건 나다. 겉으로 드러나는 화도, 속으로 삼키는 화도 그냥 사라지는 법이 없고 꼭 후유증을 일으키고야 마니까.

• 스트레스 : 역시나 무척 익숙한 말이다. 본래의 의미는 중립적이라고 하지만 제 아무리 나에게 도움이 될 수 있는 스트레스라 하더라도 경험하는 그 상황에선 도망치고 싶은 게 사람 마음이다. 피할 수 없다면 즐기라고 하는데 그렇다면 내 삶은 즐겨야 할 것으로 가득 차 있는 셈이다.

• 두려움 : 적당한 두려움은 필요하다. 기독교 신앙은 하나님을 두려워하라고 설교한다. 그렇지만 두려움이 내 삶을 얼어붙게 하고 있다면 이건 문제다. 내가 지금 두려워해야 할 것을 두려워하고 있는 게 맞는지? 두려워하지 말아야 할 걸 두려워해도 두려워해야 하는데 두려워하지 않고 (뻔뻔하게!) 있어도 문제가 커진다.

• 죄책감 : 적당한 자리에 놓이면 죄책감은 세상을 움직이는 지렛대가 된다고 한다. 내가 세상을 움직이는 건지 세상이 내 죄책감을 이용해서 나를 움직이는지 지켜봐야 한다. 죄책감 역시 느껴야 할 그 순간에 못 느끼면 과도한 죄책감만큼이나 좋지 않다.

• 사랑과 인간관계 : 수없이 다른 이름으로 정의한다 하더라도 사랑은 고통을 내포한다. 사랑하는 만큼 기대치가 생기기 때문이다. 조금 더 시각을 넓혀 봐도 항상 골치를 아프게 하는 건 관계다. 직장인이 상담을 하러 올 때 직장 일 자체가 괴로워서 오는 사람은 거의 없고, 그 일 안에서 만나는 사람들과의 갈등으로 오는 경우가 대부분이다.

잘 버텼어, 괜찮아, 이제 다시 해보면 돼!

이런 문제들이 즐겁게 살고 싶은 내 인생에 걸림돌이 되고, 날 뒤로 잡아끄는 물귀신이 되며, 번번이 당한 곳에서 또 당하는 복병이 된다. 이런 상황이 조금이라도 달라질 수 있다면 한결 삶이 가뿐해질 수 있을 텐데! 내가 지금 마음이 힘든데, 분노라는 문제 때문에 정말 힘든데, 왜 그런가 가만히 들여다보니 언젠가 내가 경험했던 상처의 기억 때문에 분노가 해결되지 않은 채로 지금의 나에게까지 막강한 영향력을 발휘하고 있었던 걸 발견한다면 거기서부터가 전환

점이 된다. 마냥 힘들다는 생각만 하면서 주저앉은 채 퍼져 있던 상태에서, 어떻게 하면 여기를 빠져나갈 수 있을까 궁리하는 해결사로 일어서는 셈이다.

그리고 사태를 수습하기 위해 꼭 필요하고도 중요한 능력은 앞에서 얘기했던 '수용'이다. 수용은 말 그대로를 풀면, 있는 그대로를 받아들이는 거란 뜻이다. 나를 힘들게 하고 내 마음을 어렵게 하는 것 가운데 가장 먼저 꼽았던 슬픔과 우울을 수용이라는 관점에서 한번 바라보자. 요새 내가 제일 힘들었던 건 단순한 슬픔이 아닌, 이유를 알 수 없는 막연한 우울이었다(슬픔과 우울이 어떤 차이가 있는지는 뒤에서 자세히 이야기하기로 하겠다). 그 우울은 내 생활 속으로 점점 높이 차 올라와서, 처음에는 발목까지 찰랑거리더니 금방 종아리를 지나 허리 높이까지 닿도록 올라왔다.

이 정도가 되면 일상이 무너지기 시작한다. 집에서는 애꿎은 가족들에게 화를 내고, 직장에서는 일을 무책임하게 하는 게 이 정도면 범죄 수준이라면서 꾸지람을 듣고, 남자 친구는 자신에게 관심이 없어진 걸 보니 다른 사람이 생긴 모양이라면서 성질을 내니, 격려를 해줘도 시원찮을 판에 더 감정을 무너뜨린다. 우울이 심해지면 자기를 바라보는 시각도 엉망이 되기 때문에, 난 원래 요 모양 요 꼴 밖에 안 되는 존재라면서 자기 비하가 시작되려는 찰나에 (이 수준에서 우울은 턱 밑까지 차 올라와서, 발이 잠깐 미끄러지기만 해도 빠져들 수 있다) 문득 자신을 돌아본다.

아픈 건 지금의 나이지만 내 기억 속의 나는 아플 만한 이유가 충분했다. 일부러 옆을 스쳐 지나가면서 여자애들이 들으라는 듯 내뱉는 소리가 지금도 들린다.

"아이~ 냄새 나. 쟤네 집에는 물도 안 나오나봐."

"쟤 옷 똑같은 것만 3일째 입고 왔어."

자기가 그런 아이가 아니라는 걸 보여주기 위해 발버둥을 치면 칠수록 아이들의 공격은 집요해졌다. 교실에서 물건이 없어지면 선생님에게, 내가 그랬을 거라면서 쪽지를 보내는 애들이 수두룩했다.

지금의 나는 꽤 번듯한 겉모습을 갖추었지만 여기까지 오기 위해 왕따 소녀는 피나는 노력을 해야만 했다. 아이들의 손가락질에서 벗어나면 다 되는 줄 알았지만 이제는 그 아이들의 손가락질이 나도 모르는 사이 내 안에 들어와서 지금의 나를 향해 손가락질하고 있었다. 나 자신을 비웃고 학대하면서, 그 아이들이 나에게 했던 일을 내가 나에게 똑같이 하고 있다. 우울의 파도가 점점 높아져서 나를 집어삼키기 직전에, 아직까지도 나는 초등학교 때의 나로부터 한 걸음도 멀어지지 못했음을 깨달았다. 나의 우울은 그 아이들 때문이기도 했지만 나 때문이기도 했다.

상황을 정확하게 보자 우울은 서서히 수위가 낮아지기 시작했다. 아직도 내 몸과 마음은 우울의 진창으로 범벅이 되어 있었지만 이제는 내가 할 수 있는 것들이 생겼다. 이전에는 그 아이들을 원망하고, 나에게 예쁜 옷을, 아니 최소한 매일 갈아입을 수 있는 옷을 사주지 않았던 가난한 부모를 원망하고, 무기력하게 손가락만 빨면서 당하기 일쑤였던 나를 원망했다.

그런데 이제는 내가 나를 받아들이기 시작한다. '그 당시에는 어쩔 수가 없었을 거야. 어쩌겠어, 걔들은 한 떼거리이고 나는 혼자였는데…….' 우울이 조금 더 빠져나가니 사실은 혼자가 아니었던 것도 기억해냈다. 왕따 사건으로 학교에 불려 왔던 어머니의 애끓는 눈물이 떠올랐다. 몰래 내 손에 쥐어주던 짝꿍의 격려 쪽지도 떠올랐다. 내친 김에 한걸음 더, 수용으로 나아간다. '그 애들이 한 게 절대로 잘한 일은 아니지만 난 이제 그 일에 사로잡혀 있는 것에 질렸어. 이제는 다시 시작하고 싶어. 그런 일이 안 일어났다고 말할 수 있다면 좋겠지만 그게 아니니까, 그 일을 뒤로 하고 앞으로 걸어 나가야겠어.'

그러면서 내가 나 자신을 닦달하던 습관을 그만두기로 결심한다. 병적으로 씻고 닦고 하는 습관 뒤에는 그 시절의 나를 닦아내는 마음과 함께, 그 아이들의 놀림에 대해 "아니야!"라고 부르짖는 마음이 들었다. 그냥 평범하게, 남들만큼만 씻고 닦고 하기로 결심한다. 조금씩 마음이 더 회복되면서 남자친구의 모습도 처음과 조금은 다르게 보인다. 튕겨야 괜찮은 여자라고 생각한 건 내 생각이 아니라 그 애들 때문에 갖게 된 피해 의식이 낳은 생각이었다.

항상 내 속을 알 수 없다고 투덜거리는 건 남자친구의 쓸 데 없는 투정이 아니라 진실이었다. 그러고 보니 남자친구를 진심으로 좋아한 적이 없었던 것 같다. 그런데 지금 내 옆에 서서, 정말로 자신을 버리고 다른 남자를 만나서 떠나가는 게 아닐까 걱정에 가득 찬 이 남자는 나를 진심으로 좋아하고 있는 모양이다.

막연한 거리감으로만 느껴지던 그가 다르게 다가왔다. 만난 지 1년이 다 되어 가는데 이제 와서 처음 만나는 느낌이 든다니 이상하긴 하지만 그래도 좋았다. 우울이 저 멀리 빠져나가는 걸 보면서, 내 몸에 남은 찌꺼기들을 씻어내면서, 나 자신을 처음으로 마음 깊이 안아주었다. '누가 뭐래도 제일 힘들었던 건 너지. 그래도 그냥 주저앉아 빠져버리지 않아서 잘했어. 잘 버텼어. 괜찮아. 이제 다시 해보면 돼.'

로스는 누구나 다 수용의 단계에 들어갈 수 있는 건 아니라고 말했다. 그건 맞는 말이다. 나를 받아들인다고 하는 건 평생에 걸려서 노력한다고 해도 잘 되지 않을 수 있는 일이다. 하지만 앞에서도 얘기한 것처럼, 노력해도 안 될 수 있다고 할지언정 노력하는 그 과정은 충분히 중요하다. 노력의 과정을 지나는 나는 미래의 나를 새롭게 쓰고 있기 때문이다. 그리고 나를 힘들게 하는 여러 가지 것들은 견디기 힘들게 괴롭다 하더라도 내 인생에서 쏙! 뿌리를 뽑아낼 수 있는 그런 성질의 것들이 아니다.

내 아픔의 뿌리를 들여다보고 받아들일 수 있을 것들은 받아들이려는 노력을 하는 동안 '나'라고 하는 그릇은 조금씩 더 깊어지고 단단해진다. 지금 당장은 어려울지 몰라도 깊어진 그릇에는 더 많은 것들을 담을 수 있다. 비록 그게 나에게 아프고 힘들었던 일들이라 할지라도 그릇에 담아낸 다음에는 그걸 다룰 수 있는 방법들을 찾을 수 있을 것이다. 이전에는 손쓸 겨를 없이 흘러넘치는 통에 도무지 건드리지도 못했었으니 말이다.

마지막으로, 앞에서 잠시 얘기했던 뇌의 변화에 대해 긍정적인 이야기들을 전하면서 마무리를 하려고 한다. 첫 번째 우울증 이전에 큰 스트레스가 존재해서 그 때문에 뇌에 변화가 왔다면 이후로는 노력해도 아무 소용없지 않나? 하는 질문이 던져질 수 있다. 그러나 최근 들어 발전된 뇌 과학 연구에 의하면 상담이나 약물 치료, 심지어는 기도와 명상에 의해서도 뇌기능의 변화가 관찰되고 있다. 오래 물일을 한 사람의 손은 거칠다. 손이 경험한 일들이 손의 피부 세포에 영향을 미쳤기 때문이다.

내가 나를 돌아보고, 내 상처를 쓰다듬고, 나를 추스르고, 나를 받아들이기 위해 다양한 노력을 하는 동안(그 노력이 누구에게는 책 읽기일수도 있고, 누구에게는 깊이 생각하기일 수도 있고, 누구에게는 내 아픔을 절대자가 어루만지시기를 구하는 기도일 수도 있다) 그런 나의 노력은 나의 실제 '뇌'에도 영향을 미쳐서 조금씩 다른 변화를 가져올 수 있다. 아주 작은 변화라 하더라도 충분히 가능하다. 항상 모든 일은 작은 것에서부터 시작되니까. 그게 좋은 일이건, 나쁜 일이건 간에 말이다.

Part 1

죄책감

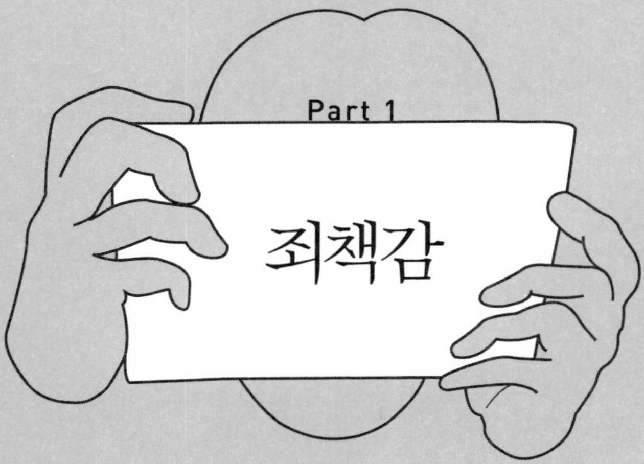

“정신과 치료는 받아보셨나요?”

어떤 사람이 식당에 들어가서 마실 것을 주문했다. 그런데 주문한 음료를 가지고 온 웨이터가 잔을 내려놓다 말고 손님에게 확 끼얹었다.

“아니, 지금 뭐하시는 겁니까?!”

울상이 된 웨이터가 이야기한다.

“죄송합니다. 이상하게 제가 자꾸 이런 행동을 하게 되네요. 저도 정말 이러고 싶지 않은데, 잔을 들어 끼얹고 싶은 충동에 사로잡히다가 정신 차리고 보면 이미 일이 벌어져 있어요.”

웨이터는 미안해하면서 손님의 옷을 닦아주었다. 손님은 화나는 감정을 가라앉히려고 애쓰며 점잖게 한 마디 조언을 해주었다.

“안 그러려고 하는데도 자꾸 그런 행동을 하게 된다면 정신적인 문제일 수도 있습니다. 정신과 치료를 좀 받아보지 그러세요?”

“저도 그렇게 생각하고 있습니다. 조만간 병원을 찾아보려고요.

감사합니다!”

몇 달 후 그 손님이 다시 그 식당을 찾았다. 음료를 주문하는데, 공교롭게도 주문을 받는 웨이터가 전에 만났던 그 사람이었다.

“오랜만에 뵙네요. 어떻게, 정신과 치료는 받아보셨나요?”

“네. 다행히 좋은 선생님을 만나 치료를 잘 받았습니다.”

치료를 받았다고 하니 또다시 물벼락을 맞을 일은 없겠다 싶어 안심한 손님을 위해 웨이터가 음료를 가져왔다. 그런데 이게 웬일인가. 테이블에 잔을 내려놓으려던 웨이터가 손님 얼굴에 갑자기 음료를 확 끼얹는 것이 아닌가.

“아니, 지금 뭐하시는 겁니까? 치료를 받았다면서요?”

“치료는 잘 받았죠. 이제 저는 더 이상 제가 한 행동에 대해 죄책감을 느끼지 않습니다.”

어디서 읽었는지도 잘 기억나지 않을 만큼 오래 전에 읽은 글이다. 그럼에도 지금껏 또렷이 기억나는 것은 왜일까? 정신건강의학과 의사가 마음 한구석에 찜찜함으로 담아둔 뭔가를 건드리는 내용을 담고 있는 내용이기 때문이 아닐까 싶다. 즉, 정신과 치료는 죄책감을 없애는 데 도움을 줄 수는 있지만 근본적인 문제를 해결하지는 못하는 것 아닌가 하는 자기한계를 느낀다고나 할까.

죄책감은 어떻게 생겨나는가?
— 외디푸스 갈등에 대해서

죄책감 하나 때문에 병원을 찾는 경우는 흔하지 않다. 그러나 죄책감은 많은 문제들의 뒤에 숨어 있는 감정 중 하나이면서, 마치 약방의 감초처럼 모든 심리적인 문제에 끼어드는 특징을 갖고 있다. 죄책감은 뭔가 잘못이라고 인식하는 행동에 대해 2차적으로 나타나는 감정으로 정의된다. 주관적으로 괴롭고 불편한 느낌을 주는 감정이라서 자주 억압된다. 불편한 느낌을 좋아하는 사람은 아무도 없을 테니 말이다.

죄책감은 성숙한 개인의 삶과 사회를 위해 없어서는 안 될 감정이다(생각해보라. 죄책감 없이 다른 사람의 생명과 재산에 손을 대는 사람들이 널려 있는 세상을. 그런 세상을 '지옥'이라 부른다 해도 이상하지 않을 것이다). 죄책감은 없어서도 안 되지만 너무 많아서도 안 된다.

죄책감이라는 감정은 어떻게 생겨나서 어떻게 우리의 마음속에 자리 잡게 되는가. 이에 대해 좀 더 알아보자. 죄책감의 생성에 대한 심리 이론 중에서 정신분석가 프로이트S. Freud의 이론이 기본으로 통한다. 프로이트는 죄책감이 생기는 여러 가지 원인 가운데 '외디푸스 갈등Oedipus complex'에 특별히 주목했다. 외디푸스 갈등은 그리스 신화에 나오는 외디푸스 왕의 이름에서 유래된 것으로 정신과학적인 지식이 많지 않은 사람들에게도 유명한 용어다.

소포클레스의 『외디푸스 왕』이라는 책을 보면 외디푸스 왕은 자기 아버지를 죽이고 어머니와 결혼하는 운명을 타고났다. 이 신탁을 받은 외디푸스의 아버지는 그런 끔찍한 비극이 벌어지는 걸 막기 위해 외디푸스를 없애려고 한다. 그러나 외디푸스는 우여곡절 끝에 살아남았고, 신탁대로 자신의 아버지인지 모른 채 아버지를 죽였으며, 자신의 어머니인지 모른 채 어머니와 결혼하게 된다.

외디푸스 갈등을 단순하게 설명하자면 남자 아이가 자신의 어머니를 사랑한 나머지 그녀를 독차지하기 위해 아버지를 죽이고 싶어 하는 내적 갈등이라고 할 수 있다. 여자 아이의 경우에는 반대로 아버지와 결혼하기 위해 어머니를 죽이고 싶어 하는 내적 갈등을 겪게 되는데, 이를 '엘렉트라 갈등Electra complex'이라고 부른다. 그러나 세세하게 구분하지는 않고 '외디푸스 갈등'이라는 용어로 아우르는 것이 일반적이다.

'천진난만한 어린아이들의 마음속에 이런 끔찍한 생각들이 도사리고 있다니……' 하며 경악하는 독자도 있을 것이다. 프로이트의 이론이 처음 발표되었을 때 사람들의 극심한 반발을 샀던 것도 그런 이유에서였다. 영혼이 맑은 아이들을 중범죄자(?)로 취급하는 행태를 선뜻 받아들일 사람이 얼마나 될까. 지금까지도 프로이트의 이론에 대해서는 찬반으로 극명히 갈리지만 일단은 정신의학적인 이론 설명이라 생각하고 조금 더 들어보면 좋겠다.

기억을 더듬어보자. 당신의 어린 시절 "나중에 어른이 되면 아빠랑 결혼해야지~!" 하고 입버릇처럼 말하지는 않았는가? 남자의 경우, 반대로 엄마가 세상의 전부인 줄 알고 자신의 배우자로 엄마를 꿈꾸어본 적이 있을 것이다. 누구나 한번쯤은 이런 경험을 한 적이 있을 것이기에 터무니없거나 황당하기만 한 이야기로 치부하기는 어려울 것이다. 그렇다고 해서 어린아이들이 자신의 아빠나 엄마를 처치한 뒤 엄마나 아빠를 차지하려 하고 싶다는 생각을 대놓고 한다는 이야기는 물론 아니다.

외디푸스 갈등의 대부분은 무의식 속에 숨어 있는 형태로만 관찰된다. 아이들은 자기 주변에 있는 엄마와 아빠를 가만히 쳐다보면서 자기가 어떤 존재인지, 내 자리는 어디인지 정하게 된다. 아무리 봐도 아빠는 나보다 힘이 셀 것 같다. 나는 못하는 게 너무 많은데, 아빠는 못하는 게 없다. 엄마는 또 어떤가. 나를 사랑하는 건 분명하지만 가만히 보고 있으면 나보다 아빠를 더 사랑하는 것 같다. 나를 사랑하는 것과 아빠를 사랑하는 것 사이에는 분명한 차이가 있어 보인다. 그러면서 아이는 자기가 아버지를 이기고 어머니의 사랑을 독차지할 가능성이 별로 없음을 차츰 깨닫게 된다.

마음의 검열관, 초자아

마음 속 갈등이 즐겁지도 편하지도 않기에 어떻게든 타협점을 찾으려 하는 아이는 결국 '동일시Identification'라는 카드를 선택하게 된다. 동일시는 내가 부러워하는 그 사람을 닮아가기로 하는 것이다. 남자 아이라면 어머니를 차지하려는 소망을 포기하고 아버지를 닮아가기로 결정하는 것이다. 이러한 과정을 지나면서 아이가 느끼던 내면의 갈등(외디푸스 갈등)이 서서히 가라앉고 부모가 갖고 있는 도덕적인 가치관들이 아이 자신의 것으로 자리 잡게 되는데 이를 '초자아Superego' 라고 부른다.

초자아는 '외디푸스 갈등의 유산遺産'이라는 별명을 갖고 있는데, 적절한 타협점을 찾는 가운데 터득하고 배우게 되는 도덕성 및 이와 연관되는 가치들의 모음이다. 말이 좀 어려워 보이지만 사실 우리가 늘 하고 있는 것이기도 하다. 이렇게 하면 안 되고(예를 들어 다른 사람의 지갑을 훔쳐서는 안 된다거나) 저렇게 해야만 하고(예를 들어 공부를 열심히 하고 다른 사람을 배려하는 훌륭한 사람이 된다거나) 등의 생각들의 집합을 초자아라고 할 수 있다.

어린아이들은 자라면서 자신이 경험하는 부모의 양육을 자기 것으로 내면화한다. 만 5~6세 정도가 되면 이와 같은 가치 기준을 내면화하는 것을 볼 수 있다. 세 살배기 동생과 안방에서 놀고 있는 여섯 살배기 아이는 동생이 엄마 화장대의 물건을 마구 만지면서 엉망으로 만들 때 "너, 이러면 엄마한테 혼나" 하면서 동생 뒤를 따라다니며 정리 정돈을 할 수 있다. 자기가 아끼는 물건을 동생이 빼앗아 가거나 망쳐놨을 때는 어떨까? 그냥 떠오르는 생각대로 하자면 동생을 신나게 때려주고 싶을 것이다. 그런데 이 장면에서 마음속 다른 목소리가 들려온다. '그랬다가는 엄마한테 엄청 혼나게 될걸? 엄마는 항상 동생 편을 들잖아. 더구나 동생을 때린 죄로 그 물건을 다시 사주지도 않을 거야.' 그래서 아이는 자기가 직접 동생을 때려 응징하는 대신 부모님께 동생의 '만행'을 일러바치는 방법을 택한다.

초자아는 이와 같이 부모가 갖고 있는 이상("동생한테 잘해야 착한 아이지. 착한 아이는 사랑을 받고 갖고 싶어 하던 장난감도 선물 받을 수 있어요. 우리는 네가 착한 아이가 되길 바란단다")과 가치의 복잡한 체계("동생을 혼내주고 싶었던 네 마음은 이해가 간단다. 물론 네가 동생이 한 짓이랑 똑같이 행동했으면 당연히 엄마한테 혼났겠지. 하지만 동생은 아직 어리잖니. 걔는 아직 나이가 어리기 때문에 혼난다고 해도 달라지지 않아. 그래서 엄만 너는 혼내겠지만 동생은 혼내지 않을 거야." – 정말 복잡하다, 여섯 살짜리 아이에게는)에 기반을 두어 도덕적 양심을 만들어내고 유지한다. 5~6세만 되어도 아이는 부모가 자신에게 어떤 모습을 기대하는지 이해할 수 있다.

초자아는 흔히 '마음의 검열관'으로 비유된다. 초자아는 한 사람의 내면 안에 눈을 크게 뜨고 앉아서 그가 하는 행동이나 마음속에 품는 생각, 그가 받는 느낌들을 일일이 확인하고 점검한다. 어떤 행동을 하든지 그 행동이 기대한 바와 얼마나 비슷하고 또 얼마나 다른지 평가한다. 미술 실습 시간에 조각상을 보고 데생한 걸 평가하는 선생님과 비슷하다고 할까. 눈에 보이는 그대로 정확하게 묘사해야 하는데 대충 그리지 않았는지, 조각상과 전혀 닮지 않게 그리지 않았는지, 열심히 그리긴 했는데 결과가 엉망이 되진 않았는지 등을 냉정하게 평가한다.

착한 어린이가 되기 위해 방을 청소해야 한다는 초자아의 명령이 떨어지면 아이는 방을 청소한다. 실제 청소의 결과에 대해서도 판단이 들어간다. 이 정도면 깔끔하게 했는지, 눈에 띄는 부분만 대충 한 건 아닌지, 아니면 아예 청소할 생각조차 하지 않고 한심하게 게임만 하고 있지는 않았는지 초자아가 판단한다. 그러므로 초자아는 자신 안에 들어 있는 '작은 부모', 혹은 '작은 선생님'과 흡사하다.

프로이트 이론의 한계를 뛰어넘으려는 심리학자들

자, 각설하고 죄책감은 한마디로 초자아에 의해 생기는 감정이라고 할 수 있다. 초자아는 나도 모르는 사이 내 안에 자리 잡은 다음 내 삶의 방향까지 좌지우지할 정도로 대단한 힘을 발휘한다. 초자아가 지나치게 강력한 사람이라면 늘 죄책감에 사로잡히게 된다. 항상 100점을 맞아야 하는데, 어쩌다 97점을 맞으면 자신이 바보같이 여겨지고 시험기간에 괜히 5분 더 놀았다는 후회와 죄책감에 시달릴 수도 있다. 초자아가 그다지 발달하지 않아서, 학교를 때려치우고 싶은데 '수업에 들어가주시고 시험까지 봐주신 걸 감사한 줄 알라'는 식으로 생각하는 학생은 점수가 30점만 넘어도 기뻐할 수 있다. 이 정도만 해도 그런대로 귀여운 편이다.

가족들이 모두 건강하고 행복하게 지내야 하는데, 이따금 누군가 한 명이라도 아프고 힘들어하면 자기 정성이 부족한 탓은 아닌가,

혹 관심과 사랑이 부족해서 그런 건 아닌가 싶어 죄책감에 시달리는 사람도 있다. 이런 사람은 휴일까지 반납하며 열심히 일했음에도 경영난으로 회사가 문을 닫게 되면 언젠가 잠시나마 불성실했던 자신의 근무 태도 때문에 그런 일이 벌어진 것만 같아 죄책감에 빠지고 마음이 무너져 내린다. 이렇듯 지나치게 비대해진 초자아를 품고 사는 사람들은 자신이 도저히 도달할 수 없는 높은 기준을 설정해둔 채 현재 자신의 눈에 보이는 형편없고 초라한 모습에 가차 없이 채찍질을 가한다.

1. 정신분석학자 에릭슨의 이론

문제는 프로이트의 이론만으로 죄책감을 다 설명하지는 못한다는 데 있다. 그렇다면 다른 심리 이론에서는 죄책감을 어떻게 이해하고 접근하는지 살펴보자. 정신분석학자 에릭슨E. Erikson은 죄책감이 나타나는 시기를 프로이트보다 조금 더 이른 만 3~5세경으로 보았다. 만 3세 후반의 아이들은 자신이 원하는 대로 얼마든지 몸을 움직일 수 있고 생각하고 싶은 대로 생각할 수 있다.

'활발한 움직임'과 '사고思考'는 이 나이 또래 아이들의 특징이다. 만일 이 시기를 지나는 아이가 자신의 행동이나 관심사에 대해 뭔가 부적절하다고 느끼는 경우에 아이는 일종의 죄책감을 경험하게 된다. 이건 해도 되는 행동인지, 하면 안 되는 행동인지를 배우고, 무엇이 옳은지 또 무엇이 그른지에 대한 도덕적 감각을 갖추어가는 과정에서 아이들은 양심이라는 것을 갖게 된다. 이제 막 양심을 갖기 시작한 다섯 살 꼬마 아가씨 현경이를 살펴보자.

현경이는 장식장을 열어 예쁜 그릇들을 꺼내 보다가 실수로 비싼 장식품들을 깨뜨린다. 잘못인 걸 아니까(아니라면 엄마가 평상시에 장식장을 꼭꼭 잠가둘 리가 없다) 혼나기 전에 얼른 치우려다가 엄마에게 들키고 만다. 그러자 현경이는 엄마의 추궁과 꾸지람에 겁을 먹고 그만 애꿎은 동생에게 화살을 돌려버린다.

"현수가 그런 거야. 내가 그런 게 아니고……."

그 바람에 엄마는 동생을 호되게 야단친다. 무슨 영문인지도 모르는 동생은 울음을 터뜨리며 자신의 결백을 주장한다. 엄마는 현수에게 "그릇 깨뜨리는 것보다 거짓말하는 게 더 나쁘다고 엄마가 말했지?" 하면서 더욱 동생을 몰아세우고 나무란다. 현경이는 동생이 우는 모습, 엄마가 동생의 거짓말(?)에 대해 질책하는 모습을 보면서 심한 죄책감을 느낀다. 그리고 결국은 울면서 제 잘못을 고백한다. 그러면서 현경이는 중요한 것 한 가지를 배운다. 자기가 다룰 수 없는 물건들에 손을 대면 안 된다는 사실과 엄마한테 혼날 때 느끼는 불편감보다 자신의 잘못을 동생 탓으로 돌렸을 때 느끼게 되는 불편감(이게 바로 죄책감이다)이 훨씬 더 크다는 사실을.

2. 정신분석학자 브래너의 이론

또 다른 정신분석학자인 브레너Brenner는 프로이트가 죄책감을 설명하는 과정에서 다루었던 초자아를 조금 다른 방식으로 설명했다. 브레너는 초자아 안에 도덕성과 함께 피학적 소망Masochistic wish, 즉 박해

받고 학대당하기를 바라는 마음이 들어 있다고 생각했다. 외디푸스 갈등이 다소 불편스러웠던 사람이라면 양심 지키기를 피학적 소망이라고 하는 주장에 더 당황스럽게 느낄지도 모르겠다. 하지만 곰곰이 생각해보면 전혀 말이 안 되는 이야기도 아니다. 피학적 소망을 깊이 들여다보면 어느 정도 이해가 간다.

피학적 소망은 고통을 감수하는 과정을 통해 만족을 얻고자 하는 마음이다. 세 살짜리 동생에게 자기 장난감을 빼앗긴 여섯 살짜리 아이를 떠올려보자. 에릭슨의 설명대로라면 이 아이는 어떤 행동은 해도 되는지(동생에게 당장 내놓지 않으면 혼날 거라고 을러댈 수 있다), 어떤 행동은 하면 안 되는지(머리카락을 쥐어뜯어 놓거나 실컷 때려주고 싶지만 그랬다가는……?) 잘 알고 있다. 그렇지만 어른이든 아이든 순간적인 분노를 다스리지 못해 해서는 안 될 행동을 하게 될 때가 종종 있다.

이럴 때는 초자아가 분노에 진 셈이다. 이런 행동이 잘못임을 몰라서 그런 행동을 하는 것은 결코 아니다.

반대로 초자아가 분노를 이긴다면 어떻게 될까? 화가 치미는 대로 동생에게 화풀이하기보다는 좀 더 성숙하고 건강한 방법으로 화를 다루려고 시도하게 될 것이다. 엄마에게 일러바치는 것 같은 방법을 사용할 수도 있다. 브레너의 설명에 비추어보자면, 이런 행위에서는 부모님의 사랑을 얻고 싶은 아이의 마음, 착하고 어른스럽다는 칭찬을 듣고 싶은 마음이 엿보인다. 아이는 화가 나는 만큼 동생을 때려주고 싶을 수도 있고 동생이 허락 없이 가져간 자신의 장난감을 되찾고 싶을 수도 있지만 그런 고통과 욕구를 애써 참아내는 것이다.

이렇듯 초자아의 형성은 현실과의 적절한 타협에서 비롯된다. 바람직한 사람들, 즉 초자아가 승리한 사람들이 존경받고 인정받는 게 세상이다. 초자아는 검열관이긴 하지만 그 안에는 나를 용납하고 사랑해달라는 목소리가 들어 있다. 여기서 다시 한 번, 초자아를 죄책감과 연결 지어 생각해보자. 건강한 초자아는 건강한 죄책감을 낳는다. 지나친 죄책감에 시달리는 사람들은 브레너의 시각으로 볼 때 그렇게 해서라도 용납받고 싶어 하고 사랑받고 싶어 하는 사람들이다. 즉, 애정 결핍을 갖고 있거나 애정에 대한 갈증으로 목이 타들어가는 사람이라고도 볼 수 있다.

3. 인격 의학의 주창자 폴 투르니에의 이론

죄책감에 대한 정신의학적 접근을 다루면서 한 가지 더 다루고 넘어가야 할 것이 있다. 어린이들이 경험하게 되는 양육에 대한 내용이 그것이다. 자녀가 있는 가정에서는 아이들을 어떻게 교육시키고 길러야 하는가 하는 점이 가장 중요한 문제로 인식된다. 하지만 무엇 때문인지 잘 알 수는 없어도 열성적인 가정교육이 더 훌륭한 사람들을 길러내고 있다는 소리는 듣기 힘든 것 같아 답답한 마음이 많다.

인격 의학의 주창자인 폴 투르니에는 "때로는 아이들에게 행해지는 좋은 뜻의 '가정교육'이 죄책감을 배양하는 데 초점을 두고 있는 것처럼 보일 때가 있다"고 말했다. 가슴 한구석이 서늘해질 정도로 적확한 말이라는 생각이 든다.

"그런 행동을 하면 엄마가 속상하니까 그러면 안 돼, 엄마를 속상하게 하는 사람은 나쁜 사람이야. 그러니 엄마가 하라는 대로만 해서 착한 사람이 되어야 해." 이런 이야기들이 음으로 양으로 아이들에게 전달된다. 죄책감은 잘만 사용하면 얼마든지 자기 뜻대로 사람들을 조정하는 지렛대가 될 수 있다. 고대 그리스의 수학자이자 물리학자인 아르키메데스가 시라쿠사 왕 앞에서 "긴 지렛대와 지렛목만 있으면 지구라도 움직여 보이겠다"라고 말한 일화와 연결 지어 생각해본다면 죄책감의 지렛대를 가지고 적절한 받침점을 찾아 약간의 힘만 넣어주어도 상대방을 얼마든지 자신이 원하는 방향으로 움직일 수 있다.

곰곰이 생각해보자. 미안한 마음이 드니까 할 수 없이 해주게 되는 일들이 얼마나 많은가? 그런 일들을 죄책감으로까지 확대해서 생각해보지는 않았겠지만 방문판매자가 조그만 사탕이라도 주고 가려고 애를 쓰는 건 다 그럴 만한 이유가 있어서다. 죄책감이 주는 묵직한 불쾌함을 피하기 위해 강한 쪽이 약한 쪽에 자신의 죄책감을 떠넘기는 일도 흔히 일어난다. 물론 그렇지 않은 경우도 드물지 않게 있지만 대부분의 가정에서 부모는 강한 쪽, 자녀는 약한 쪽이다. 자신이 안고 있는 죄책감의 문제를 다 해결하지 못한 부모의 경우, 아이들을 양육하는 과정에서 자신의 죄책감을 있는 그대로 드러낼 수도 있다. 젊은 엄마인 지영 씨가 바로 그런 예다.

싱글맘 지영 씨의 양육 딜레마

지영(가명) 씨의 청소년 시기는 그야말로 '화려'했다. 부모에게 무수히 반항했고 가출한 적도 한두 번이 아니었다. 결국 고등학교도 채 마치질 못했고, 부모의 격렬한 반대에도 불구하고 당시 사귀던 남자친구와 '일'을 치르고 덜컥 임신한 뒤 어린 나이에 결혼을 했다. 그렇지만 빨리 달아오른 냄비는 빨리 식는 법이라더니, 아이가 세 살이 되던 해에 무책임한 데다 생활력도 없는 남편과 이혼하기로 마음을 먹었다. 그 모든 일이 불과 5년 안에 다 벌어지는 바람에 이십대 중반이 채 되지 않은 나이에 지영 씨는 애 하나 딸린 싱글맘으로 혼자 서게 된 것이다.

딸을 남편에게 보낼 수 없어서 제 손으로 기르고는 있지만 지영 씨는 어떻게 아이를 길러야 할지 몰라 늘 갈팡질팡이다. 부모님께 반항하던 자신의 모습이 어린 딸에게 비쳐 보일 때에는 큰 죄책감을 느꼈다.

"너도 너랑 똑같은 딸자식 낳아서 길러봐라. 그럼 내 마음이 어떤지 알게 될 거다."

눈물 흘리면서 이야기하던 엄마의 목소리가 머릿속에서 쉬지 않고 메아리친다. 그럴 때면 지영 씨는 자신과 똑같은 실수를 하지 않게 하기 위해 딸아이를 더욱 단단히 조인다. 이런 태도는 지영 씨가 답답하고 꽉 막힌 가정의 외동딸이었던 자신의 눈으로 딸을 볼 때에는 반대가 된다. 엄격해서 화가 날 정도였던 부모님의 모습이 떠오를 때 지영 씨는 자기가 부모님을 대할 때 느꼈던 답답함을 아이에게 전달하고 싶지 않아 아이를 확 풀어준다. 그러다 보니 지영 씨의 딸은 종잡을 수 없는 혼란 가운데 자라게 되는 셈이다.

꼭 이렇게 병적인 경우까지는 아니더라도 아이의 죄책감을 자극해서 부모가 바라는 모습으로 끌고가기를 시도하는 경우는 주변에 널리고 널렸다. "네가 그런 짓을 하다니, 엄마는 정말 마음이 아프구나" 식의 가벼운 정도부터 시작해 "너 때문에 내 인생이 이렇게 꼬였는데, 이 따위로 굴다니, 부끄럽지도 않니? 너 때문에 확 죽고 싶단 말이야!" 식의 심한 정도까지 다양한 형태가 존재한다.

죄책감을 느끼는 곳은 어디일까?

갑자기 궁금해진다. 우리 뇌의 어느 부위에서 죄책감을 느끼는 걸까. 마음이 아프다고 할 때 우리는 심장心腸 언저리를 짚는 경우가 많다. 그런데 우리 뇌는 가슴이 아닌 머릿속에 존재한다. 마음의 병을 단순하고도 기계적인 시각에서 '뇌에 생긴 화학적 불균형'으로 요점 정리하는 시각까지 있을 정도다. 이러한 마음의 문제와 뇌(혹은 몸)의 문제는 정신건강의학과 의사들 사이에서도 쉽게 이분법적인 오류에 빠질 수 있는 부분이다.

멀리 살펴볼 것도 없이 당장 진료실 안에서부터 그렇다. 그동안 얼마나 마음이 힘들고 고통스러웠는지 털어놓는 동안 감정 선을 충실히 따라가면서 공감하려고 노력한다. 그러다가 약물 처방 이야기로 넘어가면 순식간에 이야기가 건조해져버린다. 어떤 항생제를 써서 어떤 균을 잡느냐를 의논하는 사람들처럼 다른 모든 의미들이 다 빠져나가버리고, 증상을 보이는 뇌의 부분을 어떻게 효과적으로 조절할 것인가 하는 데에 이야기가 모아진다.

이 모든 혼란과 어려움에도 불구하고 마음의 병에서 뇌가 차지하는 자리에 대해 논하는 것은 그럴 만한 가치가 충분히 있다고 생각한다. 왜냐하면 정신건강에 대한 연구가 진행될수록 우리 몸과 마음은 떼려야 뗄 수 없는 관계에 있으며, 우리 뇌에 대한 이해 없이 마음의 어려움만 논하는 것은 뜬구름 잡기에 그칠 가능성이 크기 때문이다.

죄책감을 느끼는 뇌에 대해 설명하기 위해 여기 한 사람을 소개한다. 그는 얼마 전 친한 친구에게 뼈아픈 배신을 당했다. 그럼에도 그는 그 친구 앞에서 아무 말도 하지 못하고 돌아섰다. 착한 사람으로 보이고 싶었던 걸지도 모른다는 생각이 나중에 들었다. 하지만 원망스러운 마음까지 접어 넣은 건 물론 아니었다. 또 다른 친구를 만나 자신에게 상처를 준 친구의 개인적인 치부를 포함한 각종 험담을 종합선물세트처럼 줄줄이 늘어놓았다. 친구가 맞장구를 쳐주니 신이 나서 열심히 비난을 쏟아내고 돌아오는 길, 덩그맣게 혼자 있는 시간이 되자 '그런 얘기까지 다 꺼내놓는 게 아니었는데……' 하며 마음속으로부터 뜨끔한 느낌이 올라온다. 부끄러운 죄책감이다.

이렇게 불편스러운 죄책감을 느끼는 마음의 자리는 어디일까? 좀 더 전문적으로 생각해본다면, 죄책감을 느끼는 뇌의 자리는 어디일까? 이러한 궁금증은 아직까지 속 시원한 대답으로 연결되지는 못하지만 조금씩 윤곽을 드러내는 중이다. 죄책감은 본능적인 행동에 대한 제어 장치 역할을 하는 경우가 많다. 식욕이나 성욕이 제어되지 않은 채 그대로 드러난다면 무척이나 불편하다. 분노와 같은 감정도 죄책감이라는 고삐가 풀린 채 활보하다면 참으로 당황스러운 감정이 된다. 그야말로 동물적 수준으로 본능이 표출된다면 단지 정신적 문제만이 아닌 뇌의 이상은 아닌지 살펴보아야 한다.

최근의 뇌 연구들은 그 '어딘가'가 어디인지를 밝혀내기 위해 많은 노력을 기울였다. 제일 관심이 모아지는 곳은 '안와전두엽Orbitofrontal lobe'이라는 자리다. 대뇌의 앞쪽 밑바닥이자 안구(눈)가 들어 있는 안와 위쪽 근처에 해당하는데, 어떤 이유로든 이 부위가 손상되면 감정의 고삐가 확 풀린 것 같은 사람이 된다. 안와전두엽이 망가진 사람들은 기본적인 충동을 조절하지 못할 뿐 아니라 심지어는 조절하려는 시도조차 하지 않는다. 자신의 행동이 다른 사람과의 사회적 상호작용에 어떤 식으로 영향을 미칠지 판단하는 능력이 망가져 있기 때문에 이상 행동을 일삼게 된다. 이들에게는 관습적 도덕적 금지들이 느슨해져 있다. 이들은 자신의 문제를 깨닫지 못하며 즉각적인 만족을 요구하는 것으로도 악명이 높다. 벌 받을까 두려워서라도 행동이 변화되는 일 같은 게 전혀 없다.

인간의 뇌에 대해 우리가 잘못 알고 있는 것들

이런 모습들 때문에 안와전두엽 손상 환자들을 '가성 사이코패스 증후군Pseudo-psychopathic syndrome'이라고 부르기도 한다. 'pseudo'는 가짜라는 의미를 가진 말이다. 가짜 사이코패스는 이들이 실제 사이코패스는 아닐지라도 죄책감을 전혀 못 느끼고 도덕률에 어긋나는 행동을 밥 먹듯 하는 모습이 사이코패스와 꼭 닮았기에 붙여진 이름이다. 이제 사이코패스는 일반인에게도 전혀 낯설지 않은 단어가 되었다. 이번에 붙잡힌 잔혹범이 '소시오패스'인가 '사이코패스'인가 하는 얘기가 매스컴에 오르내리고, 사이코패스 연쇄 살인범을 주인공으로 하는 영화까지 만들어질 정도가 되었다. 사이코패스보다 더 넓은 범위의 성격장애로, 다른 사람의 권리를 무시하고 범법 행위를 일삼으며 충동적인 특성을 가지는 반사회성 인격 장애 환자에 대한 뇌 연구는 이미 많이 이루어졌다. 이들의 뇌 사진을 찍어보면 일반인에 비해 안와전두엽의 부피가 눈에 띄게 줄어들어 있다고 한다. 이런 점을 미루어볼 때 도덕적 판단과 가치 체계의 자리는 안와전두엽 부근 어딘가가 아닐까 하는 생각이 든다.

뇌에 대하여 틀린 사실임에도 널리 알려진 상식 가운데 하나는 '태어날 때 뇌 세포의 수가 가장 많고 나이가 들면서 점점 뇌세포가 줄어든다'는 것이다. 그러나 이는 사실이 아니다. 세상에 태어난 뒤에도 뇌에서는 지속적으로 발달이 진행되어 뇌는 점점 크고 두껍고 무거워진다. 설령 뇌세포의 수가 줄어드는 경우가 있다 하더라도 뇌세포와 뇌세포 사이의 연결고리(이를 '시냅스'라고 한다)는 계속 늘어난다. 뱃속에서뿐 아니라 태어난 뒤에도 뇌 발달이 계속되기 때문에 생애 초기에 아기가 경험하는 환경은 태내에서 경험하는 태교와 비교가 안 될 정도로 중요하다. 그중에서도 생후 첫 한 달 동안 엄마와 아기의 상호작용이 안와전두피질의 정상적 발달에 매우 중요한 영향을 미친다는 사실이 학계에 정식으로 보고된 바 있다. 이제 막 태어난 아기는 눈도 잘 못 뜨고 먹는 것도, 심지어는 숨 쉬는 것까지 불안해 보일 정도로 작고 약하다. 아무것도 모르는 채 먹고 자기만 하는 것 같은 갓난아기, 그러나 주변환경이나 돌봐주는 사람들과의 상호작용을 이미 뇌 안에 다 입력하고 있는 중이다. 첫 한 달을 안정적인 환경에서 사랑을 듬뿍 받으면서 지내면 안와전두엽이 발달된다. 반면 불안하고 혼란스러운 환경에서 생존을 걱정하면서 자라면 안와전두엽이 손상된다고 한다. 이 시기에 심한 스트레스를 경험한 아기는 안와전두피질에 손상을 입어서, 나중에 자랐을 때 정신과적

질환을 가지게 될 유발 요인으로 작용할 수 있다고 보고된다.

갓난아기 시절에 다양한 시각 자극을 주는 게 아이들의 뇌 발달에 좋다는 건 널리 알려진 사실이다. 누워 있는 아기의 시선이 닿는 곳에 예쁜 모빌을 달아주거나 다채로운 색깔의 장난감으로 아기의 시각을 즐겁게 해주는 등 감각 자극을 적당히 해주면 시각을 담당하는 뇌의 부위(정확한 위치는 뒤통수 언저리에 해당하는 후두엽, 그 중에서도 시각 피질이다)가 발달된다. 반대로 자극이 박탈된 경우에는 시각 피질의 발달이 지연된다고 한다. 사물을 잘 알아보지 못하는 것처럼 보이는 아기에게도 여러 가지 모양을 보여주면서 흥미를 불러일으키면 피질이 커지고 아무것도 없는 방 안에 방치되다시피 누워만 있었던 경우에는 피질이 커지지 않는다.

시각적 자극과 후두엽의 발달 사이에 연관성이 존재하는 걸 보면 사회적 상호작용과 전두엽 발달 사이에도 연관성이 있을 거라고 충분히 예상할 수 있다. 이를 뒷받침하는 증거로, 어린 시절에 사고를 당해 전두엽을 다쳤던 사람들이 나이가 들면서 거짓말이나 좀도둑질 같은 사소한 말썽을 달고 다닌다는 보고가 있다. 주의력결핍 과잉행동증후군(ADHD, Attention-Deficit Hyperactivity Disorder의 약자)을 가진 어린이의 전두엽 기능에 이상이 있다는 연구 결과도 있고, ADHD 환자의 27퍼센트가 반사회성 인격 장애 진단을 받았다는 보고도 있는 걸 보면 도덕적 판단과 사회적 참을성에서 전두엽의 역할은 매우 중요하다고 말할 수 있겠다.

죄책감은
우리 삶의 '조미료' 다?

그러면 죄책감은 우리의 삶 속에서 어떻게 그 모습을 드러낼까? 여기서 잠깐, 죄책감이라는 감정을 들여다보기 전에 우리 입맛에 대해 잠시 생각해보고 넘어가자. 주말 오후, 모처럼 여유로운 시간에 가족들과 함께 소문난 '맛집'을 찾아간다. 배가 고픈 터라 무얼 먹어도 맛있으리라 기대하며 숟가락을 들었는데 웬걸, 몇 퍼센트 부족한 듯 심심한 그 맛은 허기조차 속이지 못한다. 뭔가 빠진 그 맛에 억지로 숟가락을 들었다 놨다 하는데 젠체하는 누군가가 말한다.

"싱겁게 먹어야 웰빙이야!"

그렇지만 맛없는 걸 억지로 먹는 것까지 웰빙이라고 할 수 있을까? 이번에는 정반대의 상황. 음식을 입에 넣는데, 입에 짝짝 붙는다. 숟가락을 쪽쪽 빨아가면서 맛있게 먹는다. 대개 이 정도까지 맛을 낸다는 건 상당한 양의 염분과 조미료가 들어갔다는 이야기가 된다. 처음엔 잘 모르지만 먹으면 먹을수록 짜다는 생각이 든다. 그래도 숟가락을 놓지 못해 계속 먹고는 집에 가서 물을 몇 대접이나 벌컥벌컥 마신다. 그러고도 갈증이 완전히 가시지 않는다.

느닷없이 먹는 이야기를 하다니 이상하다고 생각할지도 모르겠다. 그렇지만 아주 뜬금없는 이야기는 아닌 것이, 먹는 걸 배제한 인간의 삶을 생각할 수 없듯 감정을 배제한 우리 삶도 생각할 수 없기 때문이다. 앞에서 잠깐 등장했던 폴 투르니에의 말을 인용한다면 죄책감은 '우리 일상생활의 조미료'라고 할 수 있다. 조미료는 너무 많이 들어가도 너무 적게 들어가도 요리를 엉망으로 만들고 만다. 그러면 이 조미료가 어떻게 우리 삶을 망쳐놓는지 한번 맛보도록 하자.

너무 싱겁잖아!
— 죄책감이 빠져나간 그 자리

경희 양은 중3 소녀다. 하지만 학교에 가지 않은 지 벌써 한참 됐다. 함께 놀던 친구들과 만나기 위해 점심시간 무렵에 학교 운동장을 찾아갈 때는 가끔 있지만 교실에는 얼굴도 내밀지 않는다. 밤이 되면 경희 양은 자기와 비슷한 친구들과 어울려 앳된 얼굴에 두껍게 화장을 하고 신분증 확인이 소홀한 작은 가게에서 술을 산다. 그래야 자기들하고 놀아주는 오빠들을 불러들일 수 있기 때문이다. 오빠들과 술을 마시면서 야한 농담을 하고 시시덕거릴 때에는 어른이라도 된 느낌에 기분이 짜릿하다. 얼마 전에는 경희네 무리를 째려보며 지나가는 여자애를 골목으로 몰아넣고 때려준 일도 있었다. 경희 양의 부모님도 딸이 이러고 다니는 걸 모르는 바는 아니지만 아무리 싸우고 야단쳐도 점점 더 엇나가기만 할 뿐 전혀 달라지지 않는 경희 양의 모습에 두 손 두 발 다 든 상태다. 경희 양의 책가방 안에는 편의

점에서 훔친 액세서리나 간식거리들이 굴러다닌다. 돈 주고 살 만한 물건들은 아니지만 훔쳐도 걸리지 않을 때 느끼는 쾌감 때문에 이런 행동을 멈출 수가 없다.

민수 씨는 28세 청년이다. 직장을 다니지 않는 소위 백수인데, 앞으로도 다닐 생각이 없다. 가족들이 생활하는 낮 시간에는 자기 방에서 문을 잠근 채 쿨쿨 잠만 잔다. 그러다가 해가 떨어지는 오후 늦게나 이른 저녁시간 즈음에 일어나 대충 밥을 챙겨 먹은 뒤 집을 나선다. 민수 씨가 주로 찾는 곳은 두 군데다. 친구들과 어울려서 술을 마실 만한 술집이거나, 술 마실 돈을 벌기 위해 인터넷 도박을 하는 PC방이 그곳이다. 인터넷 도박에 손대기 전에는 번잡한 골목길에서 지나가는 자동차에 고의로 몸을 부딪힌 뒤 운전자를 협박하여 돈을 뜯어내는 자해 공갈단 일을 자주 했었다. 합의금을 많이 받을 목적으로 입원까지 하는 일이 잦아지자 반복되는 교통사고에 의심을 품은 보험회사가 민수 씨를 경찰에 신고했다. 경찰 조사를 받고 증거 불충분으로 풀려난 뒤에는 더 이상 이 일도 할 수가 없었다. 그래서 시작한 게 인터넷 도박이다. 민수 씨는 무슨 수를 쓰든 돈을 많이 벌면 좋겠다는 생각만 한다. 돈을 벌기 위해 일을 하거나 힘을 들여 노력하고 싶은 생각은 전혀 없다. 그래서 오늘도 줄담배를 피우면서 밤을 새워 컴퓨터 화면을 들여다보며 일확천금을 꿈꾸고 있다.

경희 양은 죄책감 없이 반사회적 행동을 저지르는 '초자아 공백 Superego lacunae'의 전형적인 모습을 보여준다. 쉽게 말해서 초자아가 자리를 비웠다는 뜻이다. 내면에서 '이런 일은 하면 안 된다, 이런 일을 해야만 한다!'라고 이야기해주는 조그만 선생님이자 부모님인 초자아가 자리를 비운 것이다. 학교에서 선생님의 권위가 많이 떨어졌다고는 하지만 그래도 선생님이 교실을 지키고 있을 때에는 학생들이 최소한의 예의는 지킨다. 그러다가 선생님이 교실 밖으로 나가면? 조용히 책을 보고 있(는 척하)던 아이들이 갑자기 왁자지껄 떠들기 시작한다. 순식간에 교실은 난장판이 되고, 학생들은 이리저리 뛰어다니며 놀고 싸우고 노래하고 떠들어대는 장면을 떠올려보자. 이게 우리 마음속에서 초자아가 일깨워주는 죄책감이 없을 때의 모습과 정확히 닮은꼴이다. 초자아가 자리를 비운 사람은 지금 하는 일들이 자기 자신과 주변 사람에게 미칠 영향 따위 아랑곳하지 않은 채 그냥 하고 싶은 대로 질러버리게 된다.

그러면 경희 양의 초자아는 어째서 자리를 비웠을까? 천연덕스러워 보여서 얄밉기까지 한 경희 양의 얼굴 뒤에는 쓸쓸한 과거가 들어 있다. 네 살 때 부모님이 이혼하셨다. 아버지도 어머니도, 그 밖의 어느 누구도 경희 양을 맡으려고 들지 않았다. 경희 양은 할머니와 고모 등 여러 친척들의 손을 전전하다가 열두 살이 되어서야 재혼한 아버지의 가정으로 오게 되었다.

부모로부터 충분한 양육을 받아보지 못한 아이들은 정서적 박탈감을 느낀다. 자존감은 바닥이 보이지 않을 정도로 낮아지고, 이는 무의식적인 분노로 이어진다. 무제한이라는 말에 끌릴 때가 있는가? 제한이 없으면 좋을 것 같지만 '한없는 사랑'은 오히려 건강하지 못하다. 경희 양에게는 "그렇게 하지 마! 그렇게 하는 건 나쁜 일이야"라고 말할 사람이 아무도 없었다. 경희 양이 무얼 하고 있는지 지켜보는 사람이 아무도 없었기에 어쩌면 당연한 일이다. 적절한 제한선이 주어지지 않은 채 양육된 아이들은 초자아 형성에 꼭 필요한 부모의 금지를 자기 것으로 소화시키지 못했기 때문에 양심이 결핍된다.

민수 씨 같은 사람은 반사회성 인격 장애로 진단할 수 있다. 반사회성 인격 장애는 다른 사람의 권리를 무시하거나 위배하는 등 광범위한 양상으로 드러나는데, 그 진단 기준 가운데 하나가 양심의 가책Remorse, 즉 죄책감이 결여된 모습이다. 이들은 다른 사람을 해치거나 학대하거나 다른 사람의 소유물을 훔친 일을 아무렇지도 않게 합리화한다. 자신의 잘못을 전혀 못 느끼고 티끌만큼의 죄책감조차 경험하지 못한다.

다시는 이렇게 살지 말아야지

이런 사람들의 모습을 보면 적절한 사회생활을 위해 죄책감만큼 필요한 감정도 없을 거란 생각이 든다. 죄책감은 사람들의 사회생활이 '제대로' 굴러가도록 도와주는 중요한 역할을 맡고 있는 셈이다. 죄책감을 전혀 느끼지 못하는 사람들로 가득찬 사회가 있다면 지옥과 같을 거라 이야기한 적이 있다. 천국과 지옥은 어떻게 다를까? 어쩌면 아주 작은 차이 하나만 존재하는 단순한 개념일지도 모른다. 자신이 죄인이라는 걸 아는 사람과 자신이 죄인이라는 걸 모르는 사람의 차이 말이다. 죄책감을 느낄 수 있는 사람은 더 이상 같은 잘못을 반복하지 않는다. 또한 자신의 입장과 다른 사람의 입장을 바꾸어 생각할 수 있다. 건강한 죄책감은 건강한 사회와 건강한 자아를 위해 꼭 필요한 감정이다. 무언가 빠진 맛의 음식에 약간의 소금만 쳐도 맛이 좋아지는 것처럼, 죄책감이라는 감정이 경희 양이나 민수 씨의 삶에 조금씩만 뿌려진다면? 이야기는 완전히 달라질 수 있다.

경희 양은 얻어맞은 채 골목에 주저앉아 울고 있는 그 아이의 모습을 보았다. 처음에는 한심해 보여서 깔깔 웃으며 친구들과 서로 얼굴을 쳐다보다가 문득 시선이 그 애의 윗옷에 가서 멎었다. 갑자기 숨 막히도록 불편한 감정이 밀려왔는데, 그건 바로 죄책감이었다. 여자애의 하얀 교복 상의는 터진 입술에서 흘러내리는 피로 범벅이 되어 있었다. 그 애가 훌쩍이면서 엄마를 찾았다. 다른 애들은 어린 애처럼 엄마를 찾는다면서 여자애의 등짝을 발로 걷어찼다. 여자애는 옆으로 넘어지면서 흑흑 울었다. 눈물과 핏물이 바닥으로 흘러 고였다. 피 냄새가 확 나는데, 등골이 오싹했다. '내 행동이 다른 사람에게 상처를 줄 수 있구나.' 갑자기 경희 양은 한 대 얻어맞은 듯 정신이 번쩍 드는 느낌이 들었다. 다시는 이렇게 살지 말아야겠다고 결심하면서 그 골목에서 걸어 나왔다. 뒤에서 친구들이 경희 양의 이름을 부르는 소리가 들렸지만 돌아보지 않고 그대로 걸었다.

민수 씨는 술을 마시다가 옆 자리에 앉은 사람들과 주먹다짐을 한 끝에 유치장 신세를 지게 되었다. 술이 덜 깼을 때는 집에 보내달라고 고래고래 소리를 지르고 난리를 피웠지만, 설핏 잠이 들었다가 귀에 익은 목소리에 잠이 깼을 땐 가슴이 철렁했다. 어머니가 경찰관을 붙들고 통사정을 하며 울고 있는 소리였다. 민수 씨가 경찰에 넘겨졌다는 전화를 받고 아버지가 갑자기 쓰러져서는 곧바로 응급실로 실려 가셨다는 얘기가 들려왔다. 갑자기 가슴이 찢어지는 듯한 느낌이 몰려왔다. 그건 죄책감이었다.

'내가 지금 뭘 하고 있는 거지? 도대체 난 어떻게 돼먹은 인간인 거지?' 아버지는 평상시에 고혈압으로 고생하고 계셨다. 별로 관심을 가진 적은 없었지만 병원에 다니고 계시다는 것도 알고 있었다. 어머니의 목소리는 울음과 섞여서 잘 들리지 않았지만 경찰들의 반응과 어머니의 태도를 미루어 보건대 아버지가 그냥 잠깐 쓰러지신 상태가 아닐지 모른다, 매우 심각한 상태일 것 같다는 느낌이 직감적으로 들었다. 아버지가 이렇게 돌아가시면 안 되는데, 하는 생각에 머리가 터질 것만 같았다. 자기도 모르는 사이 눈물이 나기 시작했다. 한 번만, 딱 한 번만 더 기회가 주어진다면…… 잘해드리지는 못해도 최소한 속은 썩이지 않는 아들 모습을 보여드리고 싶었다.

너무 불쾌하잖아!
- 죄책감이 넘쳐나는 그 자리

"음식을 먹은 건지 조미료를 먹은 건지 모르겠어!"

'중국 음식점 증후군'이라는 이름의 병을 들어본 적이 있는지? 강한 양념을 사용하는 대표적인 음식인 중국 요리에서 딴 병명인데, 중국 음식점이나 조미료가 많이 들어간 음식으로 식사를 한 뒤에 나타나는 나른한 느낌, 두통, 쇠약감, 메스꺼움 등의 일반적인 증상들이 특징이다. 이 증상은 글루타메이트Glutamate, 좀 더 흔하게 알려진 이름으로는 MSGMono Sodium Glutamate 때문에 나타난다고 알려져 있다. 실제 연구 결과에서 MSG와 중국 음식점 증후군 사이에 명확한 연관이 밝혀지지는 않았다고 하지만 슈퍼마켓에서 흔히 보는 가공식품들과 조미료에 'MSG 무첨가'라는 표시가 되어 있는 걸 보면 MSG에 대한 의혹의 눈길은 가볍지 않아 보인다. 죄책감이라는 조미료가 지나치게 많이 들어간 일상생활을 한번 맛보도록 하자. 이 조미료의

과다 사용이 우리들에게 어떤 증상을 불러일으키는지 생각해볼 수 있을 것이다.

보영 양은 대학교 2학년 여학생이다. 예쁘고 상냥한 겉모습과는 달리 누구에게도 말 못할 생각들이 자꾸 떠올라 괴로워하고 있다. 자신을 끔찍이 사랑해주는 엄마, 세상에 단 하나뿐인 엄마를 자기 손으로 죽이게 될 것만 같은 생각이 자기 의지와 상관 없이 머릿속에서 맴도는 바람에 괴로워 탈진한 상태다. '내가 미쳤지, 왜 이런 생각을 한담?' 하며 고개를 절레절레 흔들어보아도 그 생각은 뇌리에 달라붙어 떨어지질 않는다. 그 생각을 하고 나면 엄마의 얼굴을 차마 쳐다볼 수가 없다. 귀신이라도 씌인 게 아닐까 고민한 적도 있었다. 이 증상은 점점 심해져서 과일을 깎으라는 엄마의 말에 친구랑 약속이 있다며 휙 집을 나가버린 적도 있었다. 칼로 엄마를 해치게 될까 봐 엄마가 저녁 식사 준비를 하면서 칼질을 하고 있는 걸 보면 얼른 자기 방으로 가서 문을 잠근 채 어서 빨리 칼을 칼집에 꽂아 넣기만 떨면서 기다렸다. 다른 사람도 아닌 사랑하는 엄마를 향한 불순한 생각들 때문에 죄책감을 느껴 마음이 너무 괴로웠다. 나중에는 집에 있는 칼이란 칼을 모조리 숨겨놨다가 이상한 행동을 눈치 챈 가족들의 권유로 병원을 찾게 되었다.

주성 씨는 '바른생활 사나이'로 직장에 소문난 40대 후반의 가장이다. 잠을 잘 못 자고, 과민성 대장 증후군부터 이유를 알 수 없는 두통과 위통, 아무리 푹 쉬어도 가시지 않는 피로감 때문에 병원을 찾았다. 체중도 지난 두 달 사이 몇 킬로그램이나 빠져 몸이 어디가 안 좋은가 했지만 그게 아니었다. 주성 씨는 기분이 우울한지는 잘 모르겠지만 무얼 해도 재미가 없고 다 부질없게만 느껴지는 건 분명하다고 이야기했다.

“지금까지 살아온 삶을 돌아보면 좋은 일들이 없었던 건 아니에요. 그렇다고 멋진 인생이었으니 조금만 더 힘을 내야겠다, 이런 생각이 들지는 않아요. 제일 괴로운 건 제 자신이 무가치한 사람인 것 같다는 느낌이 자주 든다는 겁니다. 아내에게는 고생만 시켰고, 아이들에게는 좋은 아버지가 되어준 적도 없고……. 그렇다고 일에서 능력이 뛰어난 것도 아니고……. 이렇게 살아서 뭐하나 싶은 생각만 자꾸 드네요. 남겨질 가족들만 아니라면 더 참혹한 끝장을 궁리했을지도 몰라요. 아뇨. 좀 더 솔직해질게요. 사실 더 끔찍한 ‘마무리’도 생각하고 있지만 차마 용기가 없어서 못 하고 있는 건데, 이것만 봐도 제가 얼마나 결단력이 없는 인간인지 명확하게 알 수 있잖아요. 저 같은 사람은 죽는 게 솔직히 낫지요.”

'그래?
증거가 뭔데?'

보영 양이 괴로워하는 증상처럼, 자신이 원치 않는 생각들이 반복적이고도 지속적으로 떠오르는 것은 '강박장애'라는 병의 전형적인 모습이다. 이 병을 앓는 사람들은 부적절하게 떠오르는 생각이나 충동, 이미지 때문에 심한 불안과 고통을 겪는다. 이때 떠오르는 생각들은 사람들 앞에 밝혀지면 도저히 얼굴을 들고 다닐 수 없을 것 같은 내용들이 대부분이다. 예를 들면 성적인 일탈을 저지르거나 다른 사람(보영 양의 경우에는 사랑하는 엄마)을 폭행하고 죽이는 등 상상할 수 있는 모든 추잡하고 끔찍한 일들이 강박장애 환자의 머릿속에 떠오른다. 이 병을 앓는 이들은 이런 생각들 자체와 이런 생각을 하고 있는 자신에게 소스라치게 놀라곤 한다. 이런 생각들을 무시하고 억누르려고 무던히도 애를 쓰지만 뜻대로 잘 되지 않는다. 자기 마음대로 조절되지 않는 생각이 계속 떠오르는 것 자체가 병의 정의이기 때문이다. 강박 장애를 앓는 사람들 가운데 1/3 정도는 우울 장애를 동시에 앓는다. 보영 양처럼 강박 때문에 죄책감을 겪다가 우울로 넘어가는 사람이 많을 것이다.

한편, 주성 씨가 보이는 모습은 주요우울장애의 단면이다. 주요우울장애의 진단 기준 가운데 하나로 죄책감이 들어간다. 이 부분을 그대로 옮겨보겠다.

“무가치감, 또는 지나치고 부적절한 죄책감을 경험한다. 죄책감이 너무 심하면 망상 수준에 이를 수 있다.”

그런데 잠깐, 주성 씨가 자신에 대해 털어놓은 이야기가 사실이라면 죽는 게 낫다는 그의 말이 어느 정도 타당한 게 아닐까? 자신은 무가치한 사람이고 가족들에게 고통만 주었으니 차라리 죽는 것이 낫다는 그 이야기 말이다. 그러나 이는 말이 되지 않는 이야기일 뿐더러 현실과도 전혀 다르다. 물론 주성 씨가 사업의 실패를 경험하면서 아내를 고생시킨 적도 있었고, 아이들에게도 다정다감한 아빠이기보다는 언제나 바쁘고 지친 모습을 보여주었던 건 맞다. 하지만 주성 씨가 그의 지독한 우울과 죄책감 가운데 느끼듯, 차라리 없는 게 나을 정도로 최악의 남편이자 최악의 아버지는 아니란 이야기다. 그는 그저 평범한 남편이고 평범한 아버지일 뿐이다.

너무 짠맛이 나는 김칫국에 물을 좀 붓고 한소끔 끓여서 짠 기운을 낮추는 것처럼, 보영 양과 주성 씨의 이야기에서 뒤범벅된 죄책감을 좀 걷어낼 수 있다면 어떨까. 보영 양은 원치 않는 생각에 시달린다는 특징을 갖는 병인 ‘강박장애’를 앓고 있을 뿐이고 주성 씨도 사실이 부정적인 쪽으로 왜곡되어 보이는 우울 장애라는 병을 앓고 있을 뿐이다. 죄책감을 조금만 줄여도 보영 양이나 주성 씨가 경험하는 고통의 무게는 줄어들고 움츠러든 어깨를 약간이라도 펼 수 있다. 보영 양은 치료 시간을 통해 자신의 머릿속에 떠오르는 생각들은 자기가 실제로 엄마를 죽이고 싶어서 하는 생각이 아니라는 점을 배웠다. 단지 아프기 때문에 자신의 의지와 상관없이 떠오르는 것뿐이라고 배웠다.

이런 모습으로 아픈 게 그다지 기분 좋은 일은 아니다. 그렇지만 뿌리부터 제대로 낫기 위해서는 이 생각과 싸워서는 안 된다. 왜냐고? 아니라고 우기면서 맞붙어 싸울수록 자신을 괴롭히는 생각의 파도는 더 거세어지기 때문이다. 가끔 뉴스에서 보게 되는, 자식이 어머니를 살해한 사건 같은 건 자신의 경우와는 전혀 다르다는 것도 이해해야 할 필요가 있었다. 그러면서 머릿속에 떠오르는 생각들에 대해 '그래, 이런 괴상하고 우스꽝스러운 생각을 할 수도 있지' 하면서 받아들이기로 결심했다. 엄마를 진심으로 사랑하는 보영 양에게는 쉬운 일이 아니었지만 반복되는 생각과 이로 인한 죄책감이라는 특징을 가진 강박장애에서 벗어나기 위하여 이 과정을 착실하게 밟을 필요가 있었다.

주성 씨는 자기 생각에 대해 "그래? 증거가 뭔데?" 하고 말대꾸를 하는 방법을 익혔다. 마음에 전혀 들지 않는 자신의 모습을 있는 그대로 받아들이는 것도 배웠다. 익숙하지 않은 일이라 힘들었지만 주성 씨는 조금씩 '진짜 현실'을 보게 되었다. 자신을 무너뜨릴 듯 몰아닥치는 괴로운 생각들에 딴죽을 걸면서, 보기보다 자신을 공격하는 생각들에 별로 근거가 없다는 걸 알게 됐다. 이를테면 이런 식이다. '나는 무가치한 사람이야.', '그래? 증거가 뭔데?' 증거를 대보라고 하면 지금까지 덤벼들던 생각들이 순식간에 거품이 빠지듯 주저앉는 게 보였다. 무가치한 느낌이 드는 것과 진짜로 무가치한 것은 다르다. 우울증을 앓다 보면 자신에 대한 시각이 엉망으로 일그러지기 마련이다. 자기 눈에 비친 자신의 볼품없어 보이는 모습이 우울증의 결과일 뿐 현실이 아니란 걸 그 당시에는 인정하기 힘들었다. 자기가 아내와 아이들에게 큰 죄를 저지른 게 아니고 자신이 무가치하거나 죽는 게 나은 사람이 아니라는 사실을 받아들이면서 주성 씨는 회복의 길로 들어서기 시작했음을 알 수 있었다.

“그 자리에 엄마가 계셨네요!”

죄책감이 한 사람의 삶에 얼마나 깊이 영향을 끼칠 수 있는지 희진 씨의 이야기를 들으면서 정리해보자. 진료실 의자에 앉은 희진 씨는 고개를 숙인 채 깊은 생각에 잠겨 있었다.

“그렇네요. 그 자리에 엄마가…… 계셨네요.”

두 아이의 엄마이며 단란한 가정의 안주인인 희진 씨는 주요우울증으로 치료받고 있다. 희진 씨의 우울증은 경력이 길다. 단지 계절을 타는 거라고 생각했던 때까지 합하면 더 오래된 이야기다. 희진 씨는 바람이 기분 좋아지고 꽃들이 화사하게 피어나는 4~5월만 되면 심한 우울증에 시달렸다. 겨우내 우울했던 사람들도 봄날의 햇볕을 쬐면 좋아진다고들 하는데 희진 씨는 오히려 그 반대였다. 공교롭게도 이 시기에는 희진 씨의 생일과 결혼기념일과 어머니가 돌아가신 날이 몰려 있었다.

희진 씨의 아버지는 공장에서 일하다가 사고로 돌아가셨다. 초등학교에 입학한 지 얼마 안 되어 아버지를 잃었기에 어떤 분이었는지 기억조차 잘 나지 않는다. 그렇지만 희진 씨의 어머니는 아버지의 부재不在를 절대로 잊지 않았다. 외동딸인 희진 씨를 잘 키우기 위해 있는 힘을 다했다. 주눅 들면 안 된다면서 뭐든 제일 좋은 것들로 갖추어주었다. 어머니는 희진 씨가 전문직을 가진 사람이 되길 바랐다. 희진 씨는 열심히 공부해서 모 대학 약대에 합격했다. 하지만 딱 거기까지가 어머니가 바랐던 희진 씨의 모습이었다. 희진 씨는 1학년 봄에 같은 과 선배와 사랑에 빠졌고 임신을 했고 서둘러 결혼을 했다. 몇 번이나 휴학하면서 겨우 졸업은 했지만 약사 고시는 엄두도 내지 못했다.

어머니는 딸의 선택을 탐탁지 않아 했다. 결혼 이야기가 나오면서부터 시작된 싸움은 결국 연락조차 끊긴 채 남남처럼 사는 결과에 이르고 말았다. 희진 씨와 남편은 나름 잘 사는 모습을 보여주려 애썼지만 희진 씨 어머니의 소망은 '딸의 행복한 삶'이 아닌 '내가 꿈꾼 대로 자라준 딸'이었기 때문에 전혀 마음에 들어 하지 않았다. 처음에는 어떻게든 화해를 시도해보던 희진 씨도 자꾸 마음의 상처를 입으니 나중에는 슬슬 어머니를 피하게 됐다. 그러던 어느 날, 어머니는 말기 암 진단을 받고는 불과 몇 달 만에 희진 씨 곁을 떠나고 말았다. 그게 몇 년 전 봄에 일어난 일이었다.

무기력이 너무 심해서 하루 종일 잠만 자고 늘어져서 지내던 희진 씨는 우울증 치료를 받고 좋아진 경험이 있는 아이 친구 엄마의 손에 이끌려 병원을 찾았다. 그때도 봄이었다. 심한 무기력으로 상담조차 버거워하던 희진 씨는 약물 치료의 도움을 받으면서 천천히 회복되었다. 하지만 이만하면 좋아지겠지, 할 무렵이면 또다시 원점으로 돌아가버리기 일쑤였다. 다시 치료를 받아 좋아질 만하면 병원에 오기를 또 미루었다. 결국 올 봄, 지칠 대로 지친 모습으로 진료실 문을 두드렸다.

"이번에는 절대로 도망치지 않기로 결심하고 왔어요, 선생님."

희진 씨는 알고 있었다. 좋아질 만하면 치료를 중단하는 건 회복과 치유로부터 도피하는 것이라는 걸. 고통스러운 우울증에서 좋아지고 싶을 텐데, 사랑하는 딸아이에게 먹을 것조차 챙겨주지 못하고 손가락 하나 까딱 못한 채 늘어져 있는 자신의 모습이 정말 싫을 텐데, 치료받으면 어느 정도는 좋아진다는 걸 알고 있으면서도 안 오는 건 자학이었다.

치료 과정에는 끈기와 인내가 필요하다. 그런데 주요우울증을 앓다 보면 끈기도 인내도 다 녹아서 사라지기 쉽다. 거기에다 희진 씨는 좋아지기 힘든 결정적인 이유를 하나 더 갖고 있었다. 바로 죄책감이었다. 상담을 하면서 희진 씨는 자기 안에 있는 어머니를 보았다. 어머니는 초자아의 화신 같은 분이었다. 그 힘으로 팍팍한 삶을 견뎌냈겠지만 너무 강한 초자아를 가진 사람들이 일반적으로 빠지는 함정(누구든 자신의 도덕 규칙을 따라야만 한다고 주장하는 모습)에 잠겨 사셨다. 이런 이들은 자기 자신과 다른 사람들 모두에게 잠재적으로 위험할 수 있다.

신체 질병, 즉 몸이 아파서 병원에 입원해 있는 사람 가운데 75퍼센트가 정서적인 문제 때문에 병이 생긴 것이라고 한다. 이들 가운데에는 죄책감의 결과로 아픈 사람들이 포함된다. 병을 좋아하는 사람은 없다. 그렇지만 아무 문제없이 뻔뻔하게 잘 지내는 것이 아픈 것보다 더 힘들기 때문에 병을 택하는 사람들은 있다. 희진 씨도 그랬다. 어머니를 향한 죄책감이 너무 커서 자기가 행복한 모습으로 잘 지내는 걸 눈 뜨고 볼 수 없었는지 모른다.

희진 씨의 봄은 자기 어머니의 시선으로 볼 때에는 실망과 탄식뿐인 일들로 가득 차 있었다.

자기의 출생부터: '내가 없었더라면 엄마는 좀 더 자유롭게 당신의 삶을 살 수 있었을 텐데…….'

대학 입학 후 곧 연애에 빠졌던 자신의 모습도: '공부하라고 보낸 대학에서 덜컥 남자를 만나고 결혼도 하기 전에 다짜고짜 임신부터 하고, 엄마가 얼마나 부끄러우셨을까!'

결국 쓸쓸한 죽음을 맞기까지: '딸의 따뜻한 병간호도 제대로 못 받고 간 길은 얼마나 외로우셨을까!' 그러니 희진 씨의 봄이 그렇게 아플 수밖에 없었던 것이다. 봄만 되면 힘들던 그 자리에서 발견한 엄마의 모습에 희진 씨는 아파하며 눈물을 흘렸다.

치료가 진행되면서 희진 씨는 조금씩 더 알아가기 시작했다. 결국 자기 안의 엄마 모습은 실제 엄마가 아니었고 희진 씨가 받아들인 엄마의 시각은 실제 엄마 것이 아니었다. 우울이 세상을 보는 시각을 부정적으로 일그러뜨린다는 이야기를 하였다. 결국 자신을 바라보던 엄마의 시각은 우울로 인한 왜곡된 시각에 불과했다. 치료 과정을 지나면서 희진 씨는 온전한 어머니의 시각, 온전한 자신의 시각으로 스스로를 보는 연습을 하게 되었다.

자신의 생일은: '(엄마) 그래도 이렇게 귀한 딸이 나에게 선물로 주어졌다니! 네가 있어서 나는 다시 일어설 힘을 얻을 수 있구나…….'

대학 입학과 연애의 시작은: '(엄마) 나는 이룰 수 없던 것들을 네가 이루는 걸 보는 게 정말 대견하다. 내가 원했던 대로는 아니지만 내가 누리지 못했던 단란한 가정을 이루는 것도 마음은 아프지만 한편으론 부럽기도 해.'

어머니의 임종은: '(엄마) 함께 보낼 시간이 얼마 남지 않은 건 안타깝지만 그래도 나의 소중한 딸과 관계를 회복할 수 있는 시간이 주어졌다는 건 참 감사한 일이야. 우리 삶이 이 세상으로 끝나는 게 아님을 알기에 너무 아쉬워하지 않으려고 한다.'

"선생님. 다음 봄이 되어봐야 정말로 제 마음 가운데 화해가 이루어졌는지 알 수 있겠지만……. 지금으로서는 새로 만난 저희 엄마의 모습만으로도 충분히 감사하고 기뻐요."

진료실 문을 닫으며 나가는 희진 씨의 어깨에 빛나는 늦은 봄 햇빛이 눈부셨다.

죄책감을 지혜롭게 극복한 연주 씨

죄책감이라는 감정을 쭉 살펴보는 동안 한편으로는 부정하고 싶지만 또 한편으로는 없어서는 안 될 감정이란 생각이 들었다. 그러면 죄책감이라는 이 감정을 어떻게 마주하고 관리해야 할까. 여기에서 떠오르는 건 언젠가 보았던 다큐멘터리다. 서울에서 평범한 직장 여성이 하루 종일 스치듯 만나는 들꽃들에 대한 다큐멘터리였다. 출근길에 보도블록 사이로 피어난 민들레꽃을 만나고 점심시간에 찾아간 식당 옆에서 제비꽃을 만나는 식이다. 굳이 흐드러지게 꽃이 핀 정원을 찾아가는 게 아니어도 하루 종일 만나는 꽃들은 놀랄 만큼 많았다. 우리가 경험하는 죄책감도 그렇게 생각해볼 수 있을 것 같다.

민들레꽃 옆을 걸어간 그 아가씨를 생각해보자. 이미 직장에 도착했을 시간인데 그녀는 아직 지하철 안에 있다. 늦잠 자는 습관이 그녀의 발목을 잡은 것이다. 일주일 전에는 상사가 으름장을 놓았다.

"연주 씨, 이번 달에 벌써 세 번째 지각이야. 다음에 또 지각하면 벌 당직이라도 해야 되겠어. 응?"

연주 씨가 아침에 눈을 떠 시계를 바라보면서 허걱, 하고 있을 때 일찍 일어나 꽃단장을 마친 여동생이 가볍게 아침 인사를 건넸다.

"언니, 이제 일어났어?"

"야, 넌 일찍 일어났으면 언니를 좀 깨워야지!"

후다닥 이불을 걷어차고 일어나면서 연주 씨는 동생에게 버럭 성질을 냈다.

"나 참, 내가 언니 알람시계야? 내가 언니가 언제 일어나야 하는지 어떻게 알아?"

동생도 지지 않고 마주 성질을 부렸다.

연주 씨가 회사에 들어선 시각은 아침회의 시간에서 이미 20분도 더 지나 있었다. 상사는 고개를 푹 숙이고 들어서는 연주 씨를 물끄러미 쳐다본 뒤 아무 일도 없었다는 듯 회의를 지속했다. 회의를 마친 뒤 상사는 연주 씨에게 잠깐 자리에 남으라고 했다. '올 게 왔구나.'

"참, 연주 씨만 남지 말고…… 혜진 씨가 연주 씨 동기지? 그 자리에 같이 좀 있어요."

'응? 이건 또 뭐지?' 다른 직원들이 회의실에서 모두 나간 뒤 연주 씨와 혜진 씨, 상사 이렇게 세 사람만 남았다. 상사는 전혀 화를 내지 않은 채(이게 더 무섭다) 마치 토라진 아이를 달래듯 부드럽게 이야기했다.

"연주 씨, 시간 엄수는 사회생활의 기본이잖아요. 연주 씨가 열심히 하고 일 잘하는 사람인 건 아는데, 자꾸 지각을 하니까 잘하고 있는 것도 가려져서 제대로 안 보인단 말이야. 그래서 어떻게 하면 연주 씨가 좀 달라질까 곰곰이 생각해봤는데……. 혜진 씨에게는 좀 미안한 말이긴 하지만, 그때 얘기했던 벌 당직을 혜진 씨까지 같이 해서 이번 주 내내 서줬으면 좋겠어요. 동기를 챙기는 건 동기의 의무이기도 하니까."

상사가 나간 뒤 흐르는 어색한 침묵. 연주 씨는 새빨개진 얼굴로 혜진 씨의 눈치를 살핀다. 역시 얼굴이 붉게 달아오른 혜진 씨가 작게 투덜거렸다.

"나, 오늘 데이트 약속 있는데……."

"정말 미안해! 이렇게 될 줄은 정말 몰랐네."

"됐어, 할 수 없지 뭐. 우리 상사가 개인 사정 다 봐주는 사람도 아니고……, 한 번 입에서 나온 말이니까 마음을 바꾸려고 하지 않을 거야."

"혜진 씨, 나 때문에 이렇게 되어서 정말 뭐라고 해야 될지 모르겠어. 내가 다음 달에 혜진 씨 야근 당직 대신 서줄게."

"그건 고맙지만 그래도 오늘 건 돌이킬 수 없겠네요. 몰라, 지금 더 얘기하면 화낼 것 같으니까 나중에 얘기하자."

연주 씨 마음에서 죄책감이 솟구쳐 오른다. 자기 혼자만 벌을 세웠다면 이 정도까지 마음이 불편스럽지는 않았을 텐데, 죄책감이 얽혀 들어간 그 자리가 너무 쓰리고 아프다. 이젠 정말, 다시는 지각하지 말아야겠다.

그날 오후, 연주 씨 휴대전화에 메시지가 하나 날아든다.

"언니, 회사에서 괜찮았어? 오늘 아침에는 미안했어!"

동생이다. 혜진 씨에 대한 죄책감의 폭풍이 휩쓸고 지나간 자리에 다시 작은 바람이 분다. '사실 내가 잘못한 거였는데, 괜한 동생에게 성질을 부렸네.' 동생의 메시지는 연주 씨 마음속에 애꿎게 욕먹는 불쌍한 동생의 모습을 연달아 재생해주었다. '그런 걸 다 받아주면서 그래도 언니라고 따르는 걸 보면 걔도 참 괜찮은 애야.' 연주 씨는 답 메시지를 날린다.

"별로 괜찮지 않았지만, 이젠 괜찮아. 아침에 나도 잘못했어! 그때 너랑 같이 백화점 가서 봐놨던 가방, 기억하지? 언니가 이번 주말에 그거 사줄게."

딩동~, 바로 메시지가 도착한다.

"ㅎㅎ 안 그래도 되는데~. 암튼 고마워 언니. 사랑해!"

동생도 똑같이 께름칙한 죄책감을 느낀 터였다. 자기가 안 깨워주었다는 사실 때문에, 지각해서 또다시 점수가 깎일 언니 때문에, 허둥대느라 아무 말이나 막 했을 언니에게 성질을 부렸다는 사실 때문에……. 아무튼 벌 당직 때문에 연주 씨도 남자친구랑 주중에 영화 보기로 했던 약속을 취소해야 했다. 지각 벌 당직이라는 말을 하기엔 부끄러웠기에 그냥 회사가 요새 너무 바쁘다고, 계속 야근이라고 작은 거짓말을 했다.

착하디착한 남자친구는 연주 씨의 거짓말을 곧이곧대로 믿고는 '정말 지독하게 부려먹는 직장'이라면서 투덜거렸다. 연주 씨 상사에 대해서도 '분명 가정에 뭔가 문제가 있는 사람이다, 자기가 집에 들어가기 싫으니까 직원들까지 물고 늘어지는 거다!'라며 험담을 늘어놨다. 그 얘기를 듣는 연주 씨, 심기가 상당히 불편하다. 잘못도 없이 덤터기로 욕을 얻어먹는 상사를 생각하니 상당한 무게의 죄책감이 느껴졌다. 얼굴 보기 힘들다며 칭얼대는 남자친구에게도.

"알았어. 이번 주말 약속 취소하고 자기랑 만날게."

"그래? 주말에 친구들이랑 만나야 된다고 나 못 만난다고 했잖아."

"그치만 나 때문에 주중에 했던 약속 취소했으니까 할 수 없지 뭐. 암튼 미안해!"

전화를 끊으면서 연주 씨는 친구들 생각에 또다시 마음이 찜찜하다. 대학 때 친구들이랑 한 달에 한 번은 꼭 만나자고 약속해서 지금까지 꾸준히 만나오고 있는데, 벌써 결혼한 친구도 없는 시간을 쪼개서 열심히 나오고 있다. 때로는 귀찮아서 모임을 건너뛰고도 싶지만 죄책감에 민감한 연주 씨는 약속을 깨는 데 대한 죄책감을 느끼느니 좀 피곤하더라도 모임에 참석해서 친구들에게 충실한 모습을 보여주는 쪽이 편하다.

죄책감이 '꼭 필요한 자리에' '적당히' 있으면 이것만큼 좋은 것도 없다. 연주 씨는 지각하는 버릇을 고치고, 연주 씨의 동생은 갖고 싶던 가방을 얻고, 연주 씨의 남자친구는 포기했던 주말 데이트를 할 수 있게 되니까. 문제는 꼭 필요한 자리가 아닐 경우와 적당하지 않은 경우에 생긴다는 점이다.

이거야말로 참 어려운 이야기이긴 하지만 죄책감을 잘 다룰 수 있다면 조절할 가능성은 얼마든지 생긴다. 연주 씨가 친구들과의 모임을 펑크 낼 생각 때문에 지나치게 죄책감을 느낀다면 남자친구와의 데이트는 마냥 미뤄지게 된다. 때로는 친구가 연인보다 중요하지만 그렇다고 언제나 친구를 연인보다 앞세우면 제대로 된 연애를 하기가 어렵다. 죄책감을 느낀다면 '이게 꼭 필요한 자리인가?' '이 정도면 적당한가?'라고 스스로에게 물어보는 습관을 들이면 좋겠다. 둘 다 그렇다는 대답이 나온다면 담고 있기가 조금 불편하더라도 죄책감을 받아 안으려고 노력해보자. 그러면 이 감정은 지나간다. 결국은 죄책감도 감정이기 때문이다.

Part 2

분노

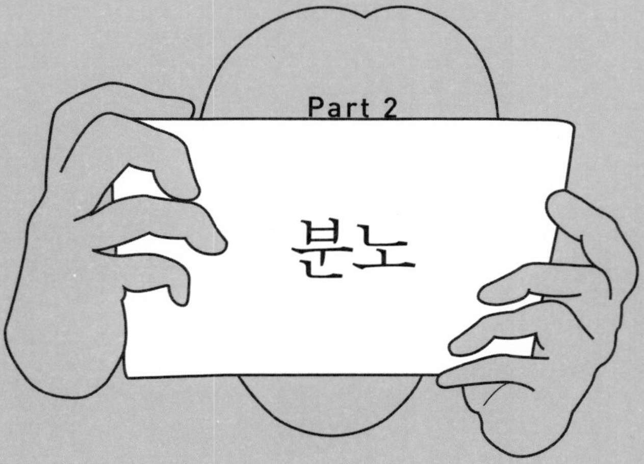

상습적으로 약속시간에 늦는 남친 때문에 감정이 상한 효정 씨

"도대체 왜 이렇게 안 오는 거야, 응? 몇 번씩 전화 걸어도 제대로 받지도 않고."

약속 시간이 다 되어가는데도 남자친구는 올 생각을 하지 않는다. 효정 씨는 시간을 잘 지키는 게 인생의 중요한 목표 가운데 하나인 사람이다. 슬슬 열이 올라오는 게 느껴진다. 좀 더 자세히 들여다보면, 음 아마도 짜증과 뒤섞인 분노를 느끼는 중일 거다.

너무 보채는듯한 인상을 주지 않기 위해 약속 시간에서 적어도 10분이 넘어가기 전에는 전화를 하지 않기로 결심하고 기다린다. 그렇게 화를 삭이며 꾹 참고 기다리려는데, 효정 씨 머릿속에서 거대한 초시계가 똑딱거리며 돌아가고 있는 듯한 기분이 든다. '영화 시작 시간은 점점 다가오는데……. 간단하게 식사라도 하고 들어가야 2시간 반짜리 긴 영화를 주린 배를 움켜쥔 채 보는 불상사가 없을

텐데…….'

효정 씨는 약속 시간에서 정확히 11분이 지난 뒤에야 남자친구에게 전화를 한다. 신호음이 울리는 소리가 신경을 곤두서게 한다. 남자친구는 한참이나 신호가 간 다음에야 겨우 전화를 받는다. 그녀는 다짜고짜 이렇게 묻는다.

"다 와 가?"

"어…… 거의 다 왔어. 쫌만 기다려."

그 뒤에 이어지는 남자친구의 목소리는 웅얼거리다가 사라져버린다. '흥, 아직도 전철 안에 있는 게 틀림없어.' 만나기로 한 지하철 출구 앞에서 발을 동동 구르면서 남자친구를 기다리는데 효정 씨, 가슴이 두근두근한다. 남자친구를 만날 생각에? 절대 아니다. 화가 치밀어 올라서 심장이 쿵쾅거리며 뛰는 거다. '이렇게 늦어질 줄 알았으면 괜히 회사에서 눈치 봐가면서 일찍 빠져나올 필요가 없었잖아. 하던 일 다 끝내고 제시간에 나왔어도 됐을 텐데…….'

부글거리는 화가 점점 더 끓어올라온다. 남자친구에게 뭐라고 한바탕 퍼부어줘야 속이 후련할까, 생각하면서 입술을 잘근잘근 씹는다. 더 화가 나는 것은 이 친구가 약속에 늦는 게 오늘이 처음이 아니라는 거다. 이 남자, 아직 한참 덜된 인간이라는 생각에 자신을 무시하는 게 아닌가 하는 생각까지 더해진다. 드디어 지하철 계단에서 남자친구의 모습이 보인다!

"미안~, 나 늦어서 화났어?"

"아니야."

굉장히 화가 났지만 자존심 때문에 인정하고 싶지는 않다. 하지만 벌겋게 달아오른 얼굴 하며, 부루퉁하게 내민 입술에다, 눈조차 마주치지 않고 극장을 향해 쌩하니 걸어가는 모습까지……. 아무리 아니라고 말을 해도 남자친구의 눈에 비친 효정 씨의 뒷모습은 분노의 화신 그 자체다.

부정적인 감정의 선두주자, 분노

평범한 사람들이 가장 자주 경험하는 감정에는 대략 열 가지 정도가 있다고 한다. 두려움, 기쁨, 사랑, 놀람 등의 감정들이 있으며, 분노는 부정적인 감정 가운데 선두 주자로 등장한다. 그만큼 분노는 누구에게나 익숙한 감정이면서, 죄책감만큼이나 인정하고 싶지 않은 불편한 감정이기도 하다.

분노는 외부의 위협을 인식했을 때 즉각 이를 멈추거나 없애려는 행동을 취하(기로 결심하)면서 경험하는 느낌으로 정의된다. 외부의 위협이라고 해서 목에 칼이 겨누어지는 상황만 생각해서는 안 된다. 줄을 길게 서 있다가 누군가에게 앞자리를 새치기당하는 것도 위협이고, 다른 사람이 부주의하게 휘두르던 우산에 정강이를 맞는 것도 위협이다.

효정 씨는 남자친구가 자신이 갖고 있는 생각의 틀, 즉 '제대로 된 사람은 약속 시간에 늦지 않는다'에서 어그러져 벗어나버리는 것을 일종의 위협으로 인식한 까닭에 화가 났던 것이다.

잠깐. 약속 시간에 상대가 늦으면 화가 나는 게 당연하다고? 전혀 그렇지 않다. 상대의 행동 때문이 아니라 자기 머릿속에 맴도는 여러 가지 생각들 때문에 화가 난다. 사람은 누구나 자기가 생각할 때 반드시 지켜야 하는 원칙이 있다. 이를 당위當爲라고 한다. 이 당위가 깨어지면 누구라도 화가 나게 된다. 거꾸로 말해서, 그런 당위가 애초에 없다면 똑같은 상황이라도 화가 나지 않을 것이다.

생텍쥐페리의 『어린 왕자』에서 여우가 왕자에게 하는 이야기를 들어보자.

"가령 네가 오후 네 시에 온다면 나는 세 시부터 행복해지기 시작할 거야. 시간이 지날수록 나는 점점 더 행복을 느끼겠지. 네 시가 되면 안절부절 못하고 걱정이 되고 그럴 거야. 행복이 얼마나 값진 것인지 알게 될 거란 말이야."

이 이야기를 나에게 들려준 건 한 선배였다. 자주 늦는 습관 때문에 다른 선배들에게 구박을 받고 풀이 죽어 있던 나에게 선배는 자기 버전의 이야기를 덧붙였다.

"늦게 오면 늦게 올수록 더 행복하게 만드니까 얼마나 대단한 재주야. 괜찮아, 얼마든지 기다려줄 수 있어."

지금 돌아보면서 드는 생각은 좀 더 고급스러운 형태로 드러난 꾸짖음일 수도 있겠다는 이야기지만 왕자를 기다리면서 화를 내기는 커녕 기다리는 행복으로 가득해지는 여우의 모습은 생각만 해도 마음이 따뜻해졌다. 똑같이 늦는 사람을 기다리기는 하지만 늦으면 절대로 안 된다는 당위와 선후배 사이에 사소한 일로 얼굴 붉혀서는 안 된다는 당위는 서로 전혀 다른 감정 반응을 불러일으켰다. 당위, 즉 생각의 기준이 달랐기 때문이다.

아드레날린과 노르아드레날린의 역할

효정 씨가 지각대장 남자친구를 자신의 당위에 대한 위협으로 받아들이는 것이 조금 뜬금없어 보일지도 모르겠다. 그렇다면 당신이 가장 최근에 누군가 싸우는 장면을 목격했을 때를 떠올려보자. 아마도 많은 사람들이 운전 중에 벌어진 싸움판을 떠올릴 확률이 높지 않을까. 도로에서 운전할 때 접촉사고 같은 문제가 생기면 사람들은 쉽게 예민해지고 곧잘 분노가 폭발해 큰 싸움으로 번지기 때문이다. 아니면, 그때만큼은 자신이 화가 난다는 걸 감출 필요가 없기 때문일 수도 있지 않을까. 평상시에는 점잖은 사람조차 혼자 운전하고 있을 때는 쉽게 화를 내곤 한다. 미국의 경우, 분노조절Anger management 치료 프로그램 가운데 운전 중 느끼는 분노 다루기 과정이 별도로 존재할 정도다.

길게 꼬리를 물고 늘어선 차들의 행렬 뒤에 한참 서서 기다리는

데, 난데없이 '별로 급할 것도 없어 보이는' 차 한 대가 비상등을 켜면서 내 앞으로 끼어들려고 한다. '누구는 바보라서 여기서 이렇게 한참 기다린 줄 알아?' 얌체 운전수가 애써 확보한 내 자리를 빼앗으려고 한다는 위협감(그렇다. 여기서 다시 외부의 위협이라는 용어가 등장한다)은 곧바로 분노로 연결되어 속에서 자글자글 끓어오른다. 끼워주지 않으려고 앞차와의 간격을 바작바작 좁히는데, 아차차. 서로 양보하지 않고 조금씩 전진하던 차들이 결국 서로 부딪히고 만다. 그 순간 마치 활화산처럼 거침없이 터져 나오는 분노. 신경질적으로 사이드 브레이크를 걸고 차 창문을 연다. 그리고 두 운전자의 시선이 마주친다.

한데, 조폭 저리 가라 할 정도로 무서운 인상의 소유자라면 어떻게 해야 할까? 그냥 조용히 보험회사에 연락하거나 경찰에 전화하는 식으로 처리할 것이다. 그런데 만일 상대가 그런대로 만만해 보이는 상대라면? 그리고 공교롭게도 이날 집에서 잔뜩 열 받는 일이 있어서 '어디 누구 한번 걸리기만 해봐라' 하는 마음으로 차를 몰고 나온 운전자였다면? 얼마 지나지 않아 고성이 오가기 시작한다. 누가 더 화를 많이 내는가를 시합하기라도 하듯 분노는 가파르게 상승 곡선을 그린다.

잔뜩 화가 나서 씩씩거리고 있는 두 운전자를 떠올려보면 분노가 생리적인 현상과 동반해서 나타나는 감정이라는 것이 금방 이해가 간다. 신체적 생리적 반응 없이 '쿨하게' 분노를 느끼는 경우란 없다. 열이 치솟고, 가슴이 쿵쾅거리고, 머리가 지끈거리며, 두 주먹이 불끈 쥐어지면서 분노를 경험하게 된다. 분노와 연관성이 있는 호르몬으로 아드레날린과 노르아드레날린이 있다. 둘 다 교감 신경계에서 중요한 역할을 하는 호르몬이다. 교감 신경계가 도대체 어떤 역할을 하는지 궁금한 사람이라면 들판에서 편안히 풀을 뜯고 있는 사슴을 떠올려보자. 이 사슴은 몸과 마음이 다 편안한 상태다. 할 일이라고는 뜯어 먹은 풀을 소화시키는 일밖에 없다. 이때 사슴에게서 작동하는 신경은 자율 신경계 중에서도 부교감 신경이다. 소화를 시킬 때 자신이 계획해서 소화를 시키는 사람은 아무도 없다. 내 몸이 알아서 소화를 시키기 때문에 '자율 신경'이라고 한다. 편하게 쉬고 있는 상태에서 작동하는 게 부교감 신경인 데 반해 교감 신경은 다음 장면에서 활약을 펼친다. 들판 끝에서 표범이 등장하여 자신을 향해 전력 질주하는 걸 발견한 사슴이 다른 생각할 것 없이 걸음아 날 살려라 하며 도망치는 순간에 작동하는 게 교감 신경이다. 교감 신경 역시 자율 신경계에 속하는데, 도망치는 데 필요한 혈액을 공급하기 위해 심장을 빨리 뛰게하고 근육을 긴장시키는 등의 역할을 감당한다. 맥박 수가 증가하는 것은 빠른 움직임을 위해 필요하다. 풀 뜯어 먹고 있을 때 느릿하게 뛰던 심장으로는 서둘러 도망쳐야 하는 상황을 감당할 수 없다.

분노의 시작점, 배고픔

초원에서 시선을 돌려 남자친구를 기다리다가 잔뜩 화가 난 효정 씨를 보자. 분노 때문에 그녀는 가슴이 두근거리고 혈압이 오르면서 얼굴이 벌겋게 되었다. 주먹다짐 일보 직전에 있는 운전자들은 또 어떤가? 눈썹 근육이 가운데로 몰리면서 아래로 처지고 상대를 뚫어지게 쏘아본다. 이렇게 화를 내는 모습은 어제 오늘 사이에 발달시킨 게 아니다. 분노는 유아에게서도 동일하게 관찰되는 현상이다. 빠르면 생후 2개월 정도부터 아기들은 사지를 뻗대는 것으로 분노를 표현한다. 분노의 시점에 분비된 호르몬들은 이후에 닥칠 상황, 즉 주먹을 휘두르거나 최소한 목청껏 고함이라도 지르면서 '나 정말 화났다!' 하는 사실을 만방에 떨쳐 보일 준비를 하는 역할을 하게 된다.

이런 호르몬들이 '자율 신경계'에 영향을 미친다는 사실을 명심할 필요가 있다. 우리는 자기 마음대로 심장을 빠르게 뛰게 하거나 소화가 잘되게 하지 못한다. 물론 바이오피드백 같은 치료적 훈련을 받은 사람이라면 어느 정도 가능할 수는 있겠지만. 그러나 그러기 위해서는 많은 노력이 필요하다. 대부분의 평범한 사람들에게 자율 신경계는 말 그대로 '자기 스스로 조절하면서' 움직이는 신경이다. 분노라는 감정은 자율 신경계를 건드리기 때문에 일단 화가 난 다음에는 그에 따라 나타나는 신체 반응을 조절하기란 거의 불가능하다. 예를 들어, 화가 나서 벌겋게 달아오른 얼굴은 아무리 열심히 부채질을 해도 금방 가라앉지 않는다. 씩씩거리는 거친 숨결은 제아무리 숨을 고르려 해도 마음처럼 잘 되지 않는다. 차라리 처음에 분노가 시작되는 과정을 조절한다면 모를까, 일단 분노가 생리적인 현상으로 연결된 뒤에는 그야말로 걷잡을 수가 없다. 마치 무너지기 시작한 도미노를 붙잡으려는 것과 같다고나 할까. 그러니 화가 솟구친 다음에 이를 가라앉히려는 노력이 잘 안 먹히는 자신을 "나는 의지 박약이야"라면서 평가절하할 필요는 없다. 안 되는 게 오히려 당연하니까. 분노가 생기기 시작할 때 초기에 잘 잡고 다스리는 것이 무엇보다 중요한 것도 그래서다.

여기에는 두 가지 의미가 있다. 하나는 본격적으로 화가 나기 전에 미리 분노를 조절해야 한다는 의미다. 또 하나는 대체 어디에서 분노가 시작되었는지 그 출발과 기원에 대해 명확히 이해하고 있으면 좋겠다는 의미다. 그러면 우리가 일상에서 무시로 경험하는 분노, 이 감정이 도대체 어디서부터 비롯되었는지 차근차근 짚어보기로 하자.

정신분석적으로 짚어보면 분노의 시작점은 '배고픔'이다. 배고픔은 우리에게 참으로 단순하면서도 심오한 개념을 담고 있는 단어다. 배가 고프지 않다면 좀 더 잘 참아낼 수 있는 일들이 많다. 여기 세상에 태어난 지 얼마 안 된 어린 아기가 있다. 엄마 품에서 평안하게 잠든 아기에게는 엄마가 세상의 전부이자 만능 해결사다. 배가 고파도, 추워도, 기저귀가 젖어 불쾌해도 아기는 그저 힘차게 울기만 하면 된다. 그러면 엄마가 다 해결해주니까. 그러나 이 세상은 아기에게도 우리에게도 낙원이 아니다. 아기는 머지않아 세상이 자기 마음먹은 대로만 굴러가는 게 아님을, 울어도 소용없는 게 있음을 배우게 된다. 아기를 사랑할 충분한 능력을 갖춘 엄마는 어린 아기를 최대한 잘 돌봐주고 싶은 마음이 굴뚝같다.

그렇다 하더라도 아이가 울 때마다 즉각 반응하지 못할 이유는 수없이 많다. 엄마도 사람인지라 화장실에 가야 한다. 피곤하니까 아기의 울음소리를 못 듣고 곯아떨어졌을지도 모른다. 빨리 처리하지 않으면 안 될 일이 밀려 있을 수도 있다. 그런데 이런 설명들, 우는 아기에게는 안 통한다. 아기에게는 엄마의 마음이 떠나버린 것으로밖에 보이지 않는다. 원한다고 다 들어주지 않는 세상에 절망하면서, 아기는 좌절과 상처를 함께 경험한다. 그 결과? 아기는 화가 난다. 자지러질 정도로 크게 울음을 터뜨리는 아기의 모습은 그대로 분노의 표현형이다. 우리는 자기가 원하지 않는 상황에 자신의 의지와 상관없이 처하는 과정을 통해 분노를 배웠다.

배가 고프면 화가 나는 게 아이들만의 이야기일까? 아니다. 어른이 된 뒤에도 배가 고프면 화가 난다. 여기서 말하는 배고픔은 단순히 위가 비었을 때 느끼는 생리적인 배고픔만을 말하는 것이 아니다. 사람마다 다르긴 하지만 누구나 쉽게 배고픔을 느끼는 자리를 마음속에 갖고 있다. 누구는 사람에 고프고, 누구는 사랑에 고프며, 누구는 성공에 고프다. 누구는 돈에 고프고, 누구는 인정에 고프다.

애정에 대한 배고픔은 그중에서도 가장 흔한 형태의 배고픔이다. 사랑받고 싶고 인정받고 싶은데 그게 뜻대로 되지 않으면 애정에 대한 굶주림을 경험한다. 성적인 욕구도 애정의 굶주림 안에 들어간다고 볼 수 있지만 육체적인 욕구보다 정신적 친밀감에 대한 욕구가 더 큰 목소리를 낼 때가 왕왕 있다. 정서적으로 만족한 상태가 유지되기를 바라는데 이 욕구가 충족되지 않으면 분노가 치민다. 어린 시절 배고파서 울어대는데, 아무도 돌아보지 않던 좌절이 떠오르면 격렬한 감정으로 반응하기 쉽다. 분노는 이럴 때 생존을 위해 꼭 필요한 수단이 된다. 살아남기 위해 아기는 더욱 기를 쓰고 화를 낸다.

남편에 대한 분노로 자신에게 형벌을 가하게 된 윤서 씨

윤서 씨의 결혼 생활은 남편과의 끊임없는 싸움의 시간과 맞먹는다. 싸움은, 그리고 분노는 상대와 자신을 전부 소진시킨다. 결국은 몸도 마음도 완전히 탈진한 상태로 병원을 찾았다.

윤서 씨는 선을 봐서 지금의 남편과 결혼했다. 어떻게 결혼에 이르렀든 사랑하고 사랑받는 가정을 꿈꾸는 것은 당연하다. 그런데 막상 결혼하고 보니 남편은 마음이 딴 데 가 있었다. 사귀던 여자친구가 있었는데, 그녀가 남편을 버리고 먼저 결혼을 해버렸단다. 혼자 남은 남편은 '홧김에' 집에서 소개해주는 대로 아무 생각 없이 결혼을 했다.

문제는 남편을 떠났던 그녀가 결혼 6개월 만에 이혼을 하고는 남편에게 다시 연락을 해오면서 시작되었다. 윤서 씨라고 마음이 콩밭에 가 있는 남편이 좋을 리 없지만 그 사이에 임신을 하는 바람에 이러지도 저러지도 못하는 상황이 되고 말았다. 아무리 이혼율이 치솟았다 하더라도 아직까지 이혼녀에게 사회는 차갑다. '더구나 다른 사람이라면 또 모르겠지만 내가 이혼을?!' 윤서 씨에게 이혼은 자신의 인생에 스스로 내는 깊은 흠집과도 같은 것이었다. 이 흠집은 사랑 없는 결혼보다 더 큰 상처가 되는 일이었다.

윤서 씨는 너무나 화가 났다. 자신이 원하는 사랑을 주지 않는 남편에게. 남편도 정말로 화가 났다. 자신을 사랑하는 것도 아니면서 붙잡은 채 놔주지 않는 윤서 씨에게. 두 사람은 치열하게 싸우고, 차갑게 서로를 벌주었다. 두 사람을 묶어주는 고리는 서로에 대한 분노밖에 없었다.

그 와중에 아기가 태어났다. 반복되는 싸움 때문인지 항상 불안해하고 쉽게 징징거리는 어린 아들이 둘을 연결하는 고리에 추가되었다. 윤서 씨는 화가 잔뜩 난 나머지 어떻게든 남편에게 최대의 고통을 주고 싶었다. 어떻게 하면 이 사람이 가장 아프게 느낄까?

정답은 가까이에 있었다. 남편은 이 결혼 안에 있을 때 가장 불행을 느낀다. 그래서 윤서 씨는 절대로 그를 놔주지 않기로 결심했다. 자신도 괴로웠지만 남편을 괴롭히기 위해서는 그 방법밖에 없다고 생각했다.

그러나 화내는 일에는 상당히 큰 에너지가 소모된다. 교감 신경계가 작동하던 초원의 사슴을 생각해보라. 죽을힘을 다해 도망치는 데 성공한 사슴이 힘이 남아돌 수 있을까. 모르긴 몰라도 어디에선가 숨을 돌리지 않는다면 지쳐 쓰러져 있다가 표범의 먹이가 되어버릴지도 모르는 일이다.

윤서 씨가 화를 내는 대상은 또 있었다. 남편의 그 여자? 그건 너무 쉬워서 오히려 답에서 비켜난다. 윤서 씨는 이미 남편과 그 여자를 하나로 묶어서 분노를 느끼고 있었으니까. 잊고 있던 대상이 여기 있다. 바로 그녀 자신이다. 윤서 씨는 무엇보다도 이런 결혼을 선택한 자신에게 화를 내고 있었다. 좌절감과 분노로 똘똘 뭉친 채 속에서부터 시들어가는 윤서 씨는 바보 같은 자신에게도 껍질만의 결혼 관계 안에 계속 남아 있게 만드는 고통을 통해 벌을 주고 있었다.

꼭 필요하고 건강한 배고픔

돈에 대한 배고픔은 또 어떨까. 25년쯤 전 "유전무죄有錢無罪, 무전유죄無錢有罪"의 절규를 남긴 탈주범들이 있었다. 1988년 서울 올림픽을 치르고 난 직후 세간을 떠들썩하게 했던 사건이다. 2006년에 만들어진 영화 〈홀리데이〉(감독 양윤호, 제작 현진시네마)는 이 사건을 눈부신 경제 성장의 이면이라는 시각에서 접근했다. 돈으로 상징되는 사회의 가치에서 소외된 사람들의 결핍과 배고픔이 분노로 치환되는 모습을 그린다.

그렇다고 경제적으로 어려운 사람들이 더 쉽게 분노하고 더 쉽게 범죄를 저지른다고 말하려는 건 절대 아니다. 그러나 경제적인 배고픔은 사람들로 하여금 더 쉽게 분노하도록 부추길 가능성이 있다. 내가 갖지 못한 것을 너무 쉽게 가진 사람들을 향한 분노는 잘 마른 장작처럼 불씨가 떨어지기를 기다리고 있는 것이나 마찬가지다.

그렇다고 배고픔이 무조건 분노로 연결되는 것은 물론 아니다. 사실 배고픔은 건강한 느낌이기도 하다. 배고픔을 느끼지 못할 때 우리는 병에 걸린 게 아닐까 의심한다. 그와 마찬가지로 심리적으로 꼭 필요한 배고픔이 존재한다. 2002년 월드컵에서 우리나라 축구팀을 이끌었던 히딩크 감독은 16강 진출 후 가진 인터뷰에서 "나는 아직 배가 고프다I'm still hungry"라고 말했다. 더 이기고 싶다고 말했다면 그 인터뷰가 그토록 오랫동안 많은 사람들의 뇌리에 그토록 강렬하게 남아 있을 리 없다. 그것은 뻔한 이야기, 누구나 쉽게 할 수 있는 이야기니까.

그렇지만 잠깐, 배가 고프다고? 이 말은 사람들의 깊은 본능을 건드렸고, 결국 이 인터뷰는 삽시간에 유명해졌다. 히딩크의 배고픔은 승리에 대한 열망이었다. 이 열망이 가진 전염력의 결과는 스포츠를 별로 좋아하지 않는 사람에게도 생생하게 기억에 남는 것이 되었다.

또 어떤 배고픔이 꼭 필요하고도 건강할까? 정의에 굶주리지 않으면 편안한 자기 자리에서 일어나 제대로 목소리를 내기가 쉽지 않다. 정의에 대한 배고픔도 분노를 일으키는데, 방향만 제대로 잡는다면 이 분노는 비뚤어진 것을 바로잡고 모자란 것을 채워주는 거룩한 분노가 된다.

영국의 정치인으로 노예제도 폐지 운동 때문에 널리 알려진 윌리엄 윌버포스William Wilberforce는 자신의 일기장에 다음과 같이 기록하였다.

"이번 주에 나는 노예들을 실어 나르는 법안과 그 친구들의 수치스러운 태만에 죄스러운 분노를 느끼곤 했다."

그가 느낀 의의 굶주림과 이로 인한 분노는 단순히 투덜거리는 불평으로 끝나지 않았고 마침내 영국을 변화시키는 토대가 되었다. 소위 의분義憤이라고 말하는 분노를 낳는 배고픔이라면 얼마든지 필요하고 충분히 건강하다. 잘못 돌아가는 현실을 보면서 마땅히 느껴야 할 분노가 없는 게 더 큰 문제다.

"그분이 오신다!"

그렇다면 분노는 우리 뇌의 어디에서 비롯되는 것일까. 분노, 그리고 뇌……. 이런 생각을 할 때면 항상 떠오르는 사람이 있다.

"그분이 오신다!"

정신건강의학과 전공의로 수련을 시작한 지 불과 몇 달 안 되었을 때였다. 응급실에서 걸려온 전화를 받은 한 선배 의사선생님이 하신 말씀이었다. 명찰에는 '정신과 의사'라고 적혀 있지만 아직까지 뭐가 뭔지 잘 모르는 정신건강의학과 1년차는 갑자기 부산스러워진 분위기에 어리둥절하기만 했다. 분위기 파악을 하느라 허둥거리는 1년차를 제외한 나머지 선생님들은 다들 비장한, 혹은 거의 결연한 표정으로 병동 내 엘리베이터 앞에 도열했다. 폐쇄 병동에서 엘리베이터를 막고 있던 셔터가 열리는 소리가 들렸다. 아니, 그 전에 고함 소리와 함께 우당탕하는 소리가 먼저 들렸다.

'그분'은 몇 년 전 교통사고로 뇌를 다친 40대 초반의 남자 분이었다. 워낙 심하게 다쳐서 병원에서는 살아서 퇴원하기 힘들 거라고, 장례 준비를 하셔야 할 거라고 했었다. 그런데 그분은 몇 번의 위험한 고비를 용케 넘기고 살아남았다. 머리를 많이 다쳤기에 식물인간처럼 자리를 보전하고 누워 있는 정도일 거라고 했는데, 막상 퇴원할 때는 걸어서 나갈 수 있었다. 기적이 일어났다며 모두 환영했다. 어린아이들과 아내는 기쁨으로 그를 맞이하였다.

그러나 그 기쁨이 박살나는 데는 오랜 시간이 걸리지 않았다. 온순하고 얌전한 성격이었다던 '그분'은 감정, 특히 분노를 조절하지 못하는 사람으로 완전히 바뀌었다. 처음에는 달라진 환경에 적응하기 어려워서 그런 줄 알았다. 그러나 시간이 흐르면서 분노는 점점 더 심해졌다. 정신과와 신경외과 약물을 한 주먹씩 복용했지만 약으로 조절이 안 될 만큼 난폭해지는 순간에는 어쩔 수 없이 입원을 해야만 했다. 그분이 응급실을 통해 정신과 병동으로 올라올 때에는 응급실의 남자 간호사들과 119 대원, 정신과 병실의 남자 보조원까지 다 동원되어 '그분'을 침상에 찍어 누르지 않으면 안 되었다. 충분히 상태가 좋아질 때까지는 병실이 거의 전쟁터였다. 이건 수사적인 표현이 아니라 말 그대로다. '그분'은 자기 자신과 다른 사람을 다치게 할 수 있어서 적용해두었던 강박을 수시로 풀었고 옆에 있던 아내를 주먹으로 두드려 패기 일쑤였다. 궁금한 생각이 들어서 얼마 전 외래에 왔을 때 다시 찍은 뇌 MRI를 찾아보았다. 뇌 실질이 있어야 할 자리에 거품처럼 공기방울이 가득 차 있는 모습이었다.

안정제 주사를 맞고 곯아떨어진 '그분' 옆에서 아내가 서럽게 울고 있다. 얼굴은 손자국으로 벌겋게 부어올라 있는 채였다.

"힘드시죠……."

안타까운 마음이 들어서 병아리 정신과 의사가 묻는다.

"아뇨, 전 괜찮아요. 근데 저 사람이 너무 불쌍해서……. 정말 저런 사람이 아니었는데……."

분노와 폭력을 유발하는 곳, 편도

뇌 조직만으로 인간의 존재를 설명한다는 건 사칙연산으로 세상을 설명하는 것과 다르지 않다고 생각하던 햇병아리 의사, 이 장면에서는 도무지 뭐라 할 말이 없어서 순간 정지 상태가 된다. 그는 여기 있지만 더 이상 이전의 그가 아니다. 입원 환자면 누구나 하게 되는 혈액 검사 결과를 볼까? 간 기능도 콩팥 기능도 아무런 문제가 없는 지극히 건강한 중년의 남성이다. 그러나 뇌 사진으로 보여지는 그는 '이런 뇌를 가지고도 생활, 아니 생존이 가능할까?' 가슴이 철렁해지는 모습이다. 옆자리를 지키는 아내에게는 또 어떤가. '그분'은 두려움의 대상인 동시에 아무도 이해하지 못할 지극한 안타까움의 대상이다.

분노를 관장하는 자리는 뇌의 여러 부분에 나뉘어져 존재한다. 길을 가던 중에 낯선 사람이 부주의하게 부딪히면서 지나가면 그 짧은 순간에 화가 치민다. 이때 경험하는 분노는 후뇌(뒤쪽 뇌)의 작용에 의해 느끼게 된다. 과거의 기억과 연결해서 분노를 느낄 때에는 중복측 전전두엽 피질Medial ventral prefrontal cortex이 작동한다.

"당신은 왜 만날 그 모양이야, 엉? 오래 전에도 그랬고 최근에도 그랬잖아!" 같은 이야기를 하는 동안 정수리로 뜨끈하게 열이 솟구친다면 이 부분의 뇌가 활발하게 작동하는 중이다. 사소한 분노가 과거의 기억을 불러 일으켜서 분노를 키우는 건 흔하게 볼 수 있는 현상이다. 특히 부부처럼 시간이 지나면서 추억과 원망, 사랑과 섭섭함이 한 켜 한 켜 누적된 관계에서는 과거 이야기를 들먹이는 것이 성냥개비 하나로 산불을 내는 요령과 비슷하다. 예전에 섭섭했던 이야기를 꺼내는 순간 분노에 동원할 수 있는 다른 뇌들이 일시에 점화되면서 분노는 연쇄 폭발을 일으키게 된다. 그래서 부부 싸움의 여러 가지 요령 중 하나는 현재 시점의 문제만 가지고 다투어야 한다는 것이다.

대뇌 변연계, 그중에서도 특히 편도Amygdala는 폭력과 연관성이 높다. 편도는 생긴 모양이 아몬드처럼 생겼다고 해서 붙은 이름이다. 폭력 성향을 가진 사람들의 편도에 이상이 있다는 연구 결과도 많이 나와 있다. 그러나 편도를 자극한다고 해서 항상 폭력이 유발되는 것은 아니라고 한다. 실험적으로 편도를 자극해보면 불안과 우울, 분노, 두려움과 공포 등 다양한 감정들이 보고된다.

전두엽과 측두엽 사이에 파묻혀 있는 뇌의 한 부분인 도피질(島皮質, Insular cortex – 푹 파묻힌 섬과 같은 부분이란 뜻)은 감정과 신체의 항상성 조절에 기여하는데, 냄새나 오염에 대한 역겨움을 처리하기도 하고, 분노 외에도 공포나 행복, 슬픔 같은 기본 감정 경험에서 중요한 역할을 한다. 도피질이 주목 받는 이유 가운데 하나는 명상을 전문적으로 하는 사람들의 오른쪽 앞 도피질이 두껍다는 보고가 있어서다. 분노하는 사람들에게서 공통적으로 활성화되는 뇌의 부위는 외측 안와 전두엽Lateral orbitofrontal cortex이라는 곳인데, 이 부위는 분노에만 기여하는 게 아니라 동기 부여와 긍정적인 감정 처리에 중요한 곳이기도 하다.

"괴물로 사는 게 나을까요, 좋은 사람으로 죽는 게 나을까요?"

분노가 뇌의 어떤 곳에서부터 유래되는지 열심히 찾아보는 것은 왜일까? 나름대로 다 쓸모가 있기 때문이다. 예를 들면 분노 및 행동 통제가 잘되지 않는 사람들을 대상으로 하는 뇌수술 같은 게 있다. 이 수술은 뇌의 특정한 부위를 수술로 파괴함으로써 도저히 조절되지 않던 한 사람의 분노를 어느 정도 조절이 가능한 상태로 만들려는 시도다. 심각한 인권 침해의 소지가 있기 때문에 많은 나라들에서 금지하고 있지만 공격적이거나 난폭한 행동을 병적으로 일삼는 사람에 대한 수술을 시행하고 있는 나라도 더러 있다.

이유 없이 다른 사람을 때리거나 심한 난폭 증상을 보이는 환자들의 뇌 시상하부를 국소적으로 파괴하는 식으로 시술을 한다고 전해진다. 국내에서는 심한 강박증이나 난치성 간질 발작에 대한 뇌수술이 시행되고 있지만 분노나 폭력 등의 이유로 시행하는 수술은 윤리적 문제 때문에 시도되지 않고 있다.

2010년에 개봉한 영화 〈셔터 아일랜드〉에서는 병원이 생긴 이래 가장 위험한 환자라는 테디(레오나르도 디카프리오 분)를 대상으로 전두엽 절제술Lobotomy을 실시한다. 아직 이 영화를 보지 않은 사람에게는 이미 이 한 문장만으로도 심각한 스포일러가 되었을지 모르겠다.

그렇다고 환자를 강제로 질질 끌어다가 뇌수술을 해버리거나 하는 잔혹 영화는 아니다. 극중 환자인 테디는 현실과 환상을 뒤섞어서 경험하며 감정 조절이 안 되어 혼란스러워한다. 어떤 시도로도 잘 통제되지 않는 정신 질환을 잡아보려는 마지막 시도로 치료진이 일종의 역할극을 계획하며, 이것까지 해봐도 안 되면 그때는 수술을 하기로 한다.

테디가 이렇게 된 것은 분노와 그에 따른 죄책감 때문이다. 어느 날 퇴근해서 집에 돌아온 테디는 아내가 자녀 셋을 모두 죽인 현장을 목격하게 된다. 당시 아내는 심각한 우울증을 앓고 있었다. 아내의 치명적인 상태를 미처 알아차리지 못함으로써 끔찍한 비극을 초래한 데 대한 죄책감이, 그리고 상황이 그렇게 될 때까지 방관한 셈이 된 자기 자신에 대한 분노가 그의 정신을 막다른 골목으로 몰아넣었다.

극도로 분노한 테디는 아내에게 총을 쏜다. 그가 죽인 건 아내지만 동시에 그 자신의 온전한 정신이기도 했다. 사람들은 조절되지 않는 감정이나 생각들에 대하여 두려워하기 마련이다. 사랑이나 기쁨 같은 긍정적인 감정에도 조금은 불편해 하는데(생각해보라, 기뻐서 미칠 것 같다는 등의 표현을), 분노처럼 부정적인 감정에 대해서는 오죽하겠는가! 마지막 장면에서 테디는 일부러 병이 조절되지 않는 모습을 가장하여 전두엽 절제술을 받는 길을 선택한다.

테디는 수술실로 데려가는 보조원을 따라가기 전에 자신의 주치의에게 묻는다.

"괴물로 사는 게 나을까요, 아니면 좋은 사람으로 죽는 게 나을까요?"

아마 그는 이 길만이 고통스러운 기억으로부터 자유로워질 수 있는 유일한 방법이라고 생각했을 것이다. 테디의 마음이 어떤지 너무도 잘 아는 정신과 주치의의 말할 수 없이 괴로워하는 얼굴이 화면을 가득 채운다. 한 발짝 물러서 있는 사람, 영화를 보는 관객으로서는 "과연 선택지가 그 둘 뿐일까요?"라고 묻고 싶어질 수도 있지만 분노의 치명적인 결과 앞에 무너진 사람에게는 잘 들리지 않는 질문일 거라는 생각이 든다. 극한 분노는 항상 흑과 백 두 가지로만 상황을 나누는 경향이 있으니 말이다.

화를 내야 할 상황에서 화를 내지 못하는 건우 씨

여기서 한 가지 의문이 생긴다. 분노를 꼭 부정적인 감정으로 보아야만 하는가. '꼭' 이라는 말에서 이미 짐작했겠지만 당연히 그건 아니라고 생각한다. 분노는 기쁨이나 슬픔과 같은 감정의 한 축이다.

살면서 슬픈 감정을 많이 겪지 않으면 좋겠지만 슬퍼해야 할 때 슬퍼하지 못한다면 그것도 심각한 문제다. 소중한 사람의 장례식에서 깔깔대며 웃는 사람을 떠올려보면 좀 더 이해가 쉬울 것이다. 마찬가지로 분노 역시 있어야 할 자리가 있고 때로는 없어서는 안 되는 상황도 있다. 당연히 화가 날 만한 상황에서 화를 느끼지 못하거나, 마땅히 화를 내야 하는 자리에서 화를 내지 못한다면 그 또한 건강한 삶이라고 할 수는 없다.

여기 두 사람이 있다. 영모 씨와 건우 씨, 둘은 오랜 친구 사이이다. 영모 씨는 어릴 적 실수처럼 일찍 했던 결혼이 아내의 외도로 끝나는 바람에 많은 아픔을 겪었다. 건우 씨는 상처 입은 친구를 가까이에서 돌봐주었다. 시간이 좀 걸리기는 했지만 영모 씨의 낫지 않을 것 같던 상처는 놀랍게도 회복되었다. 여자친구도 사귀기 시작하는 등 인생의 새로운 페이지를 여는 것 같았다.

그 무렵 둘은 함께 사업을 시작했다. 처음에는 승승장구하는 것 같던 사업은 오래 지나지 않아 내리막길을 탔다. 부도가 나는 것만큼은 어떻게든 막아보려고 애를 쓰다가 사채에 손을 대면서 문제는 더 커졌고, 마침내 투자자들에게 고소를 당하는 사태까지 맞게 되었다. 둘이 힘을 합쳐도 이겨내기 쉽지 않은 상황에서 영모 씨는 자기도 속았다며 친구를 고소함으로써 발뺌을 시도했다. 건우 씨는 그야말로 엎친 데 덮친 격의 상황에 처한 셈이다.

그런데 이 사람, 화가 나지 않는다. 이건 말이 안 된다.

"우리가 고작 이런 사이밖에 안 되냐? 어떻게 네가 나한테 이럴 수 있니?"

길길이 날뛰면서 화를 내도 시원치 않은 판인데, 이상하게도 건우 씨는 전혀 화가 나지 않았다. 그가 느끼는 감정? 그저 막연하게 느껴지는 슬픔과 먹먹함 정도일 뿐이다. 일이 막 꼬이는 장면을 뒤로하고 건우 씨는 반쯤 도망치듯 여행을 떠났다.

그날 밤 건우 씨는 한숨도 자지 못했다. 새벽녘이 되어서야 겨우 잠들었나 했는데, 뒤숭숭한 꿈속에서 영모 씨의 장례식에 참석했다. 정식으로 꿈을 분석하는 사람이 아니어도 다 알 수 있는 메시지다. 건우 씨가 피부로 느끼지 못했을 뿐이지, 그는 정말 괜찮은 게 아니었다. 화가 안 난다고? 아니다. 느껴지지 않았을 뿐이다. 그의 깊은 분노는 영모 씨를 향하여 살의를 품는 정도까지 이르러 있었던 것이다.

건우 씨의 경우처럼 화를 못 내는 사람이라고 해서 마음속에 분노가 없는 게 아니다. 어쩌면 그런 사람들의 마음속에는 차마 겉으로 드러내기 두려울 정도로 어마어마한 분노가 끓고 있을지도 모른다. 그런데도 이 분노는 느껴지지도 않고 짐작조차 되지 않는다. 화를 잘 경험하지 못하는 사람들은 자신이 분노한다는, 아니 분노할 수 있다는 사실을 받아들이기조차 힘들어한다. 왜 이런 일이 생기는 것일까?

우리가 지나온 어린 시절로 돌아가 기억을 더듬어볼 필요가 있다. 어려서부터 우리는 화를 내면 어른들한테 혼이 나곤 했다. 아이가 자신에게 화내는 걸 잘 받아들일 수 있을 만큼 성숙한 부모는 의외로 많지 않다. 왜냐고?

분노의 표현은 권위와 연관되기 때문이다. "진정한 권위가 부족한 사람들은 권위주의의 옷을 입으려 든다"고 누군가 말한 바 있다. 자기가 충분히 낮아져도 괜찮다 생각하지 못하고 자신의 권위가 도전받는 걸 잘 견디지 못하는 부모일수록 아이가 화를 낼 때 오히려 더 격렬히 화를 내면서 아이를 찍어 누르려 한다. 보다 세련된 방식으로 분노와 같은 감정을 조절하려 드는 부모라면 아이들에게 "화내는 건 유치하고 바보 같은 일"이라고 가르친다.

"저 봐, 저기 꼬마가 길바닥에 드러누워서 떼쓰고 있는 거 보이지? 어머 창피해~. 우리 ○○는 이제 형아니까 저렇게 하면 안 돼, 알겠지?”

이런 식의 가정교육을 받으며 성장한 사람들은 분노를 겉으로 드러낸다는 건 자기 자신을 조절하지 못하는 사람이자 미성숙한 사람이라고 고백하는 것과 다름없다고 생각한다. 그래서 이들은 분노를 억누른다.

성숙하게 분노하는 사람이란?

좀 어리둥절할지 모르겠다. '아니, 그러면 느끼는 대로 분노를 표현하는 게 건강하다는 이야기인가? 화가 나면 나는 대로 폭발하라는 이야기인가?' 물론 그건 아니다. 정신과학에서 사용하는 용어들 가운데 '억압'과 '억제'라는 것이 있다. 억누른다는 것 자체는 비슷해 보이지만 이 두 가지 방어기제는 서로 다르다. 신경증적인 방어기제에 속하는 억압Repression은 어떤 느낌이나 생각이 의식에 이르기도 전에 눌러버리는 것을 의미한다. 신경증은 neurosis를 번역한 것인데, 과거에 사용하던 단어인 '노이로제'라는 말이 여기에서 나왔다. 느끼기도 전에 원천 봉쇄, 미리부터 다 눌러버리는 게 억압이다. 이와는 달리 억제Suppression는 성숙한 방어기제에 속하는데, 의식 속으로 들어온 충동이나 갈등을 의지적으로 견뎌내는 것을 의미한다. 억압과 억제를 분노에 적용해본다면 건우 씨처럼 느끼지도 못한 분노를 눌러버리는 경우가 '억압'이고 정말 화가 많이 끓어오르지만 겉으로 표출하지 않기로 의지적인 결단을 할 때 '억제'된다.

성숙하게 분노하는 사람이란 분노를 아예 느끼지 못하는 사람이 아니라 분노를 경험하되 이를 즉각적으로, 그리고 자신과 다른 사람에게 해를 끼치는 방식으로 표현하지 않기로 결심하는 사람이다. 그에 비해 분노를 억압해버리는 사람은 이 감정을 애초부터 너무 눌러버리는 바람에 화가 자신에게 미치는 영향을 모른다. 어떻게 표현해야 할지 알지 못하니까 분노에 뚜껑을 덮어 놓은 것과 마찬가지인데, 이렇게 덮어둔 분노는 절대로 그리고 저절로 사라지지 않는다. 안에서 부글부글 끓으면서 어떻게든 밖으로 나갈 출구를 찾으려던 분노는 나갈 구멍이 보이지 않으면, 즉 주변을 불사르지 못하면 자기 자신의 속을 태워 들어간다.

마음속에 가득한 분노는 그런 감정이 숨어 있다는 기미조차 보이지 않은 상태에서 한 사람을 무겁게 짓누른다. 충분히 큰 분노라면 그의 모든 일상에 알게 모르게 영향을 미치게 된다. 건우 씨처럼 하룻밤 잠을 설치는 데서 끝난다면 그나마 다행이다. 여기에서 한 발짝 더 나아가면 거기서부터는 본격적으로 문제가 된다. 어떤 문제가 생길 수 있을까. 소위 '홧병'이라고 말하는, 신체화 증상을 주로 보이는 마음의 병으로 넘어갈 수도 있다. 눈치조차 못 챈 원한에 사로잡혀 다른 사람들과 따뜻한 인간관계를 맺는 데 실패할 수도 있다. 생각지도 못한 무기력이나 우울감으로 고생하게 될지도 모른다. 그래도 한때는 친구였던 영모 씨에게 화가 난다는 걸 받아들이지 못하는 만큼 자신이 저지르지도 않은 잘못에 대한 죄책감을 경험한 결과다. 맨 정신으로는 다른 사람에게, 특히 화내야 할 사람에게 한 마디도 하지 못하던 사람이 술에 취하면 지나치다 싶을 정도로 해대는 것도 분노가 변형되어 폭발하는 모습으로 볼 수 있다. 때로는 내면의 분노가 수동적 분노로 변신하여 나타나는 경우도 있다. 약물 남용이나 과식, 과수면 같은 것은 수동적 분노의 대표적인 형태다. 마땅히 화내야 할 사람에게 내지 못한 화를 자신에게 내는 방식으로 표출한다.

그렇기 때문에 분노를 적절한 방법으로 표현하는 것이 중요하다. 분노의 과정 가운데 가장 상처받는 사람은 바로 자기 자신이기에, 건강한 분노의 경험과 표현은 누구보다도 나 자신을 위하여 필요하다. 속에서 들끓는 분노를 뚜껑을 꽉 닫은 채 내버려두면 내면이 분노의 독으로 곪을 수 있기 때문이다. 분노를 풀어내지도 않고 느끼지도 못한 채 그냥 그대로 머물러 있는 것보다 더 비참한 일은 없다. 왜냐하면 내가 바로 나 자신의 고통스러운 분노에 매인 죄수가 되어 버리기 때문이다.

아버지에게 극도로 분노하는 기훈 씨

이번에는 분노가 넘치는 사람들 이야기를 좀 해보자. 분노는 감정이기 때문에 느끼지 못하는 것도 문제라고 앞에서 이야기했다. 감정으로서의 분노는 느낄 수 있어야 하는 것이 맞지만 느껴진 분노를 밖으로 표출하는 것은 다른 각도에서 보아야 한다. 분노를 파괴적으로 표출하는 경우 자칫 심각한 문제가 될 수 있기 때문이다. 감당하지 못할 정도로 터져 나오는 분노는 반드시 비싼 값을 치르게 만든다. 누군가는 그 값을 내야 한다. 화를 내는 당사자가 그 값을 지불할 때도 있고 주변에 있는 사람들이 떠맡아야 할 때도 있다.

기훈 씨는 진료실에 앉아 고개를 떨군 채 자기 팔에 난 상처를 들여다보고 있다. 아직도 핏기가 배어 있는 상처는 어제 기훈 씨가 자기 손으로 낸 상처다.

"제 기분요? 모르겠어요. 그냥 멍~할 뿐 아무 생각도 없어요.

이제 다른 방법이 없는 것 같아요. 그 인간이 죽거나 내가 죽거나……."

기훈 씨는 우울감과 자살 사고로 병원을 드나들기 시작했다. 말끔한 대학생으로 보이는 겉모습과는 달리 그의 내면은 고통으로 찌들어 있었다.

"그 인간은 제가 기억하는 때부터 지금까지 계속 저 꼴이었어요. 화를 내지 않는 얼굴은 기억조차 안 나는 걸요. 욕을 하거나, 물건을 집어 던지거나, 집 문짝은 하도 부서져서 성한 게 없고……. 그걸로 성에 안 차면 나와 엄마와 누나를 때리고……."

그가 말하는 '그 인간'은 다른 사람이 아닌 바로 기훈 씨의 아버지다. 기훈 씨는 만성적인 우울감에 시달리고 있다. 자라면서 누렸어야 할 당연한 사랑과 보호의 기억은 전혀 없다. 아버지와 대판 싸우고 난 뒤에는 습관적으로 자해를 한다. 예전엔 통증을 느끼거나 흐르는 피를 보면 분노가 추슬러졌지만 이제는 아플 때조차 속에서 끓는 불이 가라앉지 않아 스스로도 두렵다. 가정 폭력의 희생자로 오랫동안 주눅 든 채 지내온 기훈 씨의 어머니는 이미 영혼이 죽은 사람이나 마찬가지여서 기훈 씨를 지켜주기 위해 힘을 낼 수조차 없다. 일찌감치 가정에서 마음이 떠난 기훈 씨의 누나는 고등학교를 마치는 대로 집을 나가 연락도 잘되지 않는다.

기훈 씨의 아버지는 자신의 감정과 생각을 드러내는 유일한 통로로 분노를 이용하는 사람이다. 직장에서도 조금만 마음에 맞지 않으면 동료들과 멱살잡이를 하고 다투는 바람에 일자리를 잃었고, 경제적인 어려움과 가장으로서의 체면 손실은 그로 하여금 더욱 쉽게 분노에 의지하게 만들었다. 사회적 위치와 함께 일을 통해 벌어들일 수 있는 수입을 잃는 것은 기훈 씨 아버지가 조절되지 않는 분노 때문에 치러야만 했던 대가였다. 그리고 돈보다 더 크게 잃는 게 있었으니, 바로 기훈 씨의 가정이다. 다른 사람도 아닌 그의 친아들이 자기 아버지를 죽이거나 자살하거나 둘 중 하나밖에는 방법이 없다고 말하고 있다. 상습적인 분노 때문에 인생이 다 무너져 내리는 비싼 값을 치르고 있는 셈이다.

본래 공격적인 분노는 다른 사람들을 위협하거나, 물건을 파괴하거나, 언어 및 신체적 폭력으로 다른 사람을 해치거나 하는 식으로 드러난다. 눈에 보이는 상처도 심하지만 분노의 대상이 된 사람의 마음에 패인 상처가 가장 깊다. 마음의 상처는 두고두고 남아서 결국 관계를 파괴하고 만다. 기훈 씨의 마음에 깊게 새겨진 상처는 자해로 인한 고통을 아무렇지도 않게 느끼게 만들 정도로 아픈 흉터가 되었다.

기훈 씨 아버지 심리분석

모든 걸 잃어버릴 정도로까지 쉽게 분노하는 기훈 씨 아버지의 마음속을 조금 더 깊이 들여다보려고 한다. 직접 만나보지 않은 채 기훈 씨의 이야기를 통해 간접적으로 추측하는 모습이라 허점이 많겠지만 아마도 기훈 씨의 아버지는 분노를 특징으로 하는 일종의 성격장애를 갖고 있는 것으로 생각된다. 성격 장애의 원인으로 생물학적 요인이나 유전적인 요인들도 꼽을 수 있지만 여기서는 정신역동적인 측면에 대해서만 생각해보려고 한다.

기훈 씨 아버지는 왜 그렇게까지 분노를 발해야 했을까. 화를 내야 할 타당한 이유가 존재하는 상황이 아닌데도 불처럼 화를 내는 격노의 문제는 자신의 감정을 처리할 수 있는 능력을 갖고 있지 않음으로 인해 나타나는 현상이라는 의견이 지배적이다. 기훈 씨 자신이 입은 상처가 너무 아파서 아버지의 내면을 읽기란 어려웠을 것이다. 하지만 그런 점을 고려하더라도 기훈 씨 아버지에게서는 분노 외의 다른 감정들, 일테면 슬픔이나 외로움, 무기력감과 두려움 등의 정서가 전혀 읽히지 않는다. 아마도 처리하고 소화해낼 수 없는 이런 감정들을 몽땅 합쳐 분노로 털어 넣은 결과가 폐허 같은 기훈 씨 아버지의 모습이 아닐까 생각된다.

하나 더. 분노는 염려의 다른 얼굴이고 염려는 믿지 못함에서 시작된다. 사람을 동물에 비유해서 좀 안됐지만 동물 심리를 전공하는 사람들의 말에 따르면 가장 많이 짖어대는 강아지가 가장 겁이 많다고 한다. 혹시 기훈 씨의 아버지는 자신의 막막한 삶을 바라보면서 걱정과 염려에 사로잡혀 있는 사람이 아닐까. 이에 정면으로 맞설 용기가 없어서 분노로 대신 표출하고 있는 것은 아닐까.

만약에, 라는 가정이 별로 의미가 없어 보이는 상황이지만 그래도 '만약'을 떠올려볼 때 이야기는 달라진다. 기훈 씨 아버지가 자신의 행동이 두려움에서 비롯된 것임을 고백한다면 그 이야기를 듣는 기훈 씨와 기훈 씨 어머니의 마음에는 긍정적인 변화가 생길 것이다. 도저히 맨 정신으로 말할 용기가 없다면 술기운을 빌려도 될지 모르겠다. '이 사람이 지금 우리에게 분노하는 게 아니구나, 막막하고 두려운 자신의 삶에 대해 화를 내고 있는 거구나!' 하는 데에 생각이 이른다면 무차별적으로 쏟아지는 분노에 대한 반응으로 튀어나오는 분노와 짜증 대신 연민과 안타까움이 자라게 된다.

기훈 씨와 어머니의 마음에 아주 약간이라도 변화가 생긴다면 기훈 씨의 아버지는 '아내도, 아들도…… 더 이상 나를, 자신들의 인생을 망친 짐승 취급을 하지 않는구나!' 하는 생각에까지 이를 수도 있다. 솟구치는 분노와 그에 뒤따르는 죄책감의 소용돌이로부터 잠깐의 여유가 주어진다면 자신의 행동을 찬찬히 돌아볼 여지가 생길지도 모른다. 그 후로도 모두 행복하게 살았다는 동화책 같은 해피엔딩을 기대하게 만들려는 건 아니다. 그러나 지금처럼 최악의 상황을 향해 전속력으로 달음질치는 사태에 약간의 제동이라도 걸기 위해서는 제대로 된 감정의 경험이 핵심적이다.

자식들을 향한 살인적인 분노로 힘들어하는 소은 씨

누차 얘기한대로, 분노 자체는 나쁜 것이 아니다. 그러나 그것을 지혜롭게 잘 다스리지 못하면 삶에 매우 심각한 문제가 일어날 수도 있다. 그런 의미에서 분노는 '불'과도 같다. 신화 속에서 사람들에게 불을 준 프로메테우스가 왜 그렇게 혹독한 형벌을 받아야 했는지, 불이 우리 삶에 미치는 영향을 생각해보면 납득이 갈 것이다. 불은 에너지가 되고, 사랑이 되고, 힘이 된다. 그러나 한편으로 불은 무서운 대상이다. 속수무책으로 번지는 산불은 생각만 해도 무섭다. 분노도 그와 같다. 분노를 잘 다루면 위기 가운데 일어서는 힘이 될 수 있지만 잘 다루지 못한다면 치러야 할 대가가 너무 크다. 자신과 주변을 분노보다 더 완벽하게 파괴할 수 있는 감정이란 없는 것 같다.

분노를 이해하기 위해 분노 때문에 삶이 무너지는 다른 사람의 이야기를 들어보자. 조용한 진료실에 앉아 있으면서도 소은 씨는 있는 대로 인상을 찌푸리고 있다. 얼굴은 벌겋게 달아올라 있고, 미간은 좁아지고, 이는 앙다물어서 누가 봐도 잔뜩 화가 난 상태라는 게 분명했다.

"그냥 다 죽여버릴 수 있었으면 좋겠어요. 여기까지 오는데, 버스에서 앞자리에 앉은 남학생이 mp3를 들으면서 흥얼거리고 있더라고요. 일어나서 뒤통수를 한 대 후려갈기고 싶은 생각이 들어서 참기 힘들었어요."

"집에선 어떠세요?"

"집이 제일 끔찍해요. 특히 아들 녀석에게 더 미친 듯이 화가 나요. 걔는 웃어도 왜 그렇게 사람 속을 뒤집어놓는지……. 딸도 마찬가지예요. 가끔 나를 향해 안 됐다는 눈빛 같은 걸 흘리면 정말 머리채라도 휘어잡고 싶어져요. 그냥 확…… 확……."

"확, 이요?"

소은 씨가 약간 망설이는 듯하다. 차라리 여기서 드러내고 터뜨리고 가는 게 낫겠지, 싶어서 조금 더 자세히 묻는다.

"괜찮으니까, 떠오른 생각들을 말씀해보세요."

"……. 그냥 확, 몽둥이 갖다가 딸이고 아들이고 다 박살날 때까지 두드려 패고 싶어요. 그러면 정말이지 속이 다 시원하겠어요."

그런데 얼굴은 전혀 시원해보이지 않는다. 잠깐 침묵이 흐르는가 싶더니, 갑자기 눈물이 터진다. 처음에는 눈물만 주르륵 흘리더니 나중에는 아예 책상 위에 엎드려서 엉엉 소리를 내면서 운다.

소은 씨가 남편을 잃고 혼자된 건 벌써 10년도 더 전의 일이었다.

소방수였던 남편은 화재 진화를 위해 출동했다가 돌아오지 못했다. 유치원에 다니는 아들딸과 함께 소은 씨는 세상에 아무렇게나 내던져졌다.

"그러면 아이들을 키우면서 실제로 아이들에게 손찌검을 해본 적이 있으세요?"

약간 눈물이 잦아들었을 때 조심스럽게 물어본다. 모성애가 강조되고 금이야 옥이야 과잉보호 가운데 키워지는 아이들에 대한 우려가 높지만 막상 아이들이 학대를 경험할 때 가장 흔한 가해자는 주양육자인 경우가 많다.

"아뇨. 단 한 번도요. 그런데 지금은, 차라리 애들을 때리면서 키워서 그때그때 풀 걸 그랬다는 후회까지 들어요. 화가 나서 미치겠는데, 대체 어떻게 해야 할지 모르겠어요."

가슴속이 서늘해진다. 자녀가 절망한 부모의 화풀이 대상으로 전락할 때 부모와 자식은 서로에게 지워지지 않는 상처를 남긴다. 만일 소은 씨가 화가 난다고 그때마다 아이들을 때렸다면 지금처럼 자신의 분노 문제로 고민하지는 않았을지 모른다.

"남편이 죽었을 때 눈물 한 방울 나오지 않았어요. 남편에게 무지무지하게 화가 났던 기억이 나요. 실은 지금까지도 그 사람에게 화가 나요. 그렇게 무책임하게 가버리고……. 순직이니 뭐니 하는 이야기, 하나도 위로가 되지 않았어요. 불을 냈던 인간들도, 불 끈다고 우리 가족을 모두 남겨놓고 저 세상으로 가버린 인간도 다 지긋지긋해요. 차라리 그렇게 꺼져버려서 꼴도 안 보게 된 게 어쩌면 다행이

죠."

그런데 죽은 남편에 대한 분노를 이야기하는 소은 씨 표정은 전혀 화난 얼굴이 아니다. 그보다는 고통과 슬픔 쪽에 가까워 보였다.

"요새 저는요, 아이들에게 아주 사소한 일로도 화를 버럭 내요. 얼마 전부터는 이 꼴 저 꼴 보기 싫어서 아예 집에 아주 늦게 들어가거나, 아니면 아예 일찍 들어가서 불 다 끄고 누워버려요. 그런데요, 아이들이 내 눈치 보면서 조용히 다니는 기색이 느껴지면 그것 때문에도 화가 나요. 혼자 어둠 속에 누워서 화를 참고 있자면 내 자신이 너무도 답답하고 한심하게 느껴지는데, 저로서도 뾰족한 방법을 못 찾겠어요."

소은 씨는 가장이 없고 돈도 없는 사람들에게 친절하지 않은 사회 속에서 이를 악문 채 버텼다. 남편이 먼저 세상을 떠난 뒤 억척스럽게 일하면서 자식들을 키우고 마침내 크게 성공하는 사람들도 있지만 소은 씨에겐 TV속에서나 나올 법한 얘기에 불과했다. 결혼 전부터 고생하던 허리 디스크는 무슨 일을 해보려고 할 때마다 도져서 번번이 고생을 시켰다. 얼마 안 되는 보상금과 나라에서 나오는 생활 보조금으로는 기본적인 생활을 하기에도 턱없이 부족했다. 아이들과 함께 살아남기 위해 소은 씨는 죽을힘을 다해야 했다.

남편과 세상에 대한 분노는 한편으로는 소은 씨가 자기 삶을 버텨내는 힘이 되어주었다. 소은 씨의 분노는 그녀가 인생의 길을 열심히 달려가게 만드는 역할을 했다. 그러나 제동 장치가 망가진 자동차에 타고 있다면 도로 위를 날 듯이 달려가는 일이 마냥 신나는 경험일 수 없지 않은가. 오히려 공포에 사로잡히게 만들 것이다. 소은 씨는 자기가 경험하는 분노를 달리 풀어낼 길도 찾지 못했고 찾을 엄두조차 내지 못했다. 그저 만만한 대상인 자기 자신을 소진하면서 전진할 뿐이었다. 이쯤에서는 브레이크를 밟아야 하는데, 고장난 제동장치를 연거푸 헛밟다가 두 손 두 발 다 든 사람처럼 소은 씨는 아무것도 할 수가 없었다.

결승선을 통과한 뒤 쓰러지는 육상선수처럼, 소은 씨는 큰아이가 대학에 입학하고 작은아이도 대학 입학 등록금 지원을 약속 받아 상황이 안정된 그 순간부터 자신의 가장 소중한 자산인 아이들을 향해 폭발적으로 치솟는 분노에 시달리기 시작했다. 소은 씨를 여기까지 달려오게 한 힘인 분노 때문에 이쯤에서 소은 씨가 마땅히 누려야 할 삶이 엉망이 되고 있다.

소은 씨 심리분석

그러면 소은 씨를 위한 확실한 해결책은 없을까? 제동장치는 정말 복구 불가능일까? 어떻게 하면 소은 씨가 떠나간 남편을 향한 원망과 사회를 향한 울분, 그리고 아이들에 대한 복잡한 감정으로부터 자유로워질 수 있을까? 해답을 찾으려면 오랜 시간 자신과 및 세상과 씨름해야 될 것이고 그 과정은 쉽지도 않을 것이다. 그래도 가능성은 있다. 얼어 죽은 것 같던 화분에 돋아나는 새잎처럼 아주 조그만 변화라도 자기 안에서 느낄 수 있다면 그게 바로 희망의 시작이다.

변화에서 가장 핵심적인 것은 시각(관점)의 변화다. 가슴 아픈 이야기일지 모르겠지만 사실 우리가 바꿀 수 있는 건 결국 자기 자신 밖에는 없다. 아무리 안타까워하고 속상해하면서 화를 낸다 해도 남편은 돌아오지 않고 사회는 기대만큼 친절해지지 않는다.

그러면 소은 씨는 어떤 시각을 바꾸어야 하는 걸까. 먼저 받아들여야 할 사실들이 있다. 소은 씨의 원망과 분노는 그녀가 넘어지지 않고 지금까지 서 있는 데 한몫을 했다. 자녀들에 대한 부담감을 느꼈기 때문에 흔들리지 않고 여기까지 왔다. 그리고 그동안 소은 씨도 아이들도 그냥 허송세월을 하고 있었던 게 아니라 좌절의 빈자리를 받아들이고 깊이 경험하기 위해 준비되고 있었다.

이런 모든 사실들을 또렷하게 바라보고 받아들이는 시각의 변화가 소은 씨에게 필요하다. 보는 시각이 달라지면 자기 안에서 느껴지는, 혹은 느끼기 고통스러워 대충 눌러둔 감정들도 달리 보인다. 상황이 달라지지 않을 텐데 내가 달라져서 뭐할까, 생각하는 이들에게는 상황이 똑같아도 그걸 보는 내 눈이 달라지는 게 얼마나 큰 차이를 가져오는지 꼭 이야기해주고 싶다.

소은 씨는 아직도 자신의 감정과 엎치락뒤치락 씨름 중이다. 그러나 힘든 과정을 통해 배운 소중한 것이 하나 있다. 분노 자체가 괴로워서 피하려고 하면 할수록 조절되지 않는 분노가 더 치솟을 수밖에 없더라는 것이다. 그녀는 분노 외에는 버틸 힘이 없었던 자신을 안타깝게 여기면서, 약하지만 또 강한 스스로를 받아들이는 과정을 지났다. 그러면서 소은 씨는(자신이 바랐든 바라지 않았든) 한 뼘 더 자라난 자신을 보게 되었다.

일상 속에서 쉽게 만날 수 있는 분노의 다양한 모습들

불처럼 활활 타오르는 분노라니, 듣기만 해도 불편하게 느껴지고 그런 감정이 내 삶 속에 없는 게 다행이란 생각이 들지 모르겠다. 성숙해지지 않아도 좋으니 분노와 거리가 먼 삶을 누리고 싶은 마음도 이해는 간다. 그래서 특별한 분노가 아닌, 일상에서 아주 쉽게 만날 수 있는 분노가 어떤 모습을 띠고 있는지 살펴보고 넘어가면 좋겠다. 여기, 소심해서 화도 잘 못내는 남자라고 생각하는 규식 씨의 퇴근길을 따라가보자.

오늘따라 퇴근길 버스 정류장에는 유난히 사람이 많았다. 한참을 기다리다가 겨우 버스에 타는데, 아주머니 한 사람이 규식 씨 앞으로 날쌔게 새치기를 해서 끼어든다. 새치기 당하는 것만으로도 화가 났지만 아주머니가 들고 있는 묵직한 짐 가방이 규식 씨의 무릎을 정통으로 가격하면서 얼얼하게 통증을 느끼니 분노가 확 치밀었다. 한참 뒤에 서 있던 아저씨 한 분이 "거, 앞에 질서 좀 지켜요! 아줌마!" 하고 버럭 소리를 지른다. 규식 씨의 속이 대신 후련해지려고 한다. 아주머니는 못 들은 체하면서 날쌔게 버스에 올라탄 뒤 이 사람 저 사람 마구 밀쳐내면서 안쪽으로 들어가 자리에 앉는다.

미안한 기색이라곤 전혀 없는 모습에 짜증이 끓어올랐지만 그렇다고 어머니뻘의 아주머니에게 대놓고 욕할 수는 없는 법. 대신 규식 씨는 아주머니 옆을 지나 안쪽으로 들어가면서 손에 들고 있던 가방으로 일부러 뒤통수를 툭 쳤다. 아주머니가 약간 인상을 찡그리면서 뒤를 돌아본다. 규식 씨는 무척 미안하다는 얼굴을 하면서 "죄송합니다" 한다.

적당한 분노 표현도 됐고, '아주머니, 저는 적어도 잘못하면 미안하다고 말할 줄 아는, 아주머니보다 훨씬 훌륭한 사람이거든요?' 하는 표현도 할 수 있게 되었기에 한편으로는 얄팍하다는 생각이 들면서도 그런대로 기분이 좋아졌다.

힘든 몸을 끌고 집에 들어갔는데 아버지가 아직 안 들어오셨다. 어머니의 얼굴색이 좋지 않다.

"너네 아버지, 오늘 점심 약속 있어서 나갔는데 여태 안 오신다. 계속 전화도 안 받고. 아무래도 다시 술버릇이 시작됐나 보다."

규식 씨 아버지는 알코올 의존으로 입원까지 한 적이 있는 사람이다. 다시는 입에 술을 대지 않겠노라고 맹세를 한 게 도대체 몇 번인지 모른다. 술 마시지 말라고 걱정을 앞세우는 어머니에게 바가지 긁지 말라며 신경질을 내고는 나가셨단다. 어머니와 둘이 저녁 식사를 하는데 입맛이 없다. 예상대로 밤이 깊어질 때까지 아버지는 집에 들어오시지 않았다. 번번이 깨어지는 아버지의 약속에, 아버지의 문제에 대해 자기가 할 수 있는 게 아무것도 없다는 절망에, 저런 사람과 결혼을 해서 내 삶에 평생 이런 영향을 끼치게 만든 어머니의 미련함에 화가 났다.

화가 나니 잠도 오지 않았다. 불을 끄고 누운 채로 자신을 돌아본다. 규식 씨는 아버지의 문제가 너무 싫어서 술을 한 방울도 안 마신다. 그러나 술에 대한 태도를 제외한다면 아버지와 자신은 거의 닮은꼴이다. 자기 인생에서 뒷짐을 지고 물러난 채 구경꾼처럼 적당히 묻혀가며 살고 있는 모습……. 아버지에 대한 분노는 이제 자신을 향해 방향을 돌린다. '이규식, 너도 이제 서른이 넘었잖아. 대체 언제까지 이러고 살 거니?'

새벽이 되어서야 잘 걷지도 못하는 채 비틀거리면서 나타난 아버지에게 규식 씨는 차가운 한 마디를 던졌다.

"아버지, 언제까지 그러고 사실 거예요?"

대답할 상태가 아닌 아버지는 작은방으로 사라진다. 안방에서 어머니가 조용히 훌쩍거리는 소리가 들려온다. 규식 씨는 자기 방으로 돌아온다. 가슴속에서 불길이 일어나는 것 같아 책상 위에 놓여 있던 책 몇 권을 바닥에 확 밀어 내팽개친다. 그러면서 속으로 되뇌었다. '이제부터 아버지처럼 살지 않을 거야.'

규식 씨의 모습은 다양한 형태의 분노로 가득 차 있다. 그리고 그의 문제는 분노에만 국한되지 않는다. 규식 씨는 자신을 어떻게 생각하고 있을까? '아버지를 바라보면서 분노하는 아들'이 그가 갖고 있는 가장 중요한 정체성처럼 보인다. 나이 서른은 적지 않은 나이다. 그런데도 규식 씨는 자기 자리를 가정 안 아들의 자리로만 국한해서 바라보고 있다. 규식 씨의 분노가 세상에 드러나는 모습도 일반적이지는 않다. 시종일관 에둘러가는 형태의 분노밖에는 보이지 않았으니까.

그가 어쩌다 이렇게 되었을까? 지금은 발치에 와서 부서지는 약한 파도 같은 가벼운 분노만 보이고 있지만 그의 생애 초기에는 미처 드러낼 수 없었던 분노의 너울이 가득했다. 어려서부터 규식 씨는 술로 인해 망가지는 아버지를 지켜보았다. 어린 그에게 아버지는 세상의 전부였는데, 그런 아버지가 형편없이 흔들리는 모습을 보면서 불안과 분노를 느낄 수밖에 없었다. 여기에 더하여 어머니……. 아까도 어머니가 미련하다면서 화를 냈지만 규식 씨는 어쨌든 어머니 편이 될 수밖에 없다. 왜냐고? 어머니에게는 외아들인 자신밖에 없으니까.

규식 씨는 너무 일찍부터 집안의 감정을 조율하는 역할을 떠맡아야 했다. 아버지와 어머니를 향한 자신의 분노를 조율하고, 표현되지 못하는 어머니의 분노를 소화할 수 있도록 도와야 하고, 아버지가 어떻게든 자기 인생을 추스르도록 해야만 했다. 그에게 건강하게 드러내는 분노란 남의 이야기에 불과했다. 분노가 드러나면 그의 가정은 그 길로 끝일 테니 말이다.

자기 안의 불길부터 다스려라

그러면 규식 씨는 자신의 분노를 어떻게 해결해야 할까? 여기서도 달라져야 하는 건 나 자신임을 기억하면서 접근해보면 좋겠다. 버스의 새치기 아주머니의 경우, 규식 씨가 찾아낸 분노의 해결법(가방으로 아주머니 뒤통수 가격하기)은 조금은 유치하지만 그에게는 나름대로 효과가 있는 방법이었다. 웬만해서는 또다시 만나게 되지 않을 사람이니까.

그러나 아버지는 다르다. 규식 씨는 오늘밤 술을 드시고 오신 아버지에게 화가 난 것이 아니다. 그와 아버지 사이에는 함께해온 기나긴 세월만큼 오래 누적되어온 분노가 존재한다. 그렇기에 규식 씨는 제대로 화를 내는 과정을 통해서만 달라질 수 있을 거란 생각이 든다. 여기서 강조점이 찍히는 자리는 '화를 내는 과정'보다 '제대로' 쪽이다.

특별하게 날을 잡아 화를 낸다고 해서 규식 씨와 아버지가 회복될 수 있을까? 그건 아니다. 더불어 분노의 정도도 중요하다. 나 몰라라 하는 식으로 시큰둥하게 분노를 표출하다 말면 아버지의 문제는 그냥 아버지의 문제로 남을 것이고, 과도하게 분노한다면 그 새벽에 아들과 아버지 사이에 난투극이 벌어질 수도 있다. 그러나 제대로 화를 낸다면 아버지와 어머니 그리고 규식 씨 자신의 인생에까지 영향을 미치는 변화가 시작될 수도 있다. 물론 아직까지 '아들'의 자리 외에는 다른 대안이 없는 규식 씨가 아버지와 제대로 된 대화를 할 수 있을까 싶기는 하지만 한편으로는 적절한 분노를 통해 그가 자신의 어린 시절로부터 동시에 자신의 부모로부터 떨어져 나오는 기회가 될 거란 기대도 된다.

먼저 그는 자신의 무기력한 모습에 대해 분노하면서 달라지기로 결심할 수 있다. 아버지에 대해서도 이건 정말 안 된다고 하는 선을 제시하기로 결심할 수 있다. 어머니에 대해서도 마찬가지다. 가족이 모두 살기 위해 "좋은 게 좋은 거지, 뭘 그렇게 까다롭게 따지냐?" 하며 얼렁뚱땅 넘어가는 것을 더 이상 수수방관하지 않겠다는 결심이 필요하다. 결심에는 에너지가 필요한데, 여기야말로 분노의 에너지가 소용이 되는 자리다.

아버지를 향한 분노에서 파생된 스스로를 향한 규식 씨의 분노는 그가 현재에 머물러 있지 않고 한 발짝 더 나아가게 하기 위해 필요한 감정이기도 하다. 현실에 대한 분노가 없다면 변화와 발전은 기대할 수 없다. 되는 대로 매일을 흘려버리게 될 뿐이다. 꼭 분노해야 하는 상황이라면, 그리고 그 정도가 적절하다면 분노를 두 팔 벌려 환영할 필요가 있다. 분노의 에너지는 강력한 변화의 힘이 되기도 하기 때문이다. 이것은 규식 씨에게만 해당되는 이야기가 아니다.

분노가 불같다고 이야기한 바 있다. 겨울철에 온기 하나 없는 집에 들어가는 일을 좋아할 사람이 누가 있을까? 반대로 불이 난 집에 들어가고 싶은 사람 역시 아무도 없을 것이다. 안락하고 따뜻한 삶을 위해 분노의 불길을 잘 사용하는 것은 꾸준한 연습을 통해 가능하다. 단, 다른 사람의 분노의 불길을 조절하려다가는 자칫 불길에 데거나 그슬릴 위험성이 있다. 나 자신의 불길부터 다스리는 연습이 필요한 시점이다.

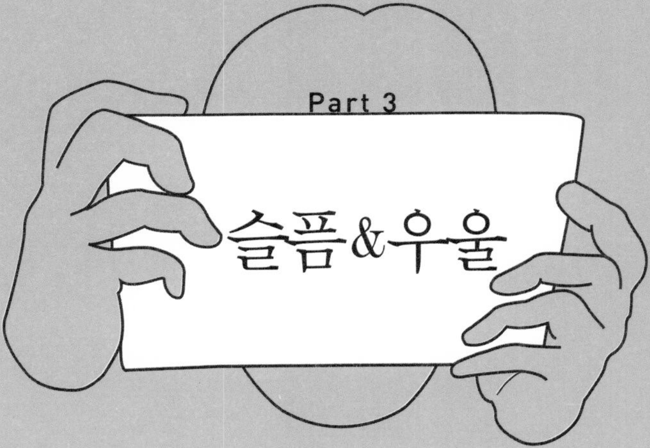
Part 3
슬픔&우울

맨발로 깨진 유리조각을 밟는 느낌, 병적인 우울

주변을 둘러보면 우울과 슬픔이 사방에 널려 퍼져 있는 것처럼 보인다. 우울증이라는 단어는 조금 과장한다면 동네 강아지 이름보다도 흔하게 들릴 지경이다. 너무 많아 보이니까 궁금증이 앞선다. '정신건강의학과에서는 아무나 보고 다 우울증이라고 하는 거 아닐까?' 조금만 힘들면 우울증이라고 해야 하나? 이에 대한 대답은 잠시 뒤로 미루겠지만 여성의 경우 일평생을 놓고 봤을 때 우울증을 앓게 될 확률이 25퍼센트에 달한다고 하는 통계 결과는 미리 얘기해두고 싶다. 그렇게 보면 흔하긴 흔하다. 병리 현상으로 분류되는 우울이 이 정도로 흔하니 병리 현상까지 이르지 않는 우울감이나 일상 속에서 쉽게 만나는 감정인 슬픔은 얼마나 더 흔할지 쉽게 추측할 수 있다.

잠시 여기서 슬픔과 우울의 차이를 설명하고 넘어가기로 하자. 우울과 슬픔은 미묘한 차이가 있는데, 뒤섞어서 사용한다고 아주 틀린 건 아니지만 정확한 의미를 짚어두는 게 좋을 것 같아서다. 다른 감정들과 마찬가지로 슬픔도 과도하면 병이 된다. 그렇지만 슬픔과 우울은 단순히 정도의 차이만으로 구분하는 감정이 아니다. 슬픔이 과도하면 우울로 넘어간다고만 생각한다면 두 가지 감정 사이의 뚜렷한 차이를 무시하는 것이 된다.

이 둘은 닮은 점은 있을지 몰라도 분명히 다른 감정이다. 슬픔은 상실의 느낌으로 실망감과 긴밀하게 연결되는 감정이다. 아프긴 하지만 이상 현상이라고 할 수는 없다. 이와는 달리 우울은 병리적病理的 슬픔이다. 우울 장애, 즉 병으로서의 우울을 앓아본 사람들은 평상시에 경험했던 '지독한 슬픔'과 병중에 겪었던 우울함에 차이가 있다고 이야기한다. 우울에서 회복한 환자가 자신이 아팠던 시기를 돌아보면서 설명하던 이야기가 떠오른다.

"그때는 꼭, 지독한 독감을 앓는 것 같기도 하고요. 온몸이 쇳덩어리처럼 무겁고 개운한 구석이 한 군데도 없으니까요. 얼마나 아프고 고통스러우냐면 맨발로 깨진 유리조각을 밟는 느낌이랄까. 차라리 슬퍼서 애달파하기라도 하면 그나마 낫겠는데 그것도 아니었어요. 머릿속은 안개가 낀 것처럼 답답하기만 하고……. '다시는 좋아질 수 없다', '다시는 웃을 수도 없다', '죽는 것만이 유일한 탈출구다'……. 이런 생각만 반복적으로 하고 있지 아무런 다른 생각이 떠오르지를 않았어요."

슬픔은 자신이 조절할 수 있으며 다른 병리적 현상을 보이지 않는 감정이다. 우울은 이러한 슬픔이 병리적으로 변질된 감정이다. 우울

할 때 나타나는 병리적 현상에는 여러 가지가 존재하는데, 여기에는 생각의 변화(자기가 잘나지는 못했어도 웬만큼은 된다고 생각하던 사람이 자신을 아무 짝에도 쓸모없는 인간으로 여기게 된다든가), 행동의 변화(주말이면 친구들과 곧잘 어울리던 사람이 자기 방안에 틀어박혀 꼼짝을 하지 않는다든가), 신체적 기능의 변화(밥도 잘 먹고 머리만 닿으면 잠 잘 자던 사람이 입맛이 없어져서 끼니를 거르고 소화도 잘 안 되며 뜬 눈으로 밤을 지새우게 된다든가) 등이 있다.

실연에 대처하는 두 여성의 자세

그러면 우울과 슬픔이 어떤 식으로 모습을 드러내는지 두 여성의 이야기를 통해 살펴보자. 같은 회사에 다니는 동갑내기 여직원인 예리 씨와 진주 씨는 둘 다 최근에 남자친구와 깨졌다. 예리 씨는 결혼까지 생각했던 남자친구가 갑자기 떠나가버리는 바람에 적잖은 충격을 받았다. 자기가 꿈꾸는 삶의 방향이 예리 씨와 달라서 그렇다는, 도무지 받아들일 수 없고 뚱딴지같기만 한 이별 선언에 기가 막혔다. 처음에는 너무도 충격적이어서 미친 듯이 화를 냈다. 무슨 꿍꿍이속인지, 남자친구는 전화번호까지 바꾸고 연락이 두절되면서 잠수를 탔다.

치밀던 화가 채 가라앉기도 전에 예리 씨의 가슴속으로 슬픔이 몰아닥쳤다. 밥을 먹다가도 울고, 출근하는 버스 안에서도 울고, 친구들에게 하소연을 하면서도 울었다. 슬픈 이별을 노래하는 유행가 가사가 이만큼 가슴을 파고들어온 적도 없었을 것이다. 가족들이 걱정할까 봐 음악을 최대한 크게 틀어놓은 채 예리 씨는 방 안에 틀어박혀 소리 내어 엉엉 울었다. 그렇듯 슬프게 울 동안에는 이렇게 우는 일이 영원히 끝나지 않을 것만 같았다.

그러나 시간이 치유하지 못하는 상처는 없다고 했던가. 서서히 예리 씨는 자신의 생활을 추스르고 삶으로 복귀했다. 가끔씩 헤어진 남자친구 생각을 하면 슬프기도 하지만 결혼하고 나서 이 꼴을 당했으면 얼마나 기가 찼을까 싶어서 오히려 잘됐다 싶기도 하고, 어디 가서 너도 똑같은 꼴 좀 당해라! 하면서 화가 날 때도 있고 그랬다.

진주 씨 역시 이해할 수 없는 남자친구의 이별 선언을 일방적으로 들어야 했다. 그런데 진주 씨에게는 이번 이별이 별로 낯설거나 놀랍지 않았다. 진주 씨는 떠나간 남자친구를 만나기 한참 전 우울증을 앓은 적이 있었다. 가까스로 회복이 되어 자신을 추스를 무렵 남자친구를 만났고, 언제 그렇게 힘들었나 싶을 만큼 즐겁게 잘 지냈다. 그러던 중에 그가 갑자기 떠나갔다.

사람들이 자신을 버리고 떠나가는 일은 고통스러운 세상에서 진주 씨가 반복적으로 경험해온 현상에 불과했다. 남자친구의 공백을 바라보면서 처음에는 슬픔 비슷한 감정을 느꼈지만 얼마 안 가 그 감정은 다른 무언가로 변질되었다. 뭐랄까, 주변이 일순 흑백 영상으로 바뀐 것 같았다. 가슴속이 텅 빈 느낌이 하루 종일 지속되었고 무얼 해도 재미가 없었다. 밤에 자려고 누워도 좀처럼 잠이 오지 않았고, 어렵게 잠이 들어도 밤새도록 꿈속을 헤매다가 눈을 뜨면 이른 새벽이었다. 입맛이 없어져서 잘 먹지 못하니까 체중이 자꾸 줄어들었다. 일을 하려고 해도 손에 잡히지가 않고 정신이 집중되지 않아서 멍하니 앉아 있기 일쑤였다. 주말 내내 쉬어도 피곤함이 가시지 않았다. 회사에서도 실수가 잦아 근무 태도에 대해 지적당하는 일이 잦았다.

진주 씨는 점점 자신감을 잃어갔다. '그래, 그가 떠나간 건 당연한 일이야. 누가 나 같은 사람을 사랑하겠어? 난 할 줄 아는 게 아무것도 없는 한심한 인간인 걸……' 하는 자기비하식 생각에 사로잡혔다. 시간이 흘러도 진주 씨의 고통은 치유되지 않았다. 보다 못한 가족들에 의해 병원에 온 진주 씨는 주요 우울장애가 재발했다는 진단을 받고 치료를 권유 받았다.

예리 씨와 진주 씨, 두 사람은 겉으로 볼 때 별로 다를 게 없어 보이는 사람들이다. 그런데 무엇 때문에 한 사람은 슬픔을 겪다가 자연스러운 회복의 길로 들어선 반면 또 한 사람은 우울이 재발하여 전문적인 치료가 필요한 상태로 가게 되었을까. 이것은 비단 이 두 사람만의 이야기가 아니다. 살면서 겪을 수 있는 인생의 우여곡절은 사방에 즐비하다. 그런데 누군가는 아픔을 딛고 일어서는 반면 누군가는 아픔으로 인생이 박살난다. 똑같은 어려움을 겪어도 – 그게 경제적인 어려움이건, 사랑하는 사람을 잃는 것이건, 몸을 좀먹는 질병이건 상관없이 – 디딤돌로 삼아 이겨내는 사람이 있는가 하면 하늘을 원망하며 무너지는 사람이 있다.

이렇게 다른 길을 가게 되는 이유를 단순하게 그 사람 성격이 괜찮아서, 혹은 정신력이 강해서, 라고 말할 수는 없다. 모두에게 드러나 보이는 모습에 더하여 그 사람이 걸어온 길, 그들의 내면, 덮어두고 싶었던 뒷면까지 모두 다 살펴보아도 헤아리기 어려운 게 그 이유들이다. 왜 그런지에 대한 대답은 그렇게 쉽게 얻을 수 있는 성질의 것이 아니다. 그렇다고 해서 "왜? 대체 왜 그럴까?"라는 질문을 던지는 게 전혀 의미 없는 일이라고는 할 수 없다. 그래서 이 장에서는 우울의 원인에 어떤 것이 있을지 함께 생각해보려고 한다.

엄마의 죽음에 적응하는 것과 엄마의 죽음을 이해하는 것의 차이

앞에서도 잠시 다룬 이야기지만 우울증의 발생과 연관이 깊다고 반복적으로 거론되는 사건은 만 11세 이전에 부모를 여의는 일이다. 아이들이 죽음에 대해 이해하게 되는 시기는 대략 초등학교에 들어갈 즈음이다. 이보다 어린아이들은 죽음을 여행이나 잠처럼, 잠깐 떠나 있는 것이자 돌이킬 수 있는 것이라고 생각한다. 그렇다 보니 아직 죽음을 제대로 이해하지 못할 만큼 어린 나이에 부모를 여의면 우울증에 빠지지 않는다. 그러나 그렇다고 해서 정말로 괜찮은 건 아니다.

1996년에 나온 영화 〈뽀네뜨〉는 교통사고로 엄마를 잃은 네 살배기 어린 소녀에 대한 이야기다. 이 영화로 뽀네뜨를 연기한 빅트와르 티비솔Victoire Thivisol 양은 베니스 영화제 여우주연상을 탔고, 이때 세운 최연소 여우주연상(4세)이라는 기록은 아직까지 깨지지 않고 있다. 영화 속의 뽀네뜨는 엄마가 '떠나가서 돌아오지 않자' 자기 주변의 모든 사람들로부터 물러난 채 오직 엄마가 돌아오기만 기다린다. 계속 기다리고, 기다리고, 또 기다리는데도 엄마가 돌아오지 않자 뽀네뜨는 방법을 찾기 위해 동동거린다. 자기 나름대로 마법을 걸어보기도 하고(성경 속에서 죽은 소녀를 일으키는 데 사용됐던 "달리다 굼"이라는 주문을 걸어본다) 하나님께 기도도 해보지만 소용이 없다. 영화는 뽀네뜨가 엄마의 죽음에 적응해가는 과정을 담담하고 아름답게 그리고 있다. 그렇지만 뽀네뜨가 엄마의 죽음에 적응한다는 것이 그 죽음의 의미를 깊이 이해한다는 것과는 다르다.

너무 어린 나이에 부모를 잃게 되면 죽음에 대한 개념 자체가 없기 때문에 애도 과정도 건너뛰고 우울증도 겪지 않을 수도 있다. 그러나 부모를 여읜다는 것은 아이에게 있어서 세상이 무너지는 것이자 자기 자신이 없어지는 것과 다를 바 없는 일이다. 성인이 된 사람에게도 부모의 존재는 중요하지만 그 무게감에 있어서 어린아이가 느끼는 것과는 차원이 다르다. 그렇기에 이 아이가 자라 어른이 되었을 때 병으로서의 우울증을 앓게 될 가능성이 훨씬 높아지는 것으로 보인다.

건물을 짓기 위해 기초 공사를 진행할 때 지진이 나거나 홍수가 나서 기초가 뒤흔들린 경우를 생각해보자. 건물이 완공되었을 때에는 외견상 아무렇지 않아 보일 수도 있다. 그러나 한 번 기초가 흔들린 상태에서 제대로 된 보강공사를 하지 않았다면 또 다른 천재지변이 닥쳤을 때 정상적인 건물에 비해 그 건물이 쉽게 무너지거나 파손되는 것은 어쩌면 당연한 일이다. 대놓고 부실공사를 한 게 아니라 하더라도 처음에 입었던 충격이 알게 모르게 흔적을 남겨놨을 가능성이 크기 때문이다.

통계적으로 우울증을 처음 앓는 나이가 대략 40세 무렵이라고 하니 부모를 잃은 나이로부터 우울증이라는 병에 걸릴 때까지는 상당한 시간적 간격이 있는 셈이다.

그렇다면 어렸을 때 부모를 잃은 상처가 어떤 식으로 나중에 우울증이 생기는 데 기여하는 것일까? 여기에도 딱 떨어지는 대답은 존재하지 않는다. 막연하게나마 추측되는 가설로는, 기억도 안 날만큼 어린 나이에 경험한 심각한 상실이 뇌, 그중에서도 특히 감정을 주관하는 신경전달물질에 영향을 끼치는 것 같다는 이론이 존재한다.

이런 영향은 결코 눈에 확 드러나는 현상이 아니다. 그러나 눈에 보이지 않는다고 해서 변화가 없는 건 아니다. 우울증을 겪은 사람들의 뇌 구조 자체가 미세하지만 상당한 변화를 겪는다는 연구 결과를 볼 때 과정을 다 이해할 수는 없어도 분명히 어떤 변화인가 일어나고 있다는 사실은 짐작할 수 있다.

이런 변화들이 조금씩 쌓인 뇌는 인생의 과정을 지나는 동안 처음의 건강한 모습으로부터 점점 더 멀어진다. 나사 하나가 약간 헐렁하게 조여진 손수레를 끌고 울퉁불퉁한 길을 가다 보면 점점 더 바퀴가 덜렁거리게 되는 것과 마찬가지다.

커다란 상실을 경험한 어린이는 마치 깨지기 쉬운 유리처럼 비교적 작은 자극에도 쉽게 우울을 느낄 수 있는 예민한 어른이 된다. 각종 사건 사고들에 의해 우울증이 생길 수도 있지만(돌부리에 채였을 때 바퀴가 빠져나가는 식으로) 아무런 외부적 자극 없이도 우울증으로 이어질 수 있다(울퉁불퉁한 길을 다 지난 뒤 평탄한 길로 들어선 다음에 갑자기 바퀴가 빠지는 식이다).

우울의 뿌리, 학습된 무기력

비단 부모의 죽음만이 문제일까? 최근 들어 이혼율이 급증하면서 한 부모 가정이 늘고 있다. 한 연구에 따르면, 이혼 가정의 자녀들이 부모가 돌아가신 가정의 자녀들보다 더 많은 심리적 문제를 겪는다고 한다. 부부 상담을 하다 보면 자녀가 있는 가정일수록 문제가 더 복잡해진다. 부부가 자녀들로부터 자신들의 문제만 분리해서 생각하기란 불가능하기 때문이다. 파국을 눈앞에 두고 있는 가정에서 꼭 나오는 질문들이 있다.

"아이에게 부모들이 피 터지게 싸우는 꼴을 보이느니 차라리 이혼하는 게 낫지 않을까요?"

"싸우더라도 부모가 다 있는 가정에서 자라는 게 아이에게 낫지 않을까요?"

이 두 가지 질문과 대답은 언제나 한 치의 양보도 없이 팽팽하게 맞선다. 안타깝게도 어느 한쪽이 확실히 낫다는 결론은 아직까지 내려지지 않았다. 팽팽한 줄다리기 끝에 힘이 센 쪽이 이긴다기보다 힘이 덜 센 쪽이 진다. 우리 주변에 있는 어린이들이나 청소년들이 부모의 죽음보다 부모의 이혼을 경험할 가능성이 훨씬 더 높기 때문에 어린 영혼이 겪은 상처들이 나중에 어떤 식의 후유증으로 이어질지를 반드시 생각해보아야 한다.

우울의 뿌리를 설명하는 이론 가운데 하나로 '학습된 무기력Learned Helplessness'이라는 것이 있다. 나의 힘으로는 도무지 어쩔 수 없는 일들을 겪는 것과 주요 우울증을 앓는 것을 하나로 연결하는 이론이다. 우울을 실험하기 위해 조금은 잔혹한 동물 실험이 등장한다. 피할 수 없는 전기 충격을 경험한 적이 있는 개는 다른 상황으로 옮겨져 울타리만 넘어가면 전기 충격을 피할 수 있을 때에도 꼼짝하지 않은 채 그냥 늘어져만 있었다.

그와는 달리 처음 전기 충격을 경험하거나 피할 수 있었던 경험을 가진 개들은 몇 번의 시행착오 끝에 무사히 전기 자극에서 탈출했다. 제아무리 애를 써도 도저히 빠져나갈 도리가 없는 전기 충격을 경험했던 개들은 새로 주어지는(충분히 피할 수 있는) 전기 충격을 온몸으로 겪어내며 가만히 있었다. 이들이 소위 학습된 무기력 이론을 설명하는 모델이 된다. 이 불쌍한 개들은 자기가 어떤 반응을 보인다고 한들 결과가 달라지지 않음을 배운 셈이다. 이미 앞에서 수없이 시도해봤으나 소용이 없었기 때문이다. 깽깽거리기도 하고, 도망치려는 시도도 해보고, 짖어보기도 하고……. 아무튼 할 수 있는 건

다 해봤다. 그러나 아무 소용이 없었다. 그저 시간이 가는 것 외에는 해결책이 없었다. 움직여야 한다는 동기가 부족하고 충격에 대한 반응성도 떨어지는 모습은 어쩌면 당연한 결과다.

동물을 이용한 실험은 사람에게 적용할 때 비로소 의미가 완성된다. 학습화된 무기력 이론을 인간에 적용해보자. 안 좋은 일이 생긴다. 내 힘으로 도저히 어쩔 수 없는 일이다. 한번 그럴 때에는 "살다보면 그럴 수 있겠지" 하며 재도전을 꿈꿀 수 있다. 그런데 또 그런 일이 생긴다. 이번엔 더 나쁜 일이다. '다음에는 괜찮겠지' 하며 다시 힘을 낸다. 그런데 또, 또 사건이 생긴다. 이번엔 쉽게 생기기 어렵다는 끔찍한 사건이다. 이처럼 부정적인 외부 사건이 지속적으로 반복되면 사람들은 '내가 뭘 해봤자 달라질 게 뭐가 있는데?' 하는 식으로 반응하게 된다. 그래서 마침내 '내가 뭘 하면 달라질 수 있는' 상황을 만나도 아무것도 하지 못한 채 그냥 그대로 늘어져 고통 가운데 시들어가는 쪽을 택한다. 최근에는 학습된 무기력 이론을 조금 더 정교화해서 피할 수 없는 실제 외부 사건보다 그 사건 때문에 입게 되는 자존감의 타격을 중요하게 생각한다. 겪을 수 있는 끔찍한 일들은 무수히 많다. 그러나 앞에서 얘기한 것처럼 사건 사고를 겪은 모든 사람이 우울증에 빠지는 것이 아니다.

1997년은 IMF로 요약되는 경제 한파로 수많은 것을 설명할 수 있는 해다. 국가부도 위기라고 하는 외환위기를 겪으면서 국제 통화기금에 자금 지원 양해 각서를 체결한 것을 IMF로 간단하게 압축하여 설명하곤 한다(위키 백과사전 참고). 이 시기에 수많은 회사들이 부도 및 경영 위기를 겪었고 대량해고와 경기 악화는 그 겨울을 비참함으로 기억하게 만들기에 충분했다. 아직까지도 외래에서 만나는 분들 가운데에는 자신이 우울증을 겪었던 첫 시점을 1997년으로 짚는 분들이 꽤 있다. 그 당시 경제적인 어려움을 겪은 사람은 많았지만 그렇다고 해서 경제적인 어려움을 겪은 모든 사람이 우울증에 걸린 건 아니다.

그러면 어떤 사람들이 우울증에 걸렸을까? 경제 능력을 자존감과 직결해서 생각하던 사람이라면 경제적인 추락을 못 견디고 우울증에 빠졌을 수 있다. 그래서 피할 수 없는 외부적 사건(IMF사태)보다 이로 인한 자존감의 타격("내가 운영하는 회사가 부도가 났어. 난 이제 알거지가 된 거야. 이런 일들이 생긴 건 다 내가 못 나서야")이 더 중요하다고 말하는 것이다. 사실 다른 사람들이 보기에 어떤 스트레스인가 하는 건 중요하지 않다. 스스로 받아들일 때 자존감에 부정적인 영향을 미치는 스트레스면 그걸로 충분한 타격이 된다. 그렇게 본다면 건강하지 못한 자존감은 우울증으로 가는 지름길이라고 할 수 있다. '나는 이 정도면 나름 괜찮다'라고 생각하는 사람이 상처를 입는 것과 '나란 인간이 하는 꼴이 다 그렇지 뭐'라고 생각하는 사람이 상처를 입는 건 완전히 다른 결과를 낳을 수밖에 없다.

우울의 원인으로 작용하는 뇌 구조와 기능

이런 관점에서 볼 때 일단 우울증에 빠진 사람들에 대한 접근에서도 상황을 정리하는 것보다 더 중요한 것은 그 상황을 조절할 힘이 나에게 있다는 인식을 전달하는 것이 된다. 학습화된 무기력에서 벗어나서 '꼭 안 될 것 같았는데…… 해보니까 그래도 되네?' 하는 능동성의 회복과 맞닥뜨린 상황을 다스릴 수 있는 방법을 배우는 일이 우울증의 회복에 꼭 필요하다. 정리해보자면 한 사람이 부딪힌 상황이 슬픔으로 끝날 것인지, 우울로 넘어갈 것인지 결정짓는 요소는 '상실'이다. 무엇을 잃는 상실일까. 어린 시절에 경험한 부모님의 상실일 수도 있고 나란 존재가 송두리째 무너져 내리는 자존감의 상실일 수도 있다. 우울과 슬픔을 관통하는 핵심적인 원인인 상실은 눈에 보이는 현실적 상실이 많다. 앞에 나온 예리 씨와 진주 씨는 눈에 보이는 존재인 남자친구를 잃었다. 돈이나 건강, 일자리처럼 눈에 보이는 것들을 잃을 때 사람들은 슬퍼한다. 개중에는 우울에 빠지는 사람도 있다. 상실의 크기와 슬픔의 크기가 꼭 비례하는 건 아니다. 즐겨 쓰던 볼펜을 잃어버리면 요 앞 문구점에 가서 똑같은 걸 살 수 있다 하더라도 속이 상할 수 있다. 거기다가 그 볼펜이 사랑하는 사람에게 처음 받은 선물이었다면 특별한 의미가 부여되기에 상실의 아픔이 더 커진다.

이런 경우에서 보듯 눈에 보이는 상실 뒤에는 추상적인 상실이 함께 들어 있다. 예리 씨와 진주 씨의 이별 장면을 다시 돌아보자. 둘 모두 '사랑'을 잃었으며 각자 꿈꾸던 '미래'를 잃었다. 눈에 보이는 남자친구를 잃은 것도 아프지만 눈에 보이지 않는 따뜻함과 미래의 계획들을 잃은 아픔은 더 크다.

상실의 슬픔은 실제 대상의 가치보다 내가 얼마나 오랫동안, 어느 정도로 깊이 내 마음을 주었는지에 따라 달라진다. 이를 애착의 정도라고 볼 수 있다. 만일 소개를 받아서 만난 지 불과 한 달밖에 안 된 남자친구라면 이별 통보에 속상할 수는 있어도 깊은 슬픔까지 느끼지는 않지 않을까. 그렇지만 대학교 1학년 때부터 친구로 만나다가 졸업하면서 연인으로 발전해 서로의 미운 점과 고운 점을 소상히 알고 있는 사이라면, 한 발 더 나아가 내년에 결혼식을 올리기로 한 사이라면 슬픔의 정도는 훨씬 더 커진다. 그리고 만일 지금 헤어지는 이 사람이 결혼해서 10년을 같이 살며 자녀를 낳아 기르던 대상이라면 고통의 강도는 수직 상승할 수밖에 없다. 배우자와 헤어져 돌싱, 즉 이혼남·이혼녀가 되면 이때 겪어야 하는 상실은 헤아릴 수 없을 정도로 확대된다.

그들은 남편·아내라는 지위를 잃었고, 자신이 꿈꾸던 삶을 잃었고, 결혼이 주는 다양한 안정감을 잃었고, 배우자를 포함하여 세상 사람에 대한 신뢰를 잃었다. 자신감도 잃어버렸을지 모른다. 이런 과정을 지나는 동안 잃어버리지 않은 게 대체 있긴 있을까, 심각한 고민에 빠질 수도 있다.

상상 속의 상실은 영향력이 어찌나 큰지, 때로는 실제 상실을 뛰어넘어 한 사람을 슬픔과 우울로 밀어 넣기도 한다. 예리 씨의 남자친구가 2~3년 뒤 다시 나타나 이야기를 하는 장면을 생각해보자. 자기가 이별을 선언했던 건 예리 씨에 대한 사랑이 식어서가 아니라고, 자신에게 경제적으로 심각한 문제가 생겨서 혹시라도 여자친구에게 피해를 줄까 봐 그랬던 거라고 눈물로 고백하는 모습이다.

처음에는 이 이야기를 믿어야 하나 반신반의하던 예리 씨는 그를 받아들이기로 결심한다. 예리 씨를 사랑하기 때문에 더 열심히 재기하고자 노력했다는 그의 이야기를 들으면서 그 전까지 예리 씨를 못 견디게 괴롭히던 사랑의 빈자리라는 상처가 아무는 것을 느꼈다. 바로 전날까지만 해도 예리 씨는 떠나간 남자친구를 떠올리면서 새로운 여자가 생겨서 눈이 멀어버렸거나 혹은 자신에게 더 이상 매력을 느끼지 못하고 마음이 냉랭해져버린 그의 모습만 떠올렸다. 예리 씨 머릿속의 남자친구는 한없이 차갑게 그녀를 거절하고 사랑을 거두어갔다.

그러나 지금 확인한 현실은 다르다. 그의 상황이 예리 씨로부터 물러나게 한 거였지 그의 마음이 물러난 게 아니었다. 이런 경우 남자친구의 빈자리는 실제 상실이지만 그의 사랑이 떠나가는 건 상상 속의 상실이다. 빈 자리 때문에 마음이 아픈 게 아니라 그가 사랑을 거두었다는 예리 씨의 생각이 더 아픈게 당연하다.

이번에는 우울의 원인으로 작용하는 뇌 구조와 기능에 대하여 생각해보려고 한다. 최근 들어 우울증을 '뇌 질환'으로 보는 시각이 강조되고 있다는 점을 생각할 때 짚고 넘어갈 필요가 있다. 우울증이 워낙 흔한 병이어서인지 이 병을 앓는 사람들의 뇌 변화에 대한 연구는 상당히 방대한 편이다. 우울증의 원인이 되는 곳으로 제일 흔하게 꼽히는 부분은 대략 세 군데인데, 뇌실 주변부(Periventricular Regions, 자율 신경 가운데 부교감 신경이 발원하는 곳 중 하나다), 기저핵(Basal Ganglia, 운동을 담당하는 뇌의 핵이다), 시상(Thalamus, 운동 및 감각 정보를 처리하고 연결하는 일종의 환승역과 같은 곳이다) 등이다.

또 다른 연구에서는 뇌 안에서 기억을 담당하는 해마Hippocampus의 용량이 감소되어 있다는 결과도 있다. 뇌의 기능을 볼 수 있는 PET를 이용하여 우울증을 앓는 사람의 뇌를 촬영하면 뇌 앞부분, 특히 좌뇌(오른손잡이인 사람들에게 좌뇌가 얼마나 중요한 역할을 하는지는 일반적으로도 잘 알려져 있다)의 대사가 전반적으로 떨어져 있는 현상이 보인다. 각 부분의 역할을 더 자세히 설명하기 전에 잠시 짚고 넘어갈 것이 있다. 여기까지만 미루어 보더라도 "어딘지는 정확히 모르지만 우울증을 앓는 사람들의 뇌에는 분명히 이상이 있다" 하는 결론에 도달하는 건 어려운 일이 아니다.

잘못된 위로는 약이 아니라 오히려 독이다

우울증이 얼른 보기에는 '마음의 병'으로만 보이지만 엄연히 뇌의 변화와 이상을 동반하는 '뇌의 병'이기도 하다는 사실은 꼭 정신건강의학과 의사가 아니더라도 기억하고 넘어갔으면 하는 사실이다. 왜냐하면 앞서 이야기한 대로 우리 주변에는 우울증으로 고생하는 사람이 무척 많기 때문이다. 주변에 우울증으로 앓는 사람이 있을 때 쉽게 하기 쉬운 실수 가운데 하나는 그에게 '힘내'라고 말을 하는 것이다.

"속상해하지 마. 그냥 잊어버리고 새로 시작하는 마음으로 기운내면 되잖아?"

이렇게 위로를 건네는 사람이 악의가 있어서 그럴 거라고 생각하지는 않는다. 분명 진심을 담아서 하는 격려의 말일 것이다. 그리고 이런 말들은 단순한 우울감, 즉 병적 우울증이 아닌 슬픔으로 힘들어하는 사람들에게는 나름대로 도움이 된다. 그러나 병으로서의 우울을 앓고 있는 사람들이라면 이야기는 달라진다. 이들은 운동을 담당하는 기저핵에 이상이 있는 상태이기 때문에 운동 기능이 현저히 떨어지다 보니 몸이 언제나 천근만근으로 느껴진다. 다른 사람에게는 간단한 활동일지 몰라도 이들에게는 지독한 피곤으로 연결되기 때문에 미리부터 몸서리를 치게 된다. 뇌의 기능이 떨어지다 보니 집중력과 주의력이 모두 함께 떨어져서 사소한 일들을 잊어버리는 일도 잦다. 기억을 담당하는 뇌가 쪼그라들어 있다는 점도 기억해두면 좋겠다.

'아, 내가 치매에 걸렸구나! 아니면 뇌에 뭔가 이상이 생겼나 보다.' 꼭 뇌기능 저하와 흡사한 느낌은 나이가 많은 분들의 우울증에서 더 두드러지게 나타나는 현상이다. 이런 분들에게 우울증은 우울한 감정보다 내가 옛날 같지 않고 자꾸 깜빡거리는 현상으로 먼저 경험된다. 정신건강의학과 의사들이 농담처럼 하는 이야기 가운데 치매에 걸린 것 같다면서 찾아오는 사람들 중에는 진짜 치매 환자가 별로 없다는 말이 있다.

치매도 초기 증상으로 사소한 일들을 잊어버리거나 깜빡거리는 모습을 보이는 건 맞다. 그러나 진짜 치매 환자들은 이런 증상들을 가능하면 숨기고 덮으려고 애를 쓴다는 점에서 차이가 난다. 실제 치매 환자 가운데에는 기억력이 떨어지는 것 같다면서 자기 발로 병원을 찾아와서 걱정하는 사람이 별로 없다. 그런 분들에게서 더 일반적으로 보이는 모습은 가족들이나 다른 보호자들이 "자네 요새 기억력이나 이런 데 아무래도 무슨 문제가 있는 것 같아" 하면서 억지로 끌고 오다시피 하는 쪽이 많다. 진료실에서도 “나이 들면 다 이 정도 깜빡거리는 건 예사지 뭘 그렇게 심각하게들 그러세요?” 하며 문제를 축소시키는 경우가 대부분이다. 기억력 저하를 걱정하면서 병원을 스스로 찾아와 한숨 팍팍 쉬는 분들은 치매보다는 오히려 우울 같은 정서적 문제가 더 많다.

“속상해하지 마. 그냥 잊어버리고, 새로 시작하는 마음으로 기운 내면 되잖아?” 이 말을 다시 한 번 생각해보자. 병으로 우울을 경험하는 사람들은 뇌 자체가 아픈 상태나 마찬가지여서 아무리 속상해하지 않으려고 해도 그게 잘 안 된다. 그냥 잊어보려는 시도를 하지 않았을 리가 없다. 안 좋은 일일수록 잘 잊히지 않고 생각을 안 하려고 하면 자꾸 더 생각나는 우리 뇌의 모순 때문에 이미 뇌는 기진맥진 상태다. 기운을 내보려고 하지만 몸에 있는 모든 에너지가 다 빠져나간 상태로 느껴지기 때문에 마음처럼 잘 안 된다. 그래서 쉽게 건넬 수 있는 위로는 정서적 장애를 갖고 있는 사람에게는 ‘아, 이 사람은 내가 힘든 걸 전혀 이해하지 못하고 있구나!’ 식의 의미로만 들릴 뿐이다. 위로의 얘기를 하는 사람이야 진실한 마음을 전해주고 싶어 했다 하더라도 우울증으로 앓고 있는 이에게는 아슬아슬하게 버티고 서 있던 벼랑 끝에서 미끄러져 떨어지는 느낌으로밖에는 경험되지 않는다.

감정을 조절하는 뇌의 4가지 부위

정상적인 감정의 조절에서 중요하다고 생각되는 뇌의 부위는 대략 4곳 정도 된다. 전전두엽 피질과 앞 띠 모양 피질Anterior Cingulate, 해마와 편도체가 여기 속한다.

1. 전두엽은 목표를 세우고 이 목표를 성취하기 위해 적절한 반응을 설정하는, 일종의 관제탑 역할을 하는 뇌다. 전전두엽은 다양하면서도 서로 충돌하는 행동 반응들이 나올 수 있는 상황에서 특히 중요하다. 예를 들면 누군가 내 발을 밟았을 때 같은 경우가 그렇다. 얼핏 보기엔 아주 평범한 상황이지만 나는 전전두엽의 작동에 의하여 화를 낼 수도 있고 웃을 수도 있고 모른 척할 수도 있다. 내가 어떤 상황에 놓여 있느냐에 따라 어떤 행동을 선택하는 게 적절한지 다 달라지기 때문이다. 가뜩이나 기분이 안 좋아 누구 하나 걸리기만

해봐라 하다가 밟힌 거라면 보란 듯 버럭 화를 낼 것이다. 소개팅한 사람과 함께 있다가 그런 거라면 마음이 바다같이 넓은 사람인 양 웃어넘길 것이다. 친구랑 복잡한 전철을 타고 어딜 가던 중에 친구가 내 발을 밟고는 미안해한다면 괜찮다고 하거나 친구의 발을 되밟아주는 장난을 칠지도 모른다.

전전두엽은 감정적인 자극들을 뒤로 하고 '목표를 향해' 나아가야 할 필요가 있을 때에도 중요한 역할을 담당한다. 개인적으로 슬프거나 즐거운 자극들을 옆으로 밀쳐 놓고 더 큰 목표를 향해 달려가는 일을 잘하는 사람이라면 전전두엽이 잘 발달해 있다고 보는 게 맞다. 전전두엽 피질은 좌우측의 성격이 각각 다른데, 왼쪽 전전두엽이 활성화되는 것은 목표를 추구하는 행동이나 구미를 돋우는 행동과 연결이 된다.

반대로 오른쪽 전전두엽은 입맛 당기는 추구를 억제하는 것과 회피 행동에 중요한 역할을 한다. 즉 왼쪽은 구미 돋우는 행동을 하게 하는 쪽이고 오른쪽은 그 행동을 참게 하는 쪽이다. 전전두엽의 세부 부위들은 보상과 처벌에 연관된 행동들과 관련이 있는 것으로 보인다.

2. 앞쪽 띠 모양 피질은 감정적 입력이나 주의를 끄는 일들을 통합하는 자리인데, 활성화되면 감정적 각성의 조절이 수월해진다. 특히 목표 달성이 좌절되거나 새로운 문제가 나타났을 때 더욱 그렇다. 감정적 각성의 예를 들자면 너무 속상한 일이라든지 무척이나 흥분

되는 일이 생겨서 정신이 번쩍 드는 상황이 해당된다.

3. 해마는 앞에서 잠시 이야기한 것처럼 다양한 형태의 학습과 기억에 관여한다. 공포의 조건화에도 관련된다. 자라 보고 놀란 뒤에 솥뚜껑만 봐도 놀란다면 그것은 해마 때문이다. 해마가 나를 놀라게 한 자라의 형태적 특성을 잘 기억해두었다가 비슷한 형태를 가진 솥뚜껑을 보고 미리부터 대처할 수 있도록 일깨워주기 때문이다. 학습 가운데에서도 뼈아프게 배웠다든지, 뿌듯하게 깨우쳤다는 등의 감정적 학습은 해마와 편도체 사이의 직접적 연결을 통해 이루어지는 것으로 보인다. 편도체에 대해서는 바로 아래에서 좀 더 자세히 설명하겠다.

4. 편도체는 변연계의 심장에 해당한다고 생각되는 부위다. 편도체는 감정적으로 중요한 의미가 있는 새로운 자극들을 처리하고 두뇌 피질의 반응을 조율하거나 조직화하는 중요한 환승역의 역할을 한다. 감정의 색채가 짙을수록 편도체가 다양한 정도로 편입되어 활동한다. 애매모호하거나 새로운 자극인 경우에 편도체가 더 활성화되기 쉽다고 한다. 처음 보는 경치에 더 뭉클하는 감동을 받는다면 편도체가 제대로 잘 작동하고 있다고 보는 게 맞다.

우울과 슬픔이 어떻게 한 사람의 삶에서 나타나는지 살펴보기 위해 여기 이 사람을 만나보자. 명철 씨는 오늘 처음 병원을 찾아온 삼십대 직장 남성이다. 그가 병원을 찾게 된 이유는 극심한 불면증과 더불어 설명할 수 없는 짜증 때문이었다. 다니던 직장이 자신에게 잘 안 맞아서 그런가 보다 싶어서 멀쩡한 직장을 때려치우고 새 직장으로 옮겼지만 이전보다 더 헤맸고 적응하기도 어려웠다. 진료실을 찾은 명철 씨에게 가족에 대해 물어보자 바로 그의 얼굴이 일그러졌다. 처음에는 화를 내는 표정인가 했는데, 곧 억지로 눈물을 참는 모습임을 알 수 있었다. 아무리 진료실이라 하더라도 눈물 흘리며 슬퍼하는 건 그렇게 쉽지 않은 일이다.

삼십대, 그것도 남성이라면 더욱 어려운 일이 될 수 있다. 그렇지만 이런 모든 장애물을 뛰어넘고 제대로 울면서 슬퍼할 수 있다면 회복에 이만한 약이 없다. 혹시 우연한 기회에 상담을 받게 되고 그때 눈물이 난다면 당황하기보다 아, 내 마음이 나오려고 애를 쓰고 있구나, 하고 받아들일 수 있다면 좋겠다. 흘려야 할 눈물을 눌러 놓고 있는 것보다 힘든 일도 없으니까 말이다. 그렇지만 반대로 너무 많이 우는 것이나 일부러 눈물을 쥐어짜는 건 권하고 싶지 않다. 약도 너무 많이 쓰면 독이 되는 것과 마찬가지다.

"저희 아버지는 제가 초등학교 4학년 때 돌아가셨어요……. 자살로요."

이 말 한 토막으로도 명철 씨가 감당해온 정신적 고통의 무게가 그대로 전달된다. 죽음을 이해하는 건 누구에게나 쉬운 일이 아니지만 11세 소년에게는 더 힘든 일이었다. 아파서 앓다 돌아가시거나 교통사고 등으로 갑작스레 떠나는 경우에도 힘들기는 마찬가지겠지만 돌아가신 원인이 자살이라면 문제의 무게는 몇백 배로 불어난다.

살아남은 사람을 향한 온갖 시선들과 수군거림의 무게가 더해지기 때문이다. 아버지의 부재를 겪어내며 어머니와 누나, 명철 씨 이렇게 셋은 그야말로 열심히, 그리고 힘들게 살아냈다. 그중에서도 명철 씨는 특히 더 힘들었다. 아직 사춘기도 겪지 않은 어린 소년이었지만 자기까지 힘들어하는 모습을 보임으로 인해 어머니를 실망시켜서는 안 될 것만 같았다. 누군가 힘드냐고 물어보면 절대로 그렇지 않다고 펄쩍 뛰었다. 슬픔을 누른 채 그는 어머니를 위해 공부하고 어머니를 위해 착하게 살았다. 어머니를 위해 힘든 업무도 마다하지 않고 직장을 다녔다. 어머니에게 삶의 희망을 주기 위해 그는 다른 사람들보다 더 강하고 뛰어난 사람이 되어야 했다. 명철 씨는 자신의 삶을, 자신을 바라보고 기대하는 어머니를 위한 삶으로 살아내고 있었다.

어떻게든 잘 살아내려 발버둥치는 명철 씨의 모습은 한편으로는 장하지만 다른 한편으로는 무척이나 안타깝다. 열심히 달리는 것 자체는 좋다. 그러나 그 달리는 방향이 우울증이라는 병을 향하고 있을지 모른다는 생각에 안타까움을 느낀다. 명철 씨가 갖고 있는 우울증의 위험 요소들을 한번 짚어보자. 첫 번째 위험요소는 그가 아주 높은 이상理想을 갖고 있다는 점이다. 사실, 이상을 갖고 있다는 건 매우 바람직한 일이다. 아무 이상도 없이 사는 사람이 평면적인 삶을 산다고 한다면 이상을 가진 사람은 입체적인 삶을 사니까. 그러면 뭐가 문제가 되는 걸까? 여기서 등장하는 게 정신건강의학과에서 정상normal 개념을 논할 때마다 항상 나타나는 '정도의 문제'다.

제대로 된 슬픔이란?

'정신분석학의 아버지'라고 불리는 프로이트는 정상인을 "약간 히스테리컬하고, 약간 피해의식이 있고, 약간 강박적인" 사람이라고 표현했다. 재미있는 건 이 세 가지가 모두 과하면 그 자체로 병이라는 점이다. 어디 이 세 가지 특징뿐이겠는가. 너무 우울해도 병이고 너무 우울하지 않아도 병이다. 너무 많이 자도 병이고 너무 잠을 안 자도 병이다. 그래서 적당한 게 중요하다.

명철 씨를 비롯한 우울증 환자들에게 문제가 되는 건 이상 자체가 아닌 '아주 높은' 이상이다. 훌륭한 선생님이나 좋은 어머니가 되고자 한다면 멋진 이상을 가진 사람이다. 그러나 '모든 상황에서 다 모범이 되는 완전한 선생님'이 되려고 한다면? '자기 자신은 돌보지 않은 채 자식의 요구만을 위해 철저히 헌신하는 완벽한 어머니'가 되고자 한다면? 현실적으로 매우 어려운 일, 아니 불가능한 일이다.

사람에게 완벽과 완전이란 있을 수 없다. 어디까지나 인간은 인간이지 신이 아니니까. 우울증에 걸릴 위험이 큰 사람들은 도달할 수 없는 높은 이상을 향해 전력 질주하는 사람들이다. 그러다가 어느 순간 알게 된다. 아무리 노력해도 그 이상에 도달할 수 없으며 자기는 신이 아님을. 여태껏 달려오던 그 속도 그대로 털썩 넘어져버린다. 명철 씨가 품고 있던 지나치게 높은 이상은 '자신의 개인적인 어려움 따위 아랑곳하지 않고 꿋꿋하게 일어서는 사람. 힘들었던 만큼 더 보란 듯이 멋지게 살아내는 사람. 자기 삶도 일으킬 뿐더러 누나와 어머니의 삶도 일으키는 사람'이었다. 여기에서 첫 번째 위험요소가 두 번째 위험요소로 이어진다.

두 번째 명철 씨가 갖고 있는 우울증의 위험 요소는 자신이 아닌 다른 누군가를 위해 사는 삶이다. 그에게는 자기가 없어지고 타인만을 위한 삶만 남아 있다. 남편이나 남자친구의 뒷바라지를 하면서 자신을 챙기지 않다가 아무것도 남지 않은 여자들이나 자식만 바라보다가 자신의 삶은 다 없어진 부모들이 그 예다. 잠깐, 다른 사람을 위해 사는 게 무조건 병적이라고 말하려는 건 아니다.

큰 뜻을 품고 사람들을 위해 살며 그 기쁨으로 자신과 주변의 삶을 밝히는 사람들을 우리는 위인이나 성인이라고 부른다. 진정으로 훌륭한 사람들은 다른 사람을 위하는 그 과정이 자신의 영혼에 힘을 불어넣는 마중물이 된다. 그럼으로써 그들은 자기도 살고 다른 사람도 살린다. 따라서 여기서도 정도의 문제를 고려해야 한다. 자기가 다 타서 없어져버렸는데 다른 이들의 삶에 힘이 되었노라 할 수만은 없는 법이다.

어머니의 입장을 한번 생각해보자. 아들이 잘하려고 노력하는 모습을 보면서 뿌듯하셨을 것이다. 그러나 아들이 당신만 위해 살다가 우울증에 빠지기까지 한다면 그 모습까지도 뿌듯해하실까? 당연히 아니다. 아들을 온전히 사랑하는 어머니라면 차라리 내가 아프고 너를 자유롭게 해주겠노라고 말씀하실 것이 분명하다.

명철 씨는 스스로의 마음은 돌아보지 않은 채 어머니만 바라보면서 살았다. 그러나 남편을 자살로 먼저 떠나보낸 고통은 아들의 노력만으로 무마되기에는 너무도 깊고 크다. 명철 씨의 노력은 어차피 불가능한 것이었다. 그는 어머니가 행복하기를 바랐지만 모두가 알다시피 우리는 어떤 한 사람만의 노력이나 희생만으로 행복해질 수는 없는 존재다. 불가능을 어떻게든 가능하게 만들어보려고 애를 쓰고 또 쓰다가 우울에 푹 잠긴 모습을 보고 있자니 마음이 쓰리고 아팠다. 착하고 성실한 그가 왜 지금의 모습이 되어야 했을까. 그냥 많이 슬퍼한 뒤 마음을 정리할 수는 없었을까. 시간이 흐르고 상담이 어느 정도 진행되었을 때 명철 씨가 문득 이런 말을 했다.

"선생님, 제대로 슬퍼해본 적이 없는 것 같은데요."

저런. 정신건강의학과 전문의에게 우울증으로 진단 받고 치료를 열심히 받고 있는 사람인데 슬프지가 않다고? 제아무리 짜증, 불쾌함, 사는 재미가 없는 느낌 등등이 슬픈 감정보다 더 두드러진 형태의 우울증을 앓고 있다 하더라도 슬픔의 감정이 없다니……? 이상하게 보일지 모르지만 말이 안 되는 건 아니다. 그러면서 명철 씨가 앓고 있는 우울증의 뒷모습이 제대로 보이는 것 같다는 느낌이 들었다. 어쩌면 제대로 된 슬픔의 경험이 빠져버리는 바람에 슬픔을 지나쳐 우울증 속으로 곧장 걸어 들어갔을지도 모르겠다.

여기서 다시 질문이 떠오른다. 제대로 된 슬픔은 어떤 모습을 나타낼까? 한쪽 극단은 지나치게 슬픔에 사로잡혀 통곡을 하느라 몸도 못 가누는 상태이고, 또 한쪽 극단은 슬픔을 드러내지 못한 채 머뭇거리기만 하는 상태다. 그 중간 어딘가 쯤에 적당한 슬픔이 존재할 것이다. 흥미로운 사실은 우리가 살고 있는 사회가 적당한 슬픔보다는 극과 극이 판을 치는 경우가 많다는 점이다.

웃음과 감동 강박사회

30대를 넘긴 사람들의 귀에는 무척이나 익숙한 만화영화 〈들장미 소녀 캔디〉의 주제가 가사가 일본 원곡과는 많이 다르다는 사실을 알고 있는가? 멜로디는 같지만 한국의 주제가는 느릿하게 애수 어린 느낌을 주도록 편곡됐다고 한다.

『만화! 문화사회학적 읽기』에 의하면 "외로워도 슬퍼도 나는 안 울어, 참고 참고 또 참지 울긴 왜 울어"는 "주근깨 같은 것은 신경 쓰지 않아. 납작코이긴 하지만 마음에 들고……"를 바꾼 것이다. "웃으면서 달려보자 푸른 들을, 푸른 하늘 바라보며 노래하자"는 가사는 원곡에서 "말괄량이에 장난치기가 너무 좋아. 달리기, 뜀뛰기가 너무 좋아"였다.

한국의 캔디는 슬픔을 눌러 참는 비련의 소녀다. 너무너무 힘들지만 참고 또 참고 참으면서 끝내 울지 않는다. 외로움과 슬픔을 잊기 위해 자기 나름대로 방법을 찾아 달려도 보고 노래도 해보고 웃어도 본다.

그런가 하면 엉뚱한 곳에서 슬픔을 강조하는 문화가 동시대에 공존하기도 한다. 영화감독들도 인정하는 충무로의 강박관념 가운데 하나는 바로 코미디가 웃음과 함께 가슴 뭉클한 감동을 줘야 한다는 것이다. 코미디 영화의 라스트를 장식하는 슬픈 장면은 감동과 충격을 안겨주려는 노력의 결과다. 덕분에 우리나라에는 세계 어디에서도 찾기 힘든 '슬픈 코미디'라는 이상한 장르가 생겨났다. 반전을 기대하는 관객들에게 눈물을 안겨주면서 나름대로 흥행에 성공을 한 몇몇 영화들이 있었지만(〈두사부일체〉나 〈색즉시공〉 같은 영화가 꼽힌다), 무리하게 눈물을 쥐어짜려고 하는 설정들 때문에 사람들이 국산 코미디 영화에 반감을 갖는 계기가 되기도 했다.

슬퍼하면서도 슬퍼하지 않아야 하고 슬퍼하지 않으면서도 슬퍼해야 하는 모순은 비단 미디어에만 국한된 것은 아니다. 그나마 제일 자연스럽게 눈물을 볼 수 있는 곳, 장례식장만 해도 그렇다. 곡(哭)은 '귀신이 곡할 노릇' 같은 속담 안에만 살아남은 것처럼 보이는, 이제는 잊혀가는 전통 장례 절차 가운데 하나다.

그렇다고 무조건 울어 젖히는 게 아니고 우는 일에도 엄연한 형식과 규칙이 있다고 한다. 옛날에는 '곡비哭婢'라고 해서 장례식에서 곡을 대신하는 계집종이 있었고 상가에서 곡이 끊이지 않게 하기 위해 슬프게 곡하는 자를 사서 울게 했다고 한다. 곡하는 소리는 슬픔을 자극하는 효과가 있어서 가만히 듣고 있다 보면 누구나 눈물을 흘리게 된다. 그러나 요새는 형식을 갖추어 곡하는 사람을 보기가 힘들다. 사랑하는 가족을 떠나보내는 아픔에 당연히 눈물을 흘리기는 하지만 대놓고 슬퍼하는 표시를 내거나 또 그렇게 하도록 격려하는 일은 점점 줄어든다는 느낌이 든다. 『내 감정 사용법』이라는 책도 이와 비슷한 질문을 던진다.

> (이집트의 장례식 문화를 소개한 글을 재인용) 여인들은 고인의 주위에 둥글게 둘러서서 춤을 추었고 울부짖으며 가슴을 두드렸다……. 여인들은 흔들거리며 앞으로 나아갔고, 목에서부터 발목까지 몸을 부르르 떨었으며, 서로를 물어뜯고 자기네들끼리 빙빙 돌며 고인에게 일어설 것을 명했다…….
>
> 쪽빛으로 얼굴을 칠한 여자들은 고인이 잠들어 있는 방 저 높은 곳에서 들려오는 자매들의 함성에 번쩍이는 이빨을 내보이는 외침으로 대답했다. 울고 신음하는 것이 허용된 과부들은 자신의 일로 돌아가야 하므로 사람들 앞에서 눈물을 참고 서둘러 텅 빈 아파트로 돌아가는 여자들보다 자신의 비탄한 감정을 더 잘 극복하는 것일까?

바로 즉답이 되는 건 아니지만 이십대 후반의 대기업 비서인 수진 씨의 이야기는 처리되지 않은 슬픔을 그냥 눌러버릴 때 어떻게 될 수 있는지를 잘 보여준다. 수진 씨는 항상 예쁘고 잘 정리된 외모로 진료실을 찾았다.

처음에는 자신이 겪고 있는 문제가 단순한 불면 때문이라고 하였다. 잠을 자려고 애를 쓰는데 도통 잠이 오지 않고, 그 바람에 낮에는 너무 피곤해서 가끔 일을 쉬는 날이면 낮잠이라도 자볼까 해서 누워보면 역시 잠이 오지 않는다고 했다. 불면증을 호소하며 병원을 찾는 사람들이 많지만 불면은 '질병'이라기보다는 '증상'에 더 가깝다. 마치 '기침'이 병이라기보다는 병의 증상인 것과 같다.

수진 씨의
불면에 숨은 이유

불면을 일으키는 흔한 원인으로는 불안, 환경 변화(여행 가면 잠을 잘 못 자는 식으로), 수면 주기의 이상(시차 때문에 잠이 안 오거나 밤에 일하고 낮에 잠자던 사람이 휴가 기간에 가족들과 시간대를 맞추려고 밤에 자려 하면 잠이 안 오는 경우), 우울, 외상 후 스트레스 장애, 조현증(예전에는 정신분열병이라고 부르던 병의 새 이름이다) 등이 있다.

꼼꼼한 정신건강의학과 의사라면 잠이 잘 안 온다는 이에게 그냥 수면제만 덜렁 처방하기보다는 뭔가 바닥에 깔린 이유를 확인해보게 된다. 백인백색百人百色이라고, 사람마다 잠을 못자는 이유는 다 다르니까. 그래서 가만히 물어보았다.

"잠이 잘 안 올 만한 이유가 있을까요?"

대부분의 '준비된' 환자들은 이 질문 하나만으로도 충분하다. 누군가 관심을 갖고 묻기를 기다렸다는 듯 자신의 인생과 아픔을 쏟아내는 경우가 많다. 억울하고 분해서, 화가 날 일이 있어서, 배신을 당하고는 속상해서…… 뜬눈으로 밤을 지새울 만큼 아프고 힘든 이야기들이 물밀듯 터져 나온다. 그런데 수진 씨는 안 그랬다. 그냥 차분하게 대답했다.

"글쎄요. 잘 모르겠어요. 다 괜찮고, 그냥 잠만 못 자는 것뿐인데요."

그런데 이 분, 얼굴빛은 '다 괜찮은' 사람 얼굴이 아니다. 단아한 얼굴이지만 웃음기가 전혀 없다. 정신건강의학과를 찾았다고 해서 실제로 '다 괜찮고 그냥 잠만 못 자는' 사람이 없는 건 아니다. 예를 들어 어떤 종류의 감기약을 먹었더니 갑자기 잠이 안 와 병원을 찾은 사람도 있다. 하지만 그런 사람들은 표정부터가 다르다. 못 자서 피곤해보일지는 몰라도 수진 씨처럼 차디찬 얼굴빛을 처음부터 끝까지 유지하는 사람은 없다.

수진 씨에게는 가벼운 수면 유도제를 처방했고, 며칠 뒤 다시 병원을 찾아왔다. 전혀 효과가 없었단다. 조금 더 강한 약을 처방했지만 다시 와서는 역시 효과가 없었단다. 잠을 잘 자는 습관을 들이도록 교육해봤지만 전혀 효과가 없었다.

더 걱정되는 건 수진 씨의 표정이었다. 점점 더 흐려져서 먹구름이 잔뜩 낀 하늘이 연상될 정도였다. 살도 조금씩 빠지다가 나중에는 표가 날 정도로 해쓱해졌다. 그런데도 수진 씨는 끝까지 아무런 이야기도 하지 않았다. 잘 모르겠다는 말만 반복할 뿐이었다. 마침내 수진 씨는 불면으로 집중력이 떨어져 작은 교통사고를 냈고, 이 사건을 계기로 입원 치료를 결심했다. 큰 병원에 가기 위해 필요한 의뢰서를 받으려고 병원을 찾은 날, 수진 씨가 드디어 입을 열었다.

수진 씨의 부모님은 그녀가 어렸을 때 이혼했다. 수진 씨의 어머니는 곧 다른 남자와 동거를 시작했다. 얼마 지나지 않아 그 아저씨는 수진 씨를 성추행하기 시작했다. 아직 초경도 시작하지 않은 초등학생이었기에 그게 무슨 의미인지 알지 못했지만 지독하게 싫고 불쾌한 느낌만큼은 분명했다. 엄마한테 얘기? 못했다. 엄마한테 이런 얘기하면 큰일 난다는 생각밖에 안 들었다. 엄마는 자신의 삶만으로도 충분히 힘들어서 딸에게 무슨 일이 일어나고 있는지도 잘 모를 정도였다. 수진 씨는 문제되지 않게 이 상황에서 빠져나갈 방법을 열심히 찾다가 중3이 됐을 때 지방에 있는 기업체 부설 기숙 고등학교를 알아냈다. 성적이 좋았던 수진 씨에게 엄마는 공부 열심히 해서 대학 가야지 무슨 소리냐며 나무랐지만 빨리 돈 벌고 싶다면서 고집했다.

수진 씨가 고3이 될 무렵 아저씨는 교통사고로 사망했다. 수진 씨는 장례식에 가지 않았고 자기가 겪은 이야기를 아무에게도 하지 않았다. 오늘 병원에서 꺼낸 것이 처음이고, 그 전까지 이 사실은 수진 씨 자신과 이제는 고인이 된 그 아저씨 외에는 아무도 모르는 비밀이었다.

어린 수진 씨가 겪어야 했던 일들도 충분히 마음 아팠지만 그녀가 보이는 반응에 더 마음이 아팠다. 이렇게 충격적이고 고통스러운 일들을 얘기하는데도 단 한 방울의 눈물조차 비치지 않았다. 다른 사람이 겪은 일이라 하더라도 찡그리거나 아파하는 표정이 나올 법한데 짓밟히고 상처 입었던 이야기를 하면서도 눈썹 하나 까딱 않고 슬픔을 누르고만 있다. 한편으로는 이렇게 참는 힘으로 자신을 지키고 지금의 자리까지 올 수 있었겠구나 싶었다. 수진 씨가 겪은 상실의 크기를 무엇에 비교할 수 있을까.

얼마든지 슬퍼해도 이상한 일이 아니다. 최소한의 가치조차 인정받지 못했고 어린 시절도 꿈도 다 잃어버리게 만들었으니까. 그런데도 한 조각의 슬픔조차 자신에게 허용하지 못하는 수진 씨는 눈물 한 방울에 완전히 무너져 내릴까 봐 두려워하는 사람처럼 보였다.

수진 씨의 고백

문제는 그렇게 꾹 눌러둔 마음 깊은 곳의 슬픔들이 사라지지 않았다는 데 있다. 지금의 수진 씨는 주위의 모든 사람들에게 인정받는 커리어 여성이지만 한 겹만 열고 안으로 들어가보면 피는 흘릴지 몰라도 눈물은 흘리지 않으려고 애를 쓰는 어린 소녀가 있다. 이 소녀는 자신에게 일어난 일들을 다 이해하지 못했다. 아니, 애초 이해할 수도 없는 일들이다. 그러나 이 감정에 휩쓸리면 이대로 끝이라는 건 알고 있다. 느끼지도 않은 채 눌러버린 슬픔이란 감정은 그대로 치워졌다.

만일 그때 충분히 슬퍼하고 아파했더라면 지금 우울증에 걸리지 않았을까? 그건 잘 모르겠다. 역사에는 만약이 없다고 하지 않는가. 만약 우리 조상들이 그때 그랬더라면, 하는 가정은 의미가 없다는 뜻일 터다. 한 사람의 개인 역사를 듣는 자리인 정신건강의학과에도 만약은 없다. 불가능한 '만약에'를 자꾸 찾는 동안 해결의 길은 멀어지고 불행만 가중되니 말이다. 그럼에도 수진 씨가 그때 충분히 슬퍼하면서 자신이 입은 상처를 쏟아냈더라면 이야기는 달라지지 않았을까, 하는 안타까움은 금방 떨쳐지지가 않았다.

"정말 하기 어려운 이야기인데, 꺼낸 것 자체가 참 잘한 일이세요."

침묵을 깨고 조심스럽게 말을 건넸다. 그러나 여전히 수진 씨 얼굴에는 미동도 없다. 그냥 자기 앞에 놓인 진료 의뢰서만 묵묵히 바라볼 뿐이다.

"안 아프면 이상할 만큼 심하게 아팠던 상황에서 제대로 아파해야 하는 과정이 빠졌구나 하는 생각이 들어요. 지금 수진 씨가 해준 이야기를 들으니 간단한 수면제로 잠을 잘 수 없었던 게 이해가 되네요."

"……."

"문제들을 겉으로 꺼내는 것 자체가 더 이상 그 사건의 희생자로 남아 있지 않겠다고 선언하는 것이나 다름없는 일이에요. 우리 몸을 한번 생각해보세요. 너무 깊이 다쳐서 신경까지 손상을 입으면 아프지도 않아요. 회복이 되기 시작할 때 제일 먼저 찾아오는 건 아픔이에요. 아픔을 느끼는 건 쉽지 않은 일이기는 하지만 신경이 살아나고 있다는 신호이기도 하지요. 입원해서 치료받는 동안 내가 겪어야 했던 아픔들을 잘 들여다보시고 회복된 뒤 만나 뵐 수 있으면 좋겠어요."

조용히 일어서서 진료실을 걸어 나가는 수진 씨의 뒷모습을 물끄러미 바라보는데 나지막하게 훌쩍, 하는 소리가 들리는 듯했다. 아파도 낫기를 바라는 마음이 넘쳐서 다른 소리를 착각한 건지, 아니면 이제 막 시작되는 슬픔 경험의 시작이었을지 그건 아직까지도 잘 모르겠다.

우울증과 조증을 넘나드는 원진 씨

마땅히 느껴야 할 슬픔조차 억누르는 사람들이 있는가 하면 그 반대로 흘러넘치는 우울 때문에 감당이 안 되는 사람들도 있다. 원진 씨는 지나친 감정의 과잉을 특징으로 하는 병인 양극성 기분장애로 치료받고 있다. 양극성, 이러면 좀 낯설게 들릴지 모르지만 조울증이라면 누구든 아하, 하고 고개를 끄덕일 거다. 원진 씨는 양극성 사건들을 여러 차례 겪으며 서른 줄에 접어들었다. 이제는 제대로 좀 치료를 받아야겠다고 굳은 결심을 한 상태였다.

그의 감정이 널을 뛰기 시작한 건 고3 때였다. 공부를 하려는데 집중이 안 되고 계속 불안하더니 가만히 앉아 있기만 해도 눈물이 줄줄 흘렀다. 아들이 엄마, 엄마 찾으며 매달리는데 그 아이 나이가 서너 살이면 대충 어떤 모습인지 그림이 그려진다. 그런데 아들 나이가 고3이라면? 뭔가 이상하다는 생각이 들 것이다. 평범한 고등학생이라면 엄마가 자기 생활에 간섭 비슷한 거라도 할까 봐 신경을 곤두세우고 펄쩍 뛸 테니 말이다. 원진 씨도 원래는 그랬지만 감정의 병을 앓으면서 엄마가 눈에 안 보이면 불안해 어쩔 줄 모르는 '어린아이'가 되고 말았다. 의욕도 자신감도 모두 사라져버렸다. 하루 종일 잠을 자고 일어나도 피곤했다. 친구들이 놀자고 해도 전혀 내키지가 않고 아무런 재미를 느낄 수가 없었다.

공부? 당연히 안 했다. 아니, 아무리 애를 써서 하려고 해도 할 수가 없었다. 사람들은 고3병이라고 했다. 부모님은 처음엔 정신 차리라고 야단을 쳤다. 그래도 못 하면서 쩔쩔 매고 있으니까 그냥 다 포기하고 마음 편히 먹고 쉬라고 하셨다.

공부에서 손을 놨다고 마음이 편한 것도 아니었다. 방 안에 드러누워 있는 원진 씨 머릿속에는 노숙자가 되어서 구걸을 하는 미래의 모습이 자꾸만 떠올랐다.

그렇게 겨울이 가고 봄이 됐다. 원진 씨는 서서히 회복되었다. 그땐 병인 걸 몰랐지만 이것이 첫 번째 우울 삽화였다. 재수 끝에 대학에 갔고 군대도 갔다. 처음에는 잘 지냈다. 그러다 제대를 얼마 앞둔 상황에서 서서히 가라앉는 감정을 느꼈다. 자기 자신이 완전 엉터리이며 아무것도 제대로 하는 게 없는 쓰레기라는 생각이 머릿속을 가득 채웠다. 자려고 누우면 피곤한데도 잠이 오지 않았고 밥만 너무 많이 먹어서 체중이 자꾸 불어났다.

그 무렵 부대 내에서 자살 사고가 발생했다. 우울증이었다고 했다. 처음으로 원진 씨는 자기도 병 때문에 감정 변화를 겪는 걸지 모르겠다는 막연한 생각을 했다. 제대하고 복학하기 전까지 푹 쉬는 동안 그의 우울은 다시 회복되었고 원래의 자기 모습으로 돌아왔다. 이 때가 두 번째 우울 삽화였다.

복학해서 늦깎이 대학생이 되고 얼마 지나지 않아 원진 씨는 다시 정서 장애를 겪었다. 그런데 이번에는 조증이었다. 우울증이나 조증이나 똑같이 기분 장애에 속하는 병이다. 처음에는 학교에 잘 적응해서 기분이 좋아지는 줄로만 알았다. 기분만 좋아지는 게 아니었다. 잠이 조금씩 줄어들었다. 우울증 때와는 전혀 다른 게, 잠을 못 자도 어찌된 일인지 피곤하지가 않았다. 몸속에서 에너지가 샘솟는 기분이 들었다. 이 학교를 졸업한 사람 중에 제일 잘 나가는 사람이 되어야겠다고 결심했다. 도서관에 가면 다 읽지도 못할 책들을 빌려왔다. 책을 읽어도 머릿속에 생각이 너무 많아 정리가 잘 안 됐다. 그래도 상관없었다. 이미 원진 씨는 아무도 존재를 모르던 '초천재'가 바로 자기라는 생각에 빠져들었다.

마침내 거대한 사업 계획을 세우고는 부모님께 돈을 대달라고 했다. 초기 자본으로 10억쯤 필요하다면서 장황하게 떠들어대는 원진 씨는 이미 정상이 아니었다. 말도 안 되는 소리 집어치우라는 아버지의 말 끝에 거칠게 덤벼들며 집안 물건을 부수는 장면에서 원진 씨는 제동이 걸렸다. 마침내 그는 정신과 치료를 받기 시작했다. 약물 복용이 시작되었고 풍선에서 바람이 빠져나가듯 원진 씨는 확 가라앉았다. 사소한 일에도 가슴이 두근두근했고 식은땀이 날만큼 마음이 불안했다. 머리는 멍하고 집중이 잘 안 됐다. 다시는 원래의 자신으로 돌아갈 수 없다는 생각과 함께 한동안 잊었던 노숙자 생각이 찾아들었다. 병원에서는 이게 다 과정이라고 했다. 조증을 앓다가 치료를 받으면 한번 푹 가라앉았다가 좋아지는 사람들이 있다고 했다. 믿기 힘들었지만 제발 사실이었으면 좋겠다고 생각했다. 그리고 서서히 회복이 찾아왔다.

우울증이나 조울증은 감정에 생기는 장애 가운데 대표 격이다. 그 중에서도 조울증은 약물 복용을 포함한 치료를 반드시 받아야 하고, 안 그러면 계속 재발에 시달린다는 특징을 갖고 있다. 원진 씨는 다시 우울해지기 시작하려고 할 때 병원을 찾았다. 감정이 오르내리는 통에 지쳐버린 원진 씨는 이미 너무 많은 것을 잃은 뒤였다. 친구들도 모두 떠나갔고 이렇다 할 경력도 쌓지 못했다. 원진 씨 이야기를 들으면서 안타까운 마음이 들었다. 처음 한두 번 아플 때 치료를 제대로 받았더라면 어땠을까. 후회해봐도 시간을 다시 돌이킬 수는 없어서 마음을 다독이고 있는 원진 씨에게 이야기했다.

"늦었다고 생각할 때가 가장 빠른 때라고 하잖아요. 그 사이 쭉 지켜보니 그 말이 정말 맞더라고요. 지금부터 잘 조절해서 다시 감정의 병에 휘둘리지 않도록, 그렇게 목표를 잡고 같이 노력하시면 되죠."

자신의 슬픔을 마주보기로 결심한 유정 씨

병적으로 오르내리는 슬픔과 우울, 조증 증상은 생판 모르는 남 이야기처럼 마냥 낯설게 보일지 모르겠다. 그러면 일상 속에서 만날 수 있는 슬픔은 어떤 모습으로 나타나는지 살펴보자.

유정 씨는 최근 오랜 만에 대학 시절 친구들을 만났다. 아직도 대학 신입생 때 모습이 생생하게 떠오르는데 벌써 삼십대 중반을 넘어가는 나이가 됐다. 친구들 중 한 명은 학교 다니던 중에 일찍 결혼했다가 1년이 안 되어 헤어지는 아픔을 겪었다. 또 다른 한 명은 최근에 어머니를 암으로 여의었다. 또 한 명은 다행히도(!) 특별한 사건을 겪지는 않았지만 과중한 직장 일에 시달리면서 동시에 치열한 워킹맘으로 생활하는 어려움이 컸다.

문득 유정 씨의 마음에 가벼운 슬픔이 스쳐 지나간다. 대학 다니던 그 시절에는 상상조차 하지 못했다, 나이가 든다는 게 어떤 것인지를……. 어디서 읽은 건지 기억은 잘 안 나지만 무라카미 하루키의 글이 분명한 문장 하나가 떠올랐다. 이십대에 한참 글을 쓰면서는 자기도 20년이 지나면 사십대가 될 거란 사실을 실감하지 못했다던가. 아직 사십대가 된 건 아니지만 이 말에 뭉클하니 공감이 되었던 건 나이의 무게가 느껴진다는 뜻이 아닐까. 그러고 보면 친구들의 모습에서 세월의 흔적이 조금씩 묻어나 보인다. 왠지 모르게 안쓰럽다는 생각이 들었다.

유정 씨는 자신이 천천히 잃어가고 있는 이 땅 위의 시간들을 생각해보았다. 앞에서 했던 설명처럼, 이는 중요한 상실이다. 유정 씨와 그 친구들은 요새의 평균 수명으로 계산한다면 살아온 날보다 살아야 할 날이 더 길다. 그렇지만 그들 모두 젊음을 잃어가고 있다. 함께했던 날들도 점점 빛이 바래는 사진과 같다. 이전에는 함께하는 현재의 삶을 나누며 즐거웠는데, 이제는 "그때 참 재미있었지?"와 같은 추억을 나누는 쪽으로 옮겨가고 있다.

모두들 하나씩 잃는 것들이 생긴다. 어느 해 이른 봄, 하늘나라로 떠나신 친구의 어머니가 생각난다. 이제는 미소 한 장면만으로 기억되는 모습에 가슴 아프다. 친구 입장에서도 그리운 마음이 드는데, 엄마를 잃은 당사자는 오죽 마음이 아플까.

결혼 생활을 망친 친구는 또 어떤가. 이 친구는 애교 만점이라 어떤 모임에서도 최고의 인기를 누렸다. 친구들 가운데 첫 결혼이라 모두들 흥분했던 그날이 생각난다. 그러나 결과는 쓰리고 아팠다. 결혼 1주년도 채우지 못한 파경. 어느 쪽에 잘잘못이 있는지를 떠나서 친구는 행복한 결혼 생활이라는 꿈을 잃었다. 나름 씩씩하게 버티고 선 모습이 대견하기는 하지만 그렇다고 상처가 아프지 않은 것은 아닐 거다.

또 한 친구, 소위 말하는 슈퍼우먼. 그렇지만 '슈퍼'라는 말을 위해 친구는 자기 자신의 삶을 잃었다. 혼자 조용히 책 읽으면서 차 한 잔 마시는 게 그 친구의 소박하지만 거창한 꿈이란다. 직장에서 돌아오면 초등학생 두 딸을 위해 숙제를 봐줘야 한다. 집안 살림 돌보고 남편 챙기고 정신없이 동동거리다가 피곤에 절어 쓰러지듯 누우면 숨 돌릴 틈도 없이 내일이 찾아왔다. 직업적인 성취도 사랑스러운 두 딸도 다 놓을 수 없는 소중함이다. 이들을 떠올리면 뿌듯하지만 문득 마음 한구석이 서늘해질 때가 있다. '나는 대체 어딜 향해 가고 있는 거지? 제대로 가고 있는 게 맞나?'

이런 생각을 하는 동안 유정 씨 마음에 잠깐 슬픔이 깃들었지만 그래도 미소를 잃지 않는다. 살면서 자꾸 잃는 게 많아지다 보니 슬퍼할 일도 줄어들지는 않을 것 같다. 그러나 이왕 만나야 할 감정이라면 애써 안 그런 체할 필요가 없다는 마음이 들었다. 슬픔이 겁나서 아무렇지도 않은 듯 묻어버린 감정에 더 오래 아팠다는 기억이 났다.

대학교 2학년 때였을 거다. 그로부터 헤어지자는 편지를 받던 날. 친구인지 연인인지 애매한 사이였지만 유정 씨는 그가 마냥 좋았다. 만나는 것도 헤어진 것도 아니던 그와의 관계는 그렇게 짤막한 편지 한 장으로 끝났다. 아직도 그날의 날씨, 오싹하게 차가운 가을비까지 생생하다. 그때도 이 친구들이랑 같이 있었다.

"무슨 편지야?"

"별 거 아니야. 우리 어디 가서 따뜻한 차나 한 잔 마시지 않을래?"

마음속에 바깥보다 더 차가운 비가 내리고 있는데도 내색조차 하지 않았다. 지금 유정 씨는 행복한 가정을 꾸리고 만족하며 살고 있다. 그럼에도 불구하고 슬프다는 말 한 마디조차 하지 않았던 그 때의 아픔은 지금까지 또렷하게 남아 있다. 막상 떠나간 그에 대한 기억은 별로 남은 바가 없는 것과 반대다.

그런가 하면 그들 모두가 공유하는 슬픔의 기억도 있다. 무슨 시험을 준비한다면서 도서관에서 살던 복학생 선배. 연이은 낙방이 그렇게나 고통스럽고 버거웠을까. 선배는 어느 추운 날 학교에서 자살했다. 각자 자기 삶을 준비하느라 바빠 보이기만 하던 사람들이 다 모여서 울었다.

발인하던 날, 한 친구가 같이 기도하자고 흐느끼면서 제안했다. 평상시에 별로 '종교적이지' 않아 보이던 친구라서 그 말은 더 위엄 있게 들렸다. 신앙 여부와 상관없이 다 함께 손을 잡고 울면서 기도했다. 안타까움, 죄책감, 슬픔, 미안함…… 등등 다양한 감정이 뒤섞인 눈물이 쏟아졌다. 그 자리에 함께 있던 사람들은 그들이 다 같은 마음으로 하나임을 느꼈다. 화장장에서 돌아오자마자 본래의 위치로 흩어졌지만 그들은 더 이상 혼자서 죽음을 선택하는 사람이 없어야 한다는 무언의 합의에 도달해 있었다.

슬픔을 마주보기로 한 유정 씨에게, 참 잘 결정했다고 말해주고 싶다. 슬픔의 경험 앞에 있는 모든 사람들에게 권해주고 싶은 것도 바로 이것이다. 슬픔을 느끼게 될까 봐 두려워하며 자꾸 움츠러들지 말자. 내 앞에 다가오는 감정이 감당하기 힘든 슬픔처럼 보이면 마치 거북이처럼 등딱지 속으로 머리와 손발을 다 오므려 넣고 싶을 거다. 그 마음은 이해가 간다. 하지만 그런다고 슬픔이 저절로 사라지는 건 절대로 아니다.

슬픔을 억누르지 않고 지혜롭게 다스리는 방법

슬픔은 꼭 나쁜 것만도 아니다. 슬픔 자체에 도움이 되는 기능들이 들어 있다. 다 함께 손잡고 울던 그들처럼, 슬퍼하는 사람들은 서로에게서 공감을 경험한다. 함께하면 좋겠지만 혼자 슬퍼하는 것도 의미가 있다. 아파보지 않은 사람은 다른 아픈 사람의 마음을 결코 이해하지 못한다.

아픈 마음으로 울어본 사람이야말로 진정한 의미의 위로자가 될 수 있다. 슬퍼하는 동안 우리는 자신을 돌아보게 되고 자기가 왜 실패했는지 그 이유를 헤아리게 된다. 그래서 질병에 도달할 정도의 우울이 아닌, 겪을 만한 슬픔이 찾아온다면 이리저리 숨기보다 받아들이기를 권하고 싶다.

받아들이는 방법은 이렇다. '아, 내가 지금 슬프구나. 무언가 잃었구나. 언젠가 겪었던 내 아픔이 이런 식으로 지금의 나에게 영향을 미치는구나.' 이후에는 슬픔을 잘 표현해야 한다. 적당한 표현이 중요하다. 우는 소리를 하면서 자신을 영원한 희생자의 자리에 두는 것은 바람직하지 않고 건강하지 못한 일이다. 슬픔을 억지로 누르지 말고, 일부러 웃는 얼굴이나 좋은 모습만 보이려 하지 말고, 내 안에서 슬픔이 어떤 영향을 주는지 가만히 느껴보자. 어느 정도가 적당한지 모르겠다면 기간을 정해보는 것도 방법이 된다. 마음속으로 정해둔 기간이 지나면 그때는 봄을 기다린 나무들이 연둣빛 싹을 틔우듯 자리를 털고 일어나보자. 조금 더 많이 움직이고, 내가 원래 느끼던 즐거움이 어떤 것들이었나 느껴보자. 풀 죽은 채 웅크려 있느라 뻐근해진 몸을 털고 일어나보자.

병적인 우울로까지 깊어지지 않았다면 슬픔을 담아내는 동안 내 마음속은 깊이로 한 뼘 더 자랐을 거다. 이전에는 대수롭지 않게 보이던 주변이 놀라운 감사의 면면으로 보이기 시작하는 때가 바로 이때다. 왜냐하면 겨울을 견디어 낸 여린 생명들처럼, 슬픔을 견디어 낸 나는 나이테 하나를 더하고 더욱 단단한 사람으로 자라났기 때문이다.

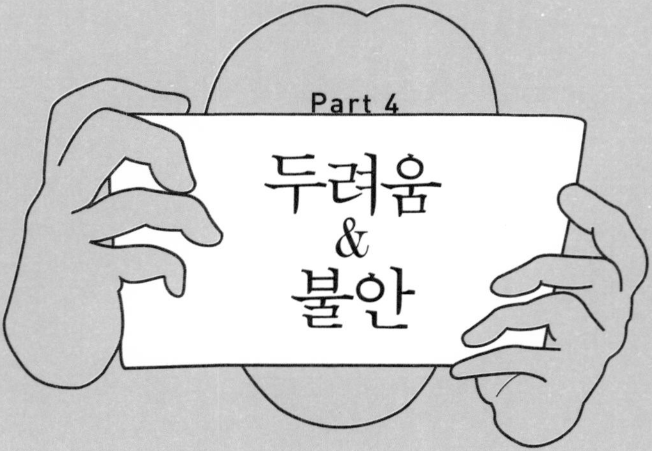

Part 4
두려움 & 불안

'정신 차려! 위험이 닥쳐오고 있다'라는 신호, 불안과 두려움

'후~ 내가 이걸 해낼 수 있을까?' 나름 씩씩하게 잘 살아왔다고 자부했다. 그런데 지금 맡겨진 일을 하려는 결정적인 순간, 겁에 질린 어린아이가 가슴속에서 고개를 들고 일어난다. 아이의 눈이 점점 커진다. 실패에 대한 두려움. 거절에 대한 두려움. 코앞에 닥친 상처의 두려움. 이번에 만나는 감정은 두려움이다. 두려움은 현실적인 위협이나 위험에 대한 반응으로 나타나는 감정이며 몸과 마음 모두의 변화와 더불어 나타나는 불유쾌한 감정 상태로 정의된다. '두렵다'라는 말은 둘러싸인다는 의미의 '두르다'에서 나왔다고 한다. 나를 공격하는 적에게 둘러싸였을 때 느끼는 감정이 두려움인 셈이다.

약속 시간까지 얼마 남지 않아 허둥대며 가는 길, 올림픽대로 위에서 앞차가 이상할 정도로 느릿느릿 움직이고 있다. 짜증이 나서 경적을 빵빵 울렸다. 여기까진 약간의 분노와 짜증이었다. 그런데 다음 순간 앞 차가 갑자기 급브레이크를 밟으면서 그 자리에 우뚝 선다. 깜짝 놀라 추돌하지 않으려고 급정지했다. 그런데 앞 차 문이 열리면서 덩치 크고 험악하게 생긴 아저씨가 내린다. 여기서부터는 두려움이다. 가슴이 콩닥콩닥 뛰기 시작하고 말 그대로 '뒷골이 당긴다.' 현기증이 나면서 입 안이 바싹 마른다. 이들은 두려울 때 몸에 나타나는 현상이다. 뇌도 가만히 있지 않는다. 이 사태에 어떻게 대처해야 할 것인가 온갖 생각들이 뒤죽박죽되고 그냥 피해서 갈 걸 하는 뒤늦은 후회가 솟구치며 와락 겁이 나 어쩔 줄을 모르겠다.

두려움과 비슷하면서 약간 다른 감정으로 불안이 있다. 불안은 자신의 내·외부에서 위험을 예견하면서 나타나는 염려와 걱정의 느낌이다. 두려움과 불안에 대해 조금 더 설명해보겠다. 불안과 두려움 둘 다, '정신 차려! 위험이 닥쳐오고 있다'라는 신호를 보낸다는 점에서는 똑같다. 정신 구조 속에 자리 잡은 일종의 화재경보기나 마찬가지다. 이 위험은 사람마다 상황마다 다 다르다. 실제 화재경보기라면 불이 날 때를 위험으로 인식한다.

그러면 정신세계에서는 어떨까? 누군가에게는 눈이 와서 미끄러운 길이 위험이고 누군가에게는 바닥이 드러나고 있는 통장이 위험이다. 또 누군가에게는 사랑받지 못하는 것이 위험이며 누군가에게는 느닷없이 날아드는 비둘기가 위험이다. 신호의 궁극적인 목적은 생존이다. 살아남아야 하기 때문에 신호가 울리는 셈이다. 다시 말해, 다양한 위험들에 적절히 대응하고 지혜롭게 극복할 방법을 찾아 실행에 옮길 수 있도록 하기 위해 비상벨이 울리는 것이다. 예컨대,

화재를 감지해서 경보기가 울린다면 시끄럽고 요란한 소리에 깜짝 놀라기야 하겠지만 불 난 걸 모르고 있다가 심각한 피해를 입는 것보다는 백 배 낫다.

우리 안에 울려 퍼진 경고 신호는 어떤 방법들을 찾아낼까? 미끄러운 길을 조심해서 천천히 걷게 하거나, 경제적인 어려움을 극복하기 위해 좀 더 열심히 일하든지 씀씀이를 줄이든지 해야겠다는 결심을 하게 만든다. 자신을 버리고 떠나가는 연인을 붙잡기 위해 비굴함을 무릅쓰고 매달릴지 아니면 쿨하게 뒤돌아설지 결정하게 하거나 뛰어 도망쳐서라도 비둘기를 피할 방법을 찾게 만든다. 이들 위험의 대상에 약간씩 차이가 있다는 사실이 눈에 보이는가? 눈 덮인 길, 바닥난 잔고, 비둘기는 눈에 보인다. 반면 다른 사람의 사랑은(물론 미소나 포옹처럼 눈에 보이는 요소가 없는 건 아니지만) 그렇게 확실히 보이는 대상이 아니다.

두려움을 담당하는 뇌의 자리, 변연계

두려움과 불안이 나뉘는 지점은 걱정하는 대상이 갖고 있는 특성이 무엇인가 하는 것이다. 두려움은 분명히 드러나는, 잘 알려진 외부 위협에 대한 반응이다. 도망치거나 회피하는 등의 대처 행동도 비교적 분명한 편이다. 이와는 달리 불안은 정확히 잘 모르는 모호한 내부 위협에 대한 반응이다. 대처 역시 분명하게 하기 곤란한 경우가 많다. 그렇지만 불안과 두려움을 딱 잘라서 구별하기 어려운 경우도 꽤 있다. 겉으로 드러나는 모습은 비둘기에 대한 두려움이지만 사실은 비둘기와 함께 떠오르는 누군가에 대한 공포와 불안이 비둘기로 대치되어서 나타날 수도 있다.

애매모호한 면이 분명 존재하지만 그럼에도 불구하고 불안과 두려움을 나눠서 생각해보는 건 의미가 있다. 앞 차에서 내린 운전자 아저씨가 다가올 때 느끼는 두려움이라는 감정과 입사 면접 심사관이 자신에게 질문을 던질 차례가 되었을 때 느끼는 불안은 차이가 있으니 말이다.

두려움은 누구에게나 매우 익숙한 감정이다. 생애 초기부터 나타나는 가장 기본 감정을 꼽으라면 분노와 두려움이 들어간다. 그렇게 보면 두려움은 아기 때부터 아주 오랫동안 함께해온 감정이다. 적절하다면 생존을 책임지는 파수꾼 역할을 하지만 지나친 경우에는 삶을 움츠러들게 만드는 훼방꾼이 되기도 한다.

출생 직후의 신생아가 보이는 반사 가운데 '놀람 반사'라는 게 있는데 커다란 소리가 들렸을 때 깜짝 놀라면서 몸을 움츠리는 현상을 말한다. 그렇지만 모든 놀람 반사에 두려움이 포함되는 건 아니다. 비교적 형태를 갖춘 불안이 나타나려면 적어도 생후 7~8개월은 되어야 한다.

이 시기에는 '정상적인' 불안을 보이게 되는데, 분리 불안Separation Anxiety과 이인(異人, 낯선 사람 – Stranger Anxiety) 불안이 여기에 속한다. 분리 불안은 엄마와 떨어질 때 느끼는 불안이다. 자신이 엄마와 한 덩어리라고 생각하던 아기가 독립적인 개체라는 것을 깨닫기 시작한 뒤에야 비로소 나타난다. 대개 생후 8~12개월 사이에 시작되며 15개월 무렵에 가장 심해진다. 이 무렵의 아기는 보호자(대개의 경우 엄마)로부터 자신이 분리될 수 있다는 사실은 이해하지만 엄마가 돌아온다는 사실이나 시간의 개념은 이해하지 못한다. 그렇다 보니 엄마가 자신을 두고 자리를 비우면 아기는 불안해서 울고 악을 쓰면서 엄마를 찾는다.

이인 불안은 낯선 사람을 처음 만나게 되었을 때 아이가 경험하는 불안이다. 주로 생후 6개월에서 12개월 사이에 두드러지게 나타난다. 처음에는 조용해지면서 낯선 사람을 뚫어지게 바라보다가 울거나 다른 소리를 내면서 저항하고 부모 뒤에 숨는다.

한편 두려움은 어린아이들이 두려움을 느낄 '필요'가 생길 때 나타난다고 한다. 즉, 낯선 사람에 대한 두려움은 아이가 자기 스스로 움직일 수 있게 되어서 낯선 사람을 만날 가능성이 생길 때에만 나타난다. 그렇게 생각한다면 두려움은 우리를 보호하는 효과가 있는 셈이다.

아이의 성장에 따라 두려움의 대상도 변한다. 학교에 들어가기 전이라면 귀신이나 괴물을 두려워하고, 어둠 같은 것을 무서워하며, 초등학교 고학년이 되면 살인 같은 것을 두려워한다. 십대가 되면 거절을 당하거나 놀림을 당하지는 않을까, 혹은 다른 사람들이 자신을 한심하다고 생각하지는 않을까 걱정한다.

정상적인 두려움이라면 부모가 잘 가르쳐주는 것만으로도 충분히 극복된다. 교육을 통해 아이들은 자기가 갖고 있는 두려움을 극복하고 반응을 조절하는 방법을 배운다.

두려움을 담당하는 뇌의 자리는 감정의 뇌로 잘 알려진 변연계Limbic System다. 동물 실험에서 변연계를 전기로 자극하면 분노 반응이 나타난다. 자극의 정도가 어떤지에 따라 동물은 도망칠 것인지 덤빌 것인지를 선택한다. 적당한 두려움을 느낀다면 덤벼들 것이고 심한 두려움을 느낀다면 도망칠 거다. 이게 바로 '투쟁 혹은 도피Fight-or-

Flight' 반응이다. 조금 더 세분하는 경우에는 얼어붙은 듯 멈춰 서는 현상Freeze을 추가하여 '3F'라고 하기도 한다.

두려움은 자율 신경 가운데 교감 신경계를 흥분시켜서 심장이 열심히 피를 뿜어내고 호흡은 빨라지게 한다. 넓적다리와 종아리로 혈액이 다량 공급되는데, 싸우든 도망치든 근육의 활동은 필요하기 때문이다. 지독하게 두려우면 머리카락이 쭈뼛하거나 몸에 소름이 돋기도 한다. 동물 실험에서와 비슷하게, 우리들 역시 두려움을 어느 정도로 경험하느냐에 따라 맞서 싸울 것인지 아니면 얼른 도망치는 게 상책일지 결정하게 된다.

자동차를 급정거해야 했던 올림픽대로로 다시 돌아가보자. 만일 견딜 만한 두려움이라고 느낀다면 주먹을 불끈 쥐고 일대 결전을 준비하게 된다Fight. 두려움이 지나치다면 옴짝달싹 못할 수도 있다Freeze. 아니면 얼른 차를 후진해서 도망치는 게 나을까Flight? 이들 가운데 자신에게 가장 적절한 선택을 해야 한다.

자, 그러면 불안과 두려움의 뿌리를 따라 좀 더 깊이 들어가보자. 정신분석적으로 불안을 설명한 사람들 가운데 가장 유명한 사람은 프로이트로, 앞에서 설명한 화재경보기, 즉 '위험 신호'로서의 불안 개념을 제시한 사람이 바로 그다. 프로이트의 이론에 따르면 무의식에 들어 있는 성적性的, 공격적 소망과 충동들이 외부 현실과 초자아로부터 '그러면 안 돼!'라는 제재를 경험하게 되는 상황에서 불안이 발생한다고 한다.

불안 신호가 발생하면 이에 대한 반응으로 자아가 방어 기전을 작동시킨다. 이를 통해 받아들일 수 없는 생각과 느낌들이 의식 속으로 들어오는 것을 막아낸다. 심리나 정신분석 쪽을 공부한 사람이 아니라면 막연하고도 혼란스러운 이 말들이 대체 무슨 뜻인지 잘 모르는 게 당연하다. 민형 씨의 이야기를 통해 천천히 의미를 이해해 보기로 하자.

민형 씨는 30대 중반의 남성이다. 그는 초등학교 때부터 공부를 잘했다. 고2까지도 우수한 성적을 한껏 뽐내며 잘나갔다. 대단한 대학에 붙어서 학교에 플래카드라도 붙을 거라고 다들 말했지만 고3 1학기 중간고사부터 성적이 뚝뚝 떨어졌다. 가족들은 소위 '고3병'에 걸렸나 걱정했고, 담임선생님은 민형 씨가 느닷없이 연애를 하는 식으로 엉뚱한 데 빠진 게 아닌가 걱정했다. 제일 당황한 것은 민형 씨 자신이었다. 그리고 그는 자기가 왜 그러는지 그 이유를 잘 알고 있었다.

고3이 되면서 민형 씨는 같은 동네에 사는 대학생 형에게 과외 수업을 받았다. 그런데 언제부터인가 그 형과 몸이 닿는 게 조금씩 불편해지기 시작했다. 시선 처리도 불편했다. 책만 쳐다보자니 사람을 무시하는 것처럼 보일까 봐 신경이 쓰였다. 그렇다고 형만 쳐다보자니 왜 그렇게 자신을 빤히 쳐다보느냐고 한소리를 들을까 봐 적잖이 신경이 쓰였다. 좀 지나면 괜찮겠지 했는데 시간이 가면서 오히려 더 심해졌다. 시선을 어디에 둘지 몰라 안절부절 못하는 걸 선생님이 눈치 채고 불편해하는 것 같았다.

이런 불편은 범위가 점점 더 넓어졌다. 학교에서도 수업 시간에

칠판을 봐야 할지 선생님을 봐야 할지 전전긍긍하느라 집중할 수 없었다. 이런 증상은 집에 혼자 있거나 가족들과 있을 때에는 나타나지 않았지만 조금만 낯설고 어색해도 금방 불편을 겪었다. 나중에는 도서관에 앉아서 공부할 수도 없고 (앞자리에 앉은 사람이 자기 때문에 불편해하는 느낌이 들어서) 전철을 타서도 자리에 앉을 수가 없었다(맞은편에 앉은 사람과 시선이 마주치기 때문에). 결국 민형 씨는 대입에 실패했고, 재수 삼수 끝에 대학 진학 자체를 완전히 포기했으며, 자신의 인생까지 포기하다시피 한 채 되는 대로 살다가 지푸라기라도 잡는 심정으로 병원을 찾았다.

“그 형에게 느낀 감정이 성욕일까 봐 두려웠어요”

민형 씨는 ‘사회 불안’, 혹은 ‘사회 공포증’ 이라고 불리는 병을 앓고 있다. 이 병의 경우, 이름에 두려움(공포)과 불안이 그대로 들어 있다. 병원에서 상담할 때도 민형 씨는 책상 건너편에 앉은 치료자의 시선이 불편해서 어찌 할 바를 몰랐다. 만일 보통의 사회적인 상황이라면 민형 씨의 시선 때문에 실제로 불편을 느끼는 사람이라 하더라도 “저를 그렇게 빤히 보시니 불편하군요”와 같은 말을 하기는 쉽지 않을 것이다.

그렇지만 진료실에서라면 가능하다. 그의 시선이 정말로 불편하게 느껴지면 꼭 얘기하겠노라고 거듭 약속했다. 그러고도 많은 시간이 흐른 뒤에야 민형 씨는 자신의 얘기들을 꺼내기 시작했다. 물론 여전히 자기 무릎만 바라보는 상태였지만 말이다. 무척이나 망설이다가 겨우 꺼낸 이야기는 이랬다.

"그 형에게 느낀 감정이 성욕일까 봐 두려웠나 봐요."

당시 십대 소년이었던 민형 씨는 성 호르몬 증가에 따른 자연스러운 현상인 성욕의 증가를 경험하고 있었다. 항상 자신에게 최고가 될 것만 요구하는 냉정한 부모님과 달리 과외 선생님은 항상 멘토처럼 따뜻한 격려를 주었다. '나는 과외 선생님이 참 좋다!' 생각하던 민형 씨는 문득 엉뚱한 생각이 들었다. '내가 형에게 동성애적인 감정을 품고 있는 건 아닌가?' 마음 밑바닥에 있는 충동이 꿈틀 움직이는 게 느껴지는 순간이었다.

사실 민형 씨는 한 번도 동성에게 마음 끌린 적이 없는 사람이다. 그럼에도 불구하고 '만약 정말이면 어쩌지?' 하는 불안은 민형 씨를 견딜 수 없게 만들었다. 무의식속에 자리 잡은 막연한 소망과 충동은 미처 올라오기도 전에 '동성애? 말도 안 돼! 어디서 감히?' 하는 초자아의 철퇴를 맞고 주저앉았다. 하지만 한 번 자라난 불안은 그대로 사라지지 않았다. 과외 선생님에 대한 호감이 성적 욕망일까 봐 두려웠던 속마음은 사회 불안으로 탈바꿈했다.

앞에서 난해하게 들리던 말들이 이제 이해가 될 것이다. 무의식속에 있는 소망과 충동들은 대개 성적이고 공격적인 내용들이다. 우리 마음 깊숙한 곳에 있는 무의식을 꽉 닫힌 창고로 상상해보자. 창고 안은 그야말로 '원초적 본능'으로 가득하다. 본능적인 소망과 충동이 구금 상태를 벗어나려고 호시탐탐 기회를 노리고 있다가 드디어 빠져나온다. 그 순간 '말도 안 돼!', '미쳤어?', '큰일 날 소리!'와 같은 금지를 만난다. 가로막는 건 현실일 때도 있고 초자아일 때도 있다. 화가 났을 때 앞 사람을 한 방 때리고 싶어도 '그랬다가는 돈이 더 들어가!' 하면서 말린다면 현실이고, '착한 사람이라면 그러면 안 되지' 하면서 말린다면 초자아다.

겉으로 튀어나오려고 꿈틀거리는 충동의 움직임이 격해지면 요란하게 경보 신호가 울리는데, 이것이 불안이다. 불안이 느껴질 때 현실에 충실한 자아는 자신을 지키기 위해 방어 기전을 작동시킨다. 결코 햇빛 아래 드러나는 꼴을 보고 싶지 않았던 창고 출신의 생각들(본능적 충동들)이 나의 세계 속으로 들어오는 일을 막는 게 방어 기전의 역할이다. 잘 활용한다면 꽤 쓸모 있는 대처가 된다.

본능이 확 드러나는 장면은 그다지 유쾌하지 않은 경우가 많기 때문이다. 생각해보라. 폭력과 성이 난무하는 건 잘 처리하면 멋질지 몰라도 잘못 처리하면 구역질만 일으키기 십상이다. 이때 사용되는 방어 기전은 개인의 성격 특성과 두려움·불안의 성격에 따라 다르다.

민형 씨가 겪는 사회 불안에서 주로 사용되는 방어 기전은 전치, 투사, 회피 등이다. 이들을 하나씩 설명해보겠다. 전치轉置, displacement는 진짜 대상이 아닌 다른 대상으로 불안과 같은 감정들을 옮겨놓는 것이다. 투사投射, projection는 나의 내면으로부터 올라오는, 받아들일 수 없는 충동들을 마치 내가 아닌 다른 사람이나 다른 것에서부터 비롯된 것처럼 느끼고 반응하는 것이다. 회피는 위험한 상황이나 대상으로부터 가능한 한 안전거리를 유지하려고 하는 것이다. 민형 씨를 통해서도 이러한 방어 기제들이 사용되는 모습을 볼 수 있다. 민형 씨는 과외 선생님에게 연정을 느끼고 있을지 모르는 자신이, 다

정해서 호감이 가는 선생님이 겁났다. 이런 생각이 불편하고 힘드니까 민형 씨의 자아는 다른 사람들, 예를 들면 도서관에서 우연히 만나는 사람들이나 전철을 함께 탄 사람들에 대한 불안으로 그의 충동을 바꾸었다(전치).

이것만으로 마음이 편해지지 않았던 민형 씨는 자기가 불편한 게 아니라 그들이 자신에게 불편을 느낀다고 받아들였다(투사). 시선을 마주치는 데 불편을 느끼니까 어떻게든 사람들과 어울릴 기회를 줄임으로 자신의 불안을 다루었다(회피). 참, 그가 회피한 대상이 하나 더 있다. 민형 씨의 부모님은 공부에 대한 부담이 커서 저러나 보다 하면서 과외를 그만두게 했다. 과외 선생님과 거리를 두는데 이보다 더 확실한 방법은 없었을 것이다.

우리나라에는 사회 공포증이 적다고?

사회 공포증은 흔히 십대 후반에 생기는 병이다. 민형 씨처럼 심각한 경우는 아니더라도 사회적인 상황에서 불안과 두려움을 느끼는 사람들은 생각보다 적지 않다. 그런데 막상 우리나라 사람들을 대상으로 얼마나 많은 사람들이 이 병을 앓고 있는지(이를 유병율 이라고 한다) 조사해보면 의외로 낮은 수치가 나온다.

정신과학에서 가장 널리 사용되는 교재인『Synopsis of Psychiatry』란 책에는 사회 공포증을 평생 동안 앓을 가능성이 국가별로 정리되어 있다. 이에 따르면 사회 공포증의 평생 유병율은 미국인 13.3퍼센트, 한국인 0.5퍼센트다. 산술적으로만 생각하면 미국인들이 한국인보다 26배나 사회적인 불안을 경험하는 것처럼 보인다. 이 숫자를 어떻게 해석해야 할까? 그만큼 한국인들이 사회적으로 두려움이 적고 잘 적응하며 지낸다는 걸까?

사회 공포증이 치료가 필요한 병이라는 개념을 우리나라에 맨 처음 소개한 사람은 정신건강의학과 전문의인 이시형 박사로 인정된다. 한국출판마케팅연구소 소장 한기호는 이시형 박사를 이와 같이 소개한다.

> 1980년 12월부터 컬러텔레비전 방영을 시행한 5공 정부는 82년에는 통행금지를 해제하고 교복 자유화 조치를 시행합니다. 그리고 컬러화 시대에 적당한 콘텐츠로 82년 프로야구, 83년 프로축구와 천하장사 씨름대회를 출범시킵니다.
>
> 컬러텔레비전의 화려한 영상과 포르노테이프의 현란함에 넋을 놓는 사이에 이시형 박사가 등장합니다. 미남 정신과 의사였던 그가 컬러풀한 옷을 입고 텔레비전에 출연해 남을 지나치게 의식하는 소극적 성격의 한국인에게 "우리도 이제 기를 좀 펴고 자신 있게 살자. 그렇게 살다 보면 남에게 신세를 질 수 있고 도움을 줄 수 있다"고 조언하자 사람들은 열광하기 시작했지요.
>
> 이시형 박사의『배짱으로 삽시다』는 80년대 초반의 출판시장을 강타합니다. 때마침 '배짱의 화신'인 큰손 장영자가 나타나 50대 남자들의 욕망을 크게 자극하는 바람에 이 책이 대대적으로 팔리면서 대중은 산업시대에 걸맞은 인간형으로 개조할 움직임을 보입니다. 여성용 '배짱으로 삽시다'인『자신 있게 사는 여성』까지 내놓은 이 박사는 1980년대 내내 독보적 존재로 군림했습니다.

마실 물을 찾는 사람은 목이 마른 사람이고 볼 일이 급한 사람 눈에 화장실 표지판이 더 잘 들어온다. 사회 불안을 전문으로 다룬 책에 대한 수요가 이만큼 많았다는 건 우리나라 사람들이 사회적인 불안으로 적잖이 고생하고 있었다는 의미일 수 있다.

그런데 사회 공포증의 유병율은 왜 그렇게 낮게 나타날까? 아까 그 책을 다시 보면, 사회공포증 유병율이 1퍼센트 미만(정확하게는 0.6퍼센트)인 나라가 하나 더 있으니 문화적 분위기가 우리나라와 상당히 비슷한 것으로 잘 알려진 대만이 바로 그 나라다.

이러한 현상을 관심 있게 바라본 연구자들에 의하면 사회 불안을 드러내는 양상이 문화권에 따라 차이가 나서 그럴 것 같다고 한다. 서양은 개인주의 사회라 자신이 느끼는 심리적 불편함에 초점을 맞추고 동양은 집단주의적 전통 때문에 타인에게 불편을 주면 어쩌나 하는 염려가 더 크다고 한다.

민형 씨도 자기 시선 때문에 다른 사람이 불편해하는 걸 신경 썼다. 그런데 사회 공포증을 진단할 때에는 국제 표준을 사용하다 보니 타인에게 불편을 주지나 않을까 걱정하는 정도의 약한 증상만 주로 보이는 사람들이 누락되었을 가능성이 크다.

동양 문화권에서 사회공포증이 더 적은 것처럼 보이는 또 다른 이유로는, 어디서부터 병이고 어디까지는 정상이라고 보는지 하는 기준 즉 '질병'으로 구분되는 진단적 경계점에 차이가 있어서다.

우리 문화는 집단 내 융화를 중요하게 생각하고 겸손을 미덕으로 여기는 전통을 가지고 있다. 이런 모습은 신세대에서도 나타나는데,

한편으로는 자기를 어떻게든 드러내려 하지만 다른 한편으로는 "나대면 재수 없다", "튀려고 안달이다" 하면서 드러나 보이는 사람들에 대한 거부감을 공공연하게 보인다. 그래서 민형 씨 정도로 심하게 사회 불안을 겪을 정도가 아니라면 병으로 인식하지 못해서 유병율이 낮을 가능성이 있다.

불안의 씨앗은 지뢰와 같다

사회적인 불안으로 힘들어하는 사람들은 대체 무엇 때문에 그렇게 되는 걸까. 그들이 지나온 인생을 되짚어가면서 생각해보자. 여기 병적인 불안을 갖게 될 소지가 다분한 어린이가 있다. 이 아이 안에는 두려움과 불안의 씨앗이 자리 잡고 있다.

불안의 씨앗은 지뢰와 같다. 밟지 않으면 웬만해서 터지지 않는다. 몇 년이고 혹은 몇십 년이고 그대로 있을 수도 있다. 그런데 누군가 이 지뢰를 건드리면? 밟는 순간 폭발한다. 불안과 두려움은 기다렸다는 듯 자라나기 시작한다. 어떻게 하면 지뢰를 건드리게 되는 걸까? 다시 말해 불안이 무성하게 자라난 건 왜일까?

여기에서 또다시 만나는 건 부모의 빈자리다. 이미 '슬픔과 우울'에서 부모의 빈자리가 얼마나 중요한지 이야기한 바 있다. 여기서 또 거론되는 걸 보면 알겠지만 한 사람의 정신 구조가 지금의 모습으로 빚어지는 데 기여하는 부모의 역할은 말로 설명할 수 없을 정도로 크다.

부모님 가운데 한 분이 돌아가시는 것은 불안이 확 드러나는 시발점으로 꼽힌다. 모든 죽음이 그렇지만 불가항력인 경우가 대부분이다. 부모님이 세상을 떠날 때 아이가 어리면 어릴수록 더욱 그렇다. 세상이 살리지 못하는 부모님을 어린아이가 무슨 수로 살릴 수 있겠는가. 죽음이 아닌 다른 방식으로 부모로부터 분리되어도 마찬가지로 불안의 발생에 기여한다. 여기까지는 우울·슬픔의 발생과 비슷하다.

색다른 요소도 있는데, 손위 형제자매가 비판을 일삼거나 창피를 줘서 굴복시키는 것, 집안에 폭력이 난무하는 것, 부부싸움이 잦은 것 등도 불안의 발화에 기여하는 사건들이다. 창피당하고 욕먹고 조롱거리가 될 걸 예상하던 아이는 어느새 다른 사람들이 실제로 자신을 비웃고 한심하게 느낀다고 여긴다. 그러다 보니 주된 정서 상태는 수치심과 치욕, 당황스러움이다.

은희 씨는 20대 후반의 평범한 직장 여성이다. 일 욕심이 많고 잘하기 위해 열심히 노력하는 스타일이라 업무 성적도 상당히 좋은 편이다. 그런 은희 씨에게 아무도 모를 비밀이 있다. 은희 씨는 불안 때문에 하루도 빼놓지 않고 안정제를 복용한다. 옆에 있는 사람들이 보기에는 별로 스트레스도 안 받는 것처럼 보이지만 은희 씨의 마음은 "잘못하면 어떻게 하지?" "긴장하고 떨어서 중요한 프레젠테이션을 망치면 어떻게 하지?"와 같은 걱정들로 가득 차 있다. 실제로 '떨어서' 발표를 망치거나 한 적은 한 번도 없었다. 하지만 어떤 발표든 마치고 나면 긴장 때문에 내용을 제대로 전달하지 못했다는 후회로 가득 차서 가슴이 터질 것 같았다.

은희 씨가 병원에 온 건 언젠가 TV에서 자기랑 비슷한 사람이 '사회 불안'으로 치료받는 모습을 본 이후였다. 약물 반응이 좋은 편이라 치료 후에는 발표 때문에 긴장하거나 떠는 일이 없어졌지만 은희 씨는 기다렸다는 듯이 다른 걱정들을 하기 시작했다.

"지금 약을 먹고 효과를 보는 건 사실인데요. 나중에 더 이상 약을 먹어도 효과가 나타나지 않으면 어떻게 하지요?"

"내가 약물 복용을 한다는 걸 남자친구가 알고 헤어지자고 하면 어떻게 할까요? 너무 걱정돼요."

하루도 거르지 않고 약을 먹는 것도 약 안 먹은 날 갑자기 불안해질까 봐 걱정돼서 그러는 측면도 있었다. 불안을 가라앉히는 약물을 복용하면 당장 안정이 되면서 편해진다. 그러나 불안이 '신호'의 의미를 갖고 있다는 사실을 생각할 때 불안만 잠재우는 것은 근본적인 해결책이 될 수 없다.

앞에서 예로 들었던 화재경보기를 다시 떠올려보자. 화재경보기가 울린다면 어디 불이 난 게 아닌가 확인해야 한다. 때로는 실제 화재가 아닐지 모른다. 그저 누군가 담배 한 대 피운 것에 불과한데도 경고 신호가 시끄럽게 울려 퍼질 수 있다. 그런 경우라면 지나치게 민감해진 화재경보기를 고쳐야 한다.

그런데 만일 실제로 불이 났는데 그저 시끄러운 소리가 듣기 싫다고 경고음을 꺼버린다면 어떨까? '소음' 피해보다 더 심각한 '화재' 피해를 입게 될 거다. 은희 씨는 항불안제를 복용함으로 자신을 괴롭히는 사회 불안을 손쉽게 눌러놨다. 그러나 무엇 때문에 불안이 생긴 건지, 마음 밑바닥에 자리한 불안의 뿌리를 돌아보지 않았기 때문에 습관적인 불안에 계속 시달려야 했다.

불안으로 고생해본 적이 없는 사람이라면 "그러면 왜 불안한지 찾아보면 되잖아요?"라고 쉽게 말할지 모른다. 그렇지만 불안과 두려움은 절대로 쉬운 대상이 아니다. 어떻게든 주목받지 않고 회피하려는 특성을 갖고 있다. 약물로 눌러놨다면 피하기도 더 쉽다. 말하자면 이런 식이다. '항상 걱정이 앞서서 불편하기는 하지만 굳이 그 내면을 들여다보아서 뭐가 달라질까? 생각도 못한 것들이 올라오게 될까 봐 더 무섭다. 차라리 약을 먹고 생활을 잘하자. 이전에도 걱정은 언제나 해오고 있던 바다. 더구나 지금은 약물의 도움으로 불안의 무게도 상당히 줄어들어 있다. 그러니 그냥 이대로 계속 갔으면 좋겠다.'

그렇기 때문에 불안이 궁극적으로 좋아지기 위해서는 고비를 넘는 용기가 필요하다. 이를 갈며 덤비는 용기가 아니다. 내가 느끼는 불안, 그 안에 무엇이 들어 있는지 들여다보겠다는 용기다. 다행히도 은희 씨는 오래 묵은 두려움으로부터 벗어나야 한다는 데 동의했다.

아주 어렸을 때 경험하는 해체 불안

내가 언제 처음 불안을 느꼈을까 더듬어보는 동안 은희 씨는 오랫동안 잊고 지내던 자신을 만났다. 어린 은희 네는 시끄러운 집으로 유명했다. 사소한 일로도 고함을 치고 물건이 날아다녔다. 특히 심했던 건 네 살 위 오빠였다. 골목대장이던 오빠는 은희 씨를 항상 괴롭혔다. 오빠는 사소한 일로도 욕을 하고 때렸다. 안타깝게도 부모님은 전혀 보호막이 되어주지 못했다. 기가 죽고 눈치꾸러기가 된 은희 씨는 학교에서도 힘들었다. 상대방과 입장 바꿔 생각하는 게 잘 안 되는 초등학생 시절은 사람이 무척이나 잔인해질 수 있는 시기이기도 하다.

5학년 때였나, 국어 시간이었다. 돌아가며 한 문단씩 책을 읽는데 은희 씨 목소리가 너무 작았나 보다. 교실 뒤쪽 어디에선가 "하나도 안 들려요~!" 하는 소리가 들렸다. 몇몇은 킥킥 웃었다. 누군가는

"모기 소리 같아요~"라고 말하고, 또 누군가는 모기가 앵앵 거리는 소리를 흉내 냈다. 마침내 교실 전체가 웃음바다로 변했다. 은희 씨의 가슴속은 공포에 가까운 불안으로 가득 찼다.

불안하니까 목소리가 더 떨리면서 버벅거렸다. 그 시간이 어떻게 지나갔는지는 기억도 안 났다. 그 뒤로 은희 씨는 앞에 나서는 일을 최대한 피했다. 다행이라면 공부에서만큼은 어떻게든 뒤지지 않으려고 애를 쓴 결과 성적이 꽤 우수했다. 시간이 흘러서 은희 씨는 더 이상 오빠의 화풀이 대상도 목소리가 작은 소녀도 아니다.

그렇지만 그 때 경험했던 불안과 긴장의 상처는 아직도 아물지 않은 채 현재의 삶까지 영향을 미치고 있었다. 항상 잘해야만 한다는 생각의 뿌리에는 그래야 사랑받을 수 있다는 안타까운 심정과 내가 잘못하고 있는 건 아닌가 하는 두려움이 들어 있다.

세상에 태어난 아기들이 가장 먼저 경험하는 불안을 '해체 불안 Disintegration Anxiety'이라고 한다. 자신이란 존재가 이대로 공중분해(해체)되거나 소멸되어버릴까 봐 두려워하는 것이다. 인간은 사회적인 존재이기 때문에 존중받고 확인받을 필요가 있다. 아가의 옹알이에 엄마가 "응, 그랬어? 우리 아기!"라고 반응하는 건 그래서 정말 중요하다. 아기는 아직 엄마의 말을 알아듣지 못하겠지만 누군가가 내 편이 되어 나에게 귀 기울여 주고 반응한다는 사실을 배운다. 아기가 자라서 어린이가 되고 청소년이 되어도 긍정과 확인은 꼭 필요한 일이다. 이게 안 되면 아이, 혹은 어른이 된 아이는 나라는 존재가 이대로 산산이 분해되어버리면 어쩌나 하는 불안에 사로잡힌다. 초기 발달 단계에서 경험하는 불안이니만큼 이보다 사람을 초조하고 불안하게 만드는 것도 없다. 은희 씨는 거칠고 어수선한 가정 안에서 자신이 과연 인정받고 사랑받을 수 있을까 하는 불안에 시달렸다. 어떻게든 살아남고 싶은 사회인 학교에서조차 놀림받는 상황에 처했을 때 내면에 머물던 해체 불안이 겉으로 드러나면서 사회 불안으로 바뀌었을 거라 생각된다.

사람들에게 거절당하고 거부당하는 두려움은 가장 보편적인 형태의 두려움이기도 하다. 누군가에게 거절당하지나 않을까 두려운 사람들은 이런 상황을 어떻게든 막기 위해 온몸을 다 바친다. 다른 사람들의 기대에 부응하기 위하여, 아니라는 말 한 마디 못한 채 전력을 다한다. 이들은 다른 사람을 위해 자기 삶의 소중한 부분들을 다 써버린다. 그렇지만 여기서 우리 솔직하게 얘기해보자. 기분이 별로 안 좋을지 모르지만 모든 사람이 나를 사랑할 수는 없다.

아무리 인기 있는 사람이라 하더라도 어딘가에 안티팬이 존재한다. 나라고 그래서는 안 된다는 법은 없다. 사람들에게 인정받고 사랑받는 것은 좋은 일이다. 그러나 이를 위해 목숨 걸 필요까지는 없다. 생각해보면 이건 목숨을 건다고 되는 일도 아니다. 누군가 나에게 마음을 달라면서 목숨을 건다면 내가 그를 좋아할 수 있을까? 일반적인 경우라면 오싹해지는 게 정상적인 반응일 것 같다. 그래서 이런 종류의 일은 꽤나 살벌한 스토커들만 하는 일이기도 하다.

'공황 장애'의 주요 원인, 부모의 빈자리

사회 불안 못지않게 관심을 받는 불안증으로 공황 장애가 있다. '공황恐慌 장애'는 이름부터 범상치 않아서 두려움恐이란 단어가 들어간다. 공황 장애는 당장 세상이 끝나기라도 할 것 같은 느낌과 함께 나타나는 강렬한 불안과 공포를 특징으로 한다. 공황 장애는 나이에 상관없이 생길 수 있지만 평균 발병 연령이 25세로 초기 성인기에 주로 생긴다.

공황은 심장마비나 뇌졸중으로 쉽게 오해될 만큼 심각한 신체 질환처럼 나타나지만 궁극적으로는 불안이다. 앞에서 불안이 신호라고 얘기했던 것을 기억한다면 공황 역시 신호의 의미를 갖고 있음을 짐작할 것이다. 정신분석적으로 설명하자면, 마음 밑바닥에서 올라오는 불안 유발 충동을 어떻게든 막아내보려고(이게 방어다) 애를 쓰지만 잘 되지 않았을 때 나타나는 게 공황이다. 공황은 가벼운 신호 불안에서 시작되어 압도적인 걱정과 염려의 감정으로 바뀌었다가 신체 증상으로 일단락된다.

어린 시절에 겪었던 사건들 가운데 나중에 공황 장애를 일으키는 원인으로 '부모의 빈자리'가 또다시 지목된다. 자꾸 똑같은 말만 반복하는 것 같아서 조금 불편한 생각이 들 지경이지만 통계적으로 의미가 있는 결과이기에 좀 더 설명하려고 한다. 어린이가 열 살이 되기 전에 부모의 이혼이나 사망을 겪으면 공황 장애가 나타날 가능성이 4배에서 7배 정도로 커진다. 아버지의 빈자리보다 어머니의 빈자리가 공황 장애 발생과 더 밀접하게 연관되어 있다는 연구 결과도 있다. 부모의 빈자리 외에도 공황 장애의 발생에 영향을 미치는 사건으로 꼽히는 것은 어린 시절에 경험한 성적·신체적 학대다. 학대는 '부모의 빈자리'와 동전의 앞뒷면 같은 관계다.

만일 부모가 학대를 가하는 당사자였다면 아이에게 든든한 안정과 사랑, 보호를 제공하는 진정한 의미의 부모는 그 자리에 없었던 게 된다. 만일 부모가 학대를 가하는 사람이 아니었다고 해도 아이를 학대로부터 지켜주는 역할을 하지 못한 채 자리를 비운 거나 마찬가지다.

물리적으로든 심리적으로든 부모(또는 의미 있는 사람)로부터 분리되었던 기억은 나중에 그 사람이 어떤 특별한 상황을 만날 때 공황이라는 형태의 불안이 자라날 토대를 제공한다. 어려서 경험한 '분리'가 공황 장애의 뿌리에 해당한다면 공황이 불길한 꽃을 피우는 시점, 즉 발병 시점을 결정하는 것은 '상실'이다. 상실은 이미 우울·슬픔의 중요한 원인으로 지목된 바 있다.

공황 장애 환자들의 발병하기 직전 몇 달을 잘 살펴보면 환경적 심리적 영향을 충분히 찾아볼 수 있고, 그중에서도 이혼이나 이별의 영향이 크다고 한다. 이 외에도 공황 장애에서 자주 관찰되는 심리적 요소들 가운데에는 화를 견디는 걸 어려워한다든지 최근에 직업적인 책임이 증가했다든지 하는 게 있다.

윤상 씨는 숨이 막힐 것 같은 두려움과 공포로 병원을 찾았다. 대부분의 사람들이 그렇겠지만 몇 달 전까지만 해도 자신이 정신건강의학과에서 상담을 받게 되리라고는 단 한 번도 생각해본 적이 없었다. 특히 윤상 씨처럼 명랑 쾌활 씩씩한 성격이라면 더하다. 제일 좋아하는 일이 술 마시기와 사람 만나기, 사람 만나 술 마시기일 정도니까. 최근의 스트레스를 굳이 찾자면 아내와 잠시 별거하기로 한 것뿐이었다. 그렇다고 바람을 피웠다든가 빚보증을 섰다든가 하는 식의 어떤 심각한 사유가 있었던 것도 아니었다. 주말에 딸아이를 만나러 집에 가면 셋이 다 아무 일도 없다는 듯 즐겁게 지내곤 해서 별거 생활이 정신 건강에 훨씬 낫다고까지 생각했을 정도였다.

"그런데 저처럼 성격이 밝은 사람도 공황 장애에 걸릴 수 있는 건가요? 아무리 생각해도 기가 막혀서 웃음이 나와요."

첫 공황 발작은 회식 다음 날이었다. 진탕 술을 마시고 대낮까지 쓰러져 자다가 딸을 보러 집에 가려고 차에 올랐던 때였다. 주말이면 언제나 한가하던 고속도로가 사고라도 났는지 꽉 막혀 있었다. 그날따라 이상하게 가슴이 답답하고 머리가 띵했지만 술이 덜 깨서 그런가보다 했다.

그런데 차 창문을 열어도 답답한 느낌은 쉽게 가라앉지 않았다. 물을 좀 마셔봤지만 똑같았다. 그러다 갑자기 '그게' 왔다. 심장이 터질 것만 같고, 식은땀이 줄줄 쏟아지고, 몸이 덜덜 떨리고, 숨이 차다 못해 턱턱 막히고, 가슴이 빠근하게 조여왔다. 갓길로 차를 빼고 싶었지만 꽉 막힌 길 위에서 옴짝달싹할 수가 없었다. 윤상 씨는 도로 한 가운데에서 그냥 차 문을 열고 내려버렸다. 어떻게 갓길까지 갔는지 기억도 안 났다. 억지로 토하려고 했지만 잘 안됐다. 누군가 구급차를 부른 모양이다. 윤상 씨는 응급실로 실려 갔다.

"더 기가 막힌 건 그다음이었다니까요. 심장마비 진단을 받을 거라 생각하고 덜덜 떨며 누워 있는데, 병원에서는 저에게 지극히 정상이라고 하더라고요. 그러더니 공황 장애 같다면서, 신경정신과에서 진료를 받아보라고 하지 뭡니까?"

공황 장애를 진단 받는 과정에서 윤상 씨가 했던 경험들은 공황 장애 환자들에게 보편적이다. 너무 고통스럽고 죽을 것만 같아서 병원에 간다. 그런데 몸에는 아무런 이상이 없다고 한다. 아무리 꼼꼼하게 따져보아도 전혀 '정신적인 병' 같지 않은데 죽을 듯한 이 느낌이 단지 불안일 뿐이라고 한다. 몸에 이상이 없다고 하면 안심이 되어야 하는데 그렇지가 않고 의사들이 뭔가 놓친 게 틀림없다는 생각을 하기 쉬운 것도 이 때문이다.

두려움을 감지하는 기초 기지, 측두엽

어려서 겪은 분리의 상처는 크게 눈에 띄지 않는 채 덮여 있을지 모르지만 심리적인 의미까지 완벽하게 덮어지지는 않는다. 큰 문제없이 비교적 평범한 어린 시절을 보냈던 윤상 씨에게도 분리의 기억이 숨어 있었다. 어릴 적 부모님이 다투다가 어머니가 집을 나가시는 바람에 비록 짧은 기간이었지만 할머니의 손에 자라야 했다. 시골 할머니 댁에 있는 동안 그는 장난도 많이 치고 많이 뛰어놀며 더 재미있게 지내는 것처럼 보였다. 그러나 그의 내면은 그렇지가 않았던 모양이다.

겉으로 보기에 윤상 씨는 아내와의 별거를 아무렇지 않게 받아들이는 것 같았다. 그러나 그의 내면에 들어 있던 '세상에 혼자 된 것 같은 두려움'은 별거라는 자극에 의해 건드려졌고, 그 시절 처리되지 못한 채 처박아둔 불안들이 있는 대로 다 쏟아지면서 공황을 겪게 되었다.

뇌에서 불안을 담당하는 곳이 바로 '여기'라고 말하기는 어렵다. 어떤 감정은 뇌의 어떤 자리에서, 하는 식으로 일대일 대응을 짓기는 무리가 있다. 뇌는 같은 구조를 이용한 다른 방식의 작동을 통해 일하는 것으로 보인다. 하긴 뇌에서 일어나는 어떤 현상이든지 아직까지 완벽하게 이해되거나 설명된 건 없다.

현대과학이나 의학이 제아무리 발달했다고 하더라도 뇌 앞에서는 어린아이의 장난에 불과하다. 그러다보니 원인을 찾아서 결과를 치료하기란 정신건강의학과 영역에서는 거의 불가능하다. 단지 경험적인 추론과 걸음마 단계의 연구들에 의해 치료가 결정되는 수가 많다. 어떤 약이 불안에 효과가 있으면 그 약이 뇌의 어디쯤에 작용할지 거꾸로 추측하는 식으로 뇌에 대한 연구가 진행된다. 이러한 제한점을 염두에 두면서 두려움이 뇌 속에서 작동하는 방식을 생각해 보면 좋겠다.

두려움을 감지하는 기초 기지 가운데 하나가 바로 측두엽Temporal Lobe이다. 실험동물에서 측두엽을 절제하면 두려움 반응이 거의 완벽하게 사라진다. 우리가 알고 있듯이 정상적인 원숭이는 뱀을 두려워한다. 그러나 측두엽 시술을 받은 원숭이는 뱀을 아무렇지도 않게 집어 든다. 뱀이 물더라도 도망치거나 내던지지 않고 가만히 들여다본다. 공황 장애를 가진 사람들의 뇌에서는 측두엽, 그 가운데서도 해마곁이랑Parahippocampal Gyrus이나 해마, 편도체 등에 결함이 있는 경우가 많다고 한다.

변연계는 감정을 조절하는 핵심적인 뇌의 구조로 앞에서도 등장한 바 있다. 변연계 중에도 편도체가 불안이나 공황과 같은 학습된 공포 반응을 매개하면서 불안과 공포에 중요한 역할을 한다. 동물실험에서 편도체가 절제된 쥐들은 (마취되었다고는 하지만) 고양이의 귀를 깨무는 행동을 서슴지 않았다고 한다. 편도체에 손상을 입으면 행복이나 슬픔, 역겨움 같은 감정은 인식할 수 있지만 다른 사람의 목소리나 표정에서 읽혀지는 두려움과 분노를 구별하지 못한다고 한다.

편도체와 대뇌 피질은 서로 밀접하게 연관되어 있다. 그중에서도 재미있는 점은 감정(편도체)이 사고와 판단(대뇌 피질)에 미치는 영향이 반대 방향의 영향, 즉 사고와 판단이 감정에 미치는 영향보다 크다는 것이다. 예를 들자면, '이러면 안 돼!'라는 생각이 아무리 강하게 들어도 마음이 끌리는 걸 쉽게 막을 수 없는 식이다. 어떤 사물이나 대상에 대한 불안이 극대화되어 나타나는 특정 공포증의 양상을 보면 쉽게 이해가 갈 것이다.

이건 사실 남의 이야기가 아니다. 나 자신도 특정 공포증을 갖고 있는 환자니까. 나비와 나방에 대한 공포증을 나는 꽤 오래 전부터 갖고 있었다.

특정 공포증의 진단 기준을 살펴보자. 비행이나 높은 곳, 동물, 피를 보는 것, 주사를 맞는 것과 같이 특별한 사물이나 상황에 대한 심한 공포 또는 불안을 보이는 것이다. 세부 진단으로는 거미나 곤충을 두려워하는 동물형, 폭풍우나 물을 무서워하는 자연환경형, 바늘이나 수술받는 것을 무서워하는 혈액-주사-손상형, 비행기나 엘리베이터와 같은 장소를 두려워하는 장소형 등이 있다. 이에 따르면 나는 동물형의 특정 공포증을 갖고 있다. 이런 유의 병과 무관한 사람이라면 참 엉뚱하고 말이 안 된다고 생각될 수도 있다. 강아지를 무척 좋아하는 사람이 보기에는 너무나 귀여운 강아지가 개 공포증을 가진 사람에게는 두려움의 대상이 된다.

두려움은 눈을 밝게 만든다

특정 공포증을 가진 사람이 공포 자극에 노출되면 언제나 틀림없이 즉각적인 불안 반응이 나타난다. 앞에서 언급했듯이, 나의 경우에는 나비나 나방이 그런 대상이다. 영상이 아름다운 것으로 유명한 영화 〈엘비라 마디간〉의 첫 장면을 나는 차마 볼 수가 없었다. 연인을 총으로 쏘는 장면이 마음 아파서가 아니었다. 여주인공이 나풀거리면서 날아가는 나비를 향해 손을 뻗치기 때문이었다. 웬만한 공포 영화도 별 문제없이 잘 보는 편이지만 그 장면만큼은 도저히 볼 수가 없었다. 같은 이유로 나비나 곤충을 다룬 다큐멘터리도 볼 수가 없다.

머리로는 아주 잘 알고 있다. 나비는 물지 않으며 무서운 존재가 아니다. 무섭다면 오히려 사람인 내가 백배는 더 무섭다. 하지만 이와는 별개로 나비나 나방을 보면 설명할 수 없는 공포에 사로잡혀 체면을 생각할 겨를도 없이 나도 모르게 비명부터 지르게 된다.

러시아 속담에 “두려움은 눈을 밝게 만든다”라는 말이 있다. 그처럼 뭔가를 두려워하는 사람은 이를 매우 빠르게 알아채게 된다. 거미 공포증이 있는 사람은 다른 사람들이 못 보는 거미를 발견할 수 있다. 머리로는 지금 이 상황을 두려워하거나 겁먹을 필요가 없다는 걸 잘 알지만 나비를 보았을 때 마치 뱀이라도 본 듯 펄쩍 뛰면서 도망치게 만드는 불안의 강력한 힘이라니. 이것만 보아도 편도체가 대뇌 피질에 미치는 힘이 얼마나 강력한지 추측할 수 있다.

비단 불안이나 공포만 영향력을 행사하는 것은 아니다. 그를 사랑하면 안 된다는 걸 잘 알지만 끌리는 마음을 어쩌지 못해 사랑에 빠지는 사람이 어디 한둘인가. 새벽 2시, 할수록 재미있는 컴퓨터 게임을 지금 그만두지 않으면 내일 일정에 차질이 있다는 걸 잘 알면서도 컴퓨터를 끄기란 참 쉽지 않다.

의지가 약해서 그런 거라고 말하고 싶은 사람도 있을 것이다. 그러나 좀 더 정확하게 말하자면 편도체가 대뇌 피질에 미치는 영향이 그 반대보다 훨씬 강력하기 때문에 나타나는 현상이다.

편도체는 순식간에 감정을 경험하게 만들지만 다른 한편으로 언제 기능을 억제해야 할지도 잘 알고 있다. 뇌가 갖는 효율성 가운데 하나인데, 특정한 두려움을 극복하면 더 이상 편도체가 작용하지 않는다. 예를 들면 동물원에서 우리 안에 있는 맹수는 심한 두려움의 대상이 아니다. 이럴 때에는 편도체가 경고 신호를 보내지 않고 잠잠하다. 그러나 만일 맹수가 우리를 부수고 나왔다면 그때는 심각한 문제가 된다. 이럴 때라면 편도체가 공포와 두려움의 신호를 있는 힘껏 발생시킬 것이다.

물론 뇌가 속을 때도 있다. 눈에 보이는 창살이 아닌 투명한 방어벽으로만 맹수를 격리해놓는 곳에서 동물이 나를 향해 덤벼든다. 편도체는 재빨리 움직여서 공포를 경험하고 반응하게 만든다. 경고 신호를 보내지 않았다가 낭패를 당하느니 차라리 과한 신호를 보내는 게 낫다. 화들짝 놀라서 뒷걸음질쳤다가 머쓱하게 웃으면서 "유리창이 있는 걸 잊었잖아"라고 말하는 게 맹수에게 잡아먹히는 쪽보다 훨씬 낫다.

편도체와 가까운 곳에 있는 뇌 조직인 해마에 대해 조금 더 이야기해보자. 해마는 편도체 바로 뒤에 있으며 기억을 저장하는 역할을 한다. 편도체는 경험하는 사건의 감정적인 중요성을 평가해서 그에 따라 해마의 활성도를 결정한다. 그렇기 때문에 감정적으로 아주 강렬한 경험들은 기억 속에 깊이 각인되고 별로 중요하지 않은 사건들은 쉽게 무시된다. 같은 일을 겪은 사람들도 자기가 중요하게 느낀 점에 따라 기억하는 내용이 다 다른 것은 그 때문이다.

발달 순서상 사람의 편도체는 해마보다 먼저 발달한다. 그래서 해마가 아직 덜 발달된 아기 시절은 기억 속에 뚜렷이 존재하지 않는다. 그러나 감정, 그중에서도 초기에 발달하는 두려움, 공포의 감정은 먼저 발달된 편도체를 통해 생생하게 겪을 수 있다. 그래서 기억조차 남지 않은 어린 시절의 공포 경험이 인생 전반에 영향을 미칠 수 있다는 심리학 개념은 생물학적으로 말이 되는 이야기가 된다.

조작된 공포가 세상을 지배한다?

만일 우리가 두려움이나 공포, 불안 같은 감정을 느끼지 않는다면 어떨까? 어쩌면 최근의 문화가 우리에게 요구하는 것이 이러한 모습일지도 모르겠다. 겁먹지 않기, 무서워도 쫄지 않기 같은 모습 말이다. 겁내거나 불안해하는 것은 자칫 바람직하지 못한 모습으로 간주되기 쉽다. 만일 여자라면 지나치게 여자입네 하는 모습으로, 남자라면 계집애 같은 모습으로 치부된다.

이와 동시에 두려움과 불안을 조장하는 문화도 존재한다. 『쥬라기 공원』으로 널리 알려진 작가 마이클 크라이튼Michael Criton의 2009년 작품인 『공포의 제국』은 극단적이자 극적인 문장으로 책을 광고했다.

"긴장하라! 조작된 공포가 세상을 지배한다!"

이 책은 환경에 대한 우려가 냉전시대 직후에 급부상한 현상을 향하여 의혹의 눈초리를 보낸다. 사람들(과 그들의 돈)을 마음대로 주무르기 위해서는 이들이 공포에 사로잡혀야 하는데 가장 큰 공포의 대상이던 냉전은 정리가 되었다. 그다음으로 겁먹을 수 있는 대상은 기상이변밖에 없다. 이렇게 생각하는 극단적 환경론자들이 인공적 쓰나미를 발생시키는 것으로 이야기는 시작된다.

그렇지 않아도 논란의 여지가 많은 이론으로 지목받는 지구 온난화 가설이 사실상 음모라는 주장이 맞는지 틀렸는지는 일단 접어두자. 더 중요한 것은 불안과 두려움이 사람들을 온순하게 길들이기에 유용한 도구라는 작가의 지적이 정확하다는 사실이다. 이렇게 사회는 불안을 강요하는 동시에 불안해 보이지 않아야 한다는 양가적인 요구를 제시한다.

영국의 마담 투소 박물관에 갔을 때의 일이 떠오른다. 우리나라에도 시범 전시가 이루어진 적이 있어서 잘 알려져 있는 박물관인데, 이곳에서는 유명인과 똑같이 만든 밀랍 인형을 전시한다. 박물관 지하에는 우리 식으로 말하자면 '귀신의 집' 같은 게 설치되어 있다. 공포 체험을 하고 싶은 사람들은 들어가기 싫으면 들어가지 말되 거기 있는 사람들은 다 전문배우들이니 절대로 때리거나 해코지를 해서는 안 된다고 쓰여 있었다. 배우들은 관람객에게 손끝도 대지 않을 터이니 걱정 말라는 문구도 있었다.

공포 체험이란 그 순간에는 내가 왜 여기 들어 왔을까 후회될 정도로 오싹하면서도 지나고 나서 생각하면 뭘 그런 걸 갖고 무서워했을까 할 만큼 유치하게 보인다는 특징이 있다.

공교롭게도 귀신의 집에 들어간 사람은 나만 유일한 여자였고 남편과 다른 외국인 관광객들은 모두 남자였다. 기다렸다는 듯이 무시무시한 서양귀신들이 튀어나왔다. 결과는?

여자에게는 덜 위협적일 거라고 생각해서일지는 몰라도 모두 한꺼번에 내 뒤로 숨었다. 그러고는 저 멀리 출구가 보이는 곳에 이르러서야 비로소 멋쩍은 "Thanks~"를 남긴 채 사라졌다. 공포를 강요하는 상황이지만 그다지 무섭지 않은 듯 반응해야 하고 안 그러면 쑥스러워야 하는 걸까? 여러 모로 양가적인 요구가 가득한 장소였다.

역공포적 태도란?

역공포적 태도Counterphobic Attitude라는 것이 있다. 불안과 두려움을 느끼는 사람이 자신을 겁먹게 하는 외부 환경의 수동적인 피해자로 남아 있는 대신에 상황을 역전한다. 반전의 묘미를 기대하게 하는 태도다. 역공포적 태도를 가진 사람은 두려워하는 바로 그 대상을 어떻게든 대면하고 길들이려고 노력한다.

그렇다 보니 이들은 위험한 상황들을 일부러 더 추구하고 열정적으로 몰입한다. 익스트림 스포츠로 분류되는 고공낙하나 번지점프, 암벽등반 등에 몰입하는 사람들은 극도의 불안을 즐기는 것처럼 보이지만 실상은 역공포적 행동을 실천하는 중일 수도 있다. 겉보기에는 두려움 없는 용기로 가득해 보이지만 한 꺼풀 안으로 들어가보면 두려움을 억지로 부정하고픈 모습이 들어 있을지도 모른다.

『감정 공부』의 저자 미리암 그린스팬은 폭력적인 행동이 증가하는 사회 현상 뒤에 숨은 원인으로 두려움의 부정Denial을 꼽는다.

> 전사戰士 문화가 갖고 있는 두려움 부정이 젊은 남성들 사이에 두려움이 폭력적인 행동으로 표출하도록 조장하고 있다는 사실은 간과하고 있다. 폭력은 종종 부정된 두려움, 행동으로 표출된 두려움의 직접적인 결과다. …… 사람들이 두려움을 행동으로 표출하는 것은 그들이 자신이 두려움을 느끼는 것을, 그것에 대해 말하는 것을 무서워하기 때문이다.

반대로 언제나 불안에 가득 차서 걱정으로 세월을 보내는 사람들도 적지 않다. 항상 불안에 사로잡혀서 사소한 일들까지 지나치게 걱정하고 두려워하는 사람을 서구에서는 '치킨 리틀Chicken Little'이라고 표현한다.

이 말이 유래가 된 설화를 들어보자. 어느 날 낮잠을 자다가 머리에 굴러 떨어진 도토리를 맞은 암탉은 하늘이 무너진다고 생각했다. 이 사실을 왕에게 알리기 위해 집을 나선 암탉은 길을 가던 도중에 다른 동물들을 만나게 되고 하늘이 무너진다는 얘기를 들은 그들은 다 같이 왕을 찾아간다.

이 이야기는 다양한 버전으로 마무리되는데, 가장 잘 알려진 결말은 유쾌하지 않은 쪽이다. 길에서 이들을 만난 여우가 자기가 사는 굴로 데리고 가서 모두 잡아먹어버리는 것으로 끝이 난다. 말하자면 암탉은 지레 걱정하는 것 때문에 스스로 명을 단축한 셈이다. 하늘이 무너지지나 않을까 걱정하다가 자기 하늘을 무너뜨렸다고나 할까. 그러면 '치킨 리틀' 같은 사람들은 왜 걱정과 불안을 미리 선택하는 걸까? 그들 가운데에는 일종의 자기 최면에 사로잡혀 있는 사람들이 있다. '내가 뭔가 기대를 하면 항상 실망하는 것으로 끝났다. 그러니 나는 걱정을 택한다. 걱정하는 그 일은 실제로는 일어나지 않을 거니까.'

이런 사람들은 미래에 일어날지도 모르는 온갖 안 좋은 일들을 머릿속에서 다양하고도 끔찍한 내용들로 그려보느라 자기 삶을 부정적인 방향으로 이끌어가고 소중한 시간을 허비한다. 불안해하는 바람에 자기 삶을 통째로 여우 뱃속에 바치는 어리석은 선택을 하고 마는 것이다. 그러면서도 생각한다. '최악의 일이 벌어진다고 해도 이미 예상했던 일이니까 괜찮다. 좋은 일이 생긴다면? 실망했다가 만나는 행운이기에 더 좋을 거다.'

그런데 이 말은 심각한 오류를 담고 있다. 우리 뇌는 우리가 하는 생각이 지금 실제로 일어나는 일인지, 아니면 단지 '미래에 일어날지도 모르는, 가능성이 있는 일'을 예상하면서 걱정하는 것인지 구별하지 못한다. 뇌는 언제나 현재 시점으로 작용하기 때문이다. 그렇기 때문에 만약을 대비해 가장 안 좋은 결과를 예상하면서 품는 걱정이라 해도 뇌는 이것이 실제로 지금 일어나는 일이려니 생각하고 우리의 몸과 마음을 그에 대한 반응으로 가득 채운다.

익히 들은 바 있던 자율 신경계가 자극되고, 심장이 수축하고, 소화기관에 몰려 있던 혈액이 근육으로 이동하고 등등의 변화가 진행된다. 우리 몸은 걱정이 실제 상황인 것처럼 반응하게 된다. 한 번

넘어진 자리에서 다시 넘어질까 봐 두려워 일어나지 않고 계속 넘어진 그 모습으로 엎드려 있는 사람을 보면 우리는 뭐라고 말하게 될까? 습관적으로 걱정하면서 이게 잘하는 거라고 생각하는 사람에게 바로 그 이야기가 필요하다.

두려움은
움직이도록 떠미는 감정이다?

두려움을 느끼는 동안 뇌는 살아남기 위해 주변을 탐색하고 인식하면서 어떻게 하면 이 상황을 처리할 수 있을지 방법을 찾느라 애를 쓴다. 이 결과는 생명을 구해내는 것이 될 수도 있고 두려움에 질려 얼어붙은 모습이 될 수도 있다. '두려움 없는 사랑'이라는 말이 근사해보일지는 몰라도 두려움이 부족하면 생존에 위협이 되는 선택을 할 수 있다. 하룻강아지 범 무서운 줄 모르듯 겁 없이 호랑이를 보고 짖다가는 한 입 거리가 될 수 있으니까.

반대로 지나친 두려움은 삶의 넓이와 깊이가 대폭 줄어드는 만성적인 부작용을 낳을 수 있다. 모자라지도 않아야 하고 넘치지도 않아야 하는 이중의 위협을 철학자 앙드레 콩트-스퐁빌은 "용기가 아닌 신중함으로 두려움에 맞서야 한다"고 이야기했다. 그렇게 본다면 신중함이란 해야 할 것과 하지 말아야 할 것 사이에 균형을 잡는 과학이 된다.

두려움은 우리 삶에 반드시 필요한 감정이다. 바닥을 드러내는 잔고가 두려우니까 우리는 절약을 선택한다. 짜증나게 하는 사람을 한 대 치고 싶지만 실컷 두드려 맞거나 법적인 문제에 연루될 게 두려워서 참는다. 엄마가 아이에게 "야!" 소리만 질러도 혼나는 일이 두려운 아이들은 눈치를 보고 찔끔한다.

엄마는 왜 소리를 질렀을까? 두려워서였다. 차도로 겁 없이 뛰어드는 아이를 보면서 태연한 엄마는 없다. 적당한 두려움과 불안은 우리를 긴장하고 준비하게 만든다. 상황에 어떻게 대처해야 할지 자신이 갖고 있는 자원들을 꼽아보게 한다. 그래서 두려움은 마냥 가라앉히는 감정이 아닌 움직이도록 등을 떠미는 감정이다. 불안 신호가 울리지 않았다면 꼼짝도 하지 않았을 사람을 어떻게든 움직이게 하기에 두려움은 일종의 힘이다. 다른 모든 힘이 그렇듯 힘 자체는 문제가 아니다. 이 힘이 지나쳐서 꼼짝 못 하게 되는 상황이 문제일 따름이다.

그렇다면 두려움을 어떻게 우리 삶의 한 부분으로 받아들일 수 있을까? 수용을 위하여 꼭 알아두어야 할 두려움의 특성이 있다. 피하려고 하면 점점 더 커지고 아예 없는 체하려면 더 많은 에너지가 소모된다는 사실이다. 겁먹은 마음을 숨기려고 애쓰는 동안 사용하는 정신적 에너지가 두렵다고 털어놓으며 느끼는 마음의 불편을 다루느라 사용하는 정신적 에너지보다 몇 배는 더 크다. 높은 곳에 위치한 널빤지 위에서 깊은 물로 뛰어드는 두 사람을 떠올려보자. 겉보기엔 차이가 없다. 둘 다 똑같은 높이에서 뛰어내리려는 참이다. 그러나 상황은 아주 다르다. 한 사람은 생명의 위협을 느끼며 떠밀리듯 뛰어내리는 중이다.

어려서 본 만화에서 해적들이 선원들을 줄지어 널빤지 위로 걷게 했던 장면이 생각난다. 심각한 정신적 상처를 입는 순간이라는 건 말할 필요가 없다. 죽음이 코앞에 있으면 두려움이 아무렇지도 않을 것 같다고? 아니다. 두려움은 때로 죽음보다 더한 고통이 된다. 사소한 잘못을 한 뒤 들통 나서 혼나는 게 무서워 자살을 선택하는 어린이들을 보면 이해가 간다. 다른 한 사람은 수영장에서 다이빙에 도전해보는 중이다. 겁은 조금 나지만 멋진 포즈를 잡으며 뛰어내리려고 한다. 안전 요원이 있으니 뭐 큰일이야 나겠나 생각하고 있다.

두 사람의 가장 큰 차이는 상황에 대한 통제 여부다. 떠밀려서 떨어지는 사람은 통제력이 없고 다이빙을 해보려는 사람은 통제력을 갖고 있다. 정 안 되겠으면 안 하면 되는 거다. 통제력의 중요성을 두려움에 적용해서 생각해보자. 두렵더라도 통제가 가능하다면 그 상황에 압도당하지 않는다.

그렇다면 어떻게 통제력을 확보할 수 있을까? 인정하고 싶지 않지만 도저히 떨쳐낼 수 없는 두려움에 끌려다닌다면 이미 나는 두려움이라는 감정의 희생자인 셈이다. 그런 상황에서 통제력이 발휘되기는 어렵다. 반대로 두렵다는 사실을 받아들이고 인정함으로써 감정의 주인이라는 원래 자신의 자리를 되찾게 된다.

두려워하기로 결정한 건
어느 누구도 아닌 자기 자신이다

상황에 대한 통제 여부에 의해 두려움의 차이가 생기는 또 다른 경우가 있다. 공포증 가운데 당당히 한 자리를 차지하는 '비행 공포증'이 그것이다. 공포증까지는 가지 않더라도 자동차보다 비행기 여행에서 두려움을 느끼는 사람이 더 많다. 그러나 두 교통수단의 실제 사고 사망자 수를 비교해보면 자동차 사고로 인한 사망자 수가 항공기 사고 사망자 수보다 훨씬 더 많다. 그런데 왜 비행기가 더 무섭게 느껴질까? 통제력이 여기서 다시 등장한다. 자동차를 이용한다면 어떤 길로 가는지 다 알고 있고 속도도 그대로 느껴진다. 여차하면 갓길에라도 세울 수 있다.

비행기는 이야기가 다르다. 어디로 가는지도 모르고 속도감도 제대로 느끼기 어렵다. 불편하다고 중간에 내릴 수도 없다. 이렇듯 통제할 수 없을 것 같은 느낌은 쉽게 두려움을 불러일으킨다. 그래서 모순적으로 들리지만 두려움을 다스리고자 한다면 내가 두렵다는 것을 먼저 받아들이는 것 외에는 다른 길이 없다. 두렵다고 솔직히 말하는 것은 통제권을 나에게 갖고 오기 위한 첫 단계다.

대학생인 진욱 씨는 심한 불안을 못 견뎌서 자해하는 사람이다. 상담을 받다가 포기하고는 술에 절어 지내고, 도저히 못 견디겠으면 다시 병원을 찾고, 조금 나아지는 듯하면 또다시 그만두고, 한참 만에 병원에 나타날 때에는 왼팔에 자해 자국과 담뱃불로 지진 자국을 고통의 훈장처럼 달고 나타나곤 했다.

상담을 하면서 진욱 씨와 눈을 마주칠 수 있는 날은 그나마 다행이라고 생각될 정도였다. 대부분의 경우에는 무릎만 내려다보고 있으니까. 고개를 숙이고 있는 바람에 정수리만 보고 있어야 하는 날에는 나까지 덩달아 불안해진다. 침묵이 흐르고 시간도 흐르는데 무슨 이야기를 어떻게 해야 할지 모르겠다. 두려움에 사로잡혀 벌벌 떠는 이 사람에게 도움이 될 말은 무얼까. 지푸라기라도 잡는 심정으로, 기도하는 마음으로 말을 건넸다.

"진욱 씨는 뭐가 정말 두려운 걸까요?"

그의 대답은 이랬다.

"희망이요."

기도가 먹힌 걸까. 진욱 씨가 처음으로 '제대로' 상담에 응했다. 아, 물론 그 전 상담에서도 말을 하긴 했었다.

"그냥요. 몰라요. 불안해요. 못자요. 힘들어요. 그냥 끝내고 싶어요. 아니, 됐어요."

보시다시피 제대로 된 자기 이야기라고는 할 수 없었지만 말이다. 희망이 두렵다는 이야기를 시작으로, 진욱 씨는 깨져서 아픈 자신의 영혼을 힘들게 드러내 보였다.

진욱 씨처럼 내가 두려워하는 게 진정 무엇인지 자신에게 물어보아야 한다. 공포 영화에서 가장 무서운 장면은 살인마·귀신·괴물이 귀를 찢는 효과음과 함께 나타나는 그 순간, 딱 거기까지다. 내가 두려워하는 대상이 언제 나타날지 몰라서 조마조마한 게 더 무섭지 막상 보고 나면 별 것 아닌 경우가 대부분이다. 험악해서 무서울지는 몰라도 심장을 쥐어짜는 공포감에서는 한숨 돌리게 된다.

공포 영화 촬영에는 몇 가지 원칙이 있다고 한다. 두려움을 조장하기 위한 장면들은 관객들이 공포의 대상에 익숙해지지 않도록 지극히 짧은 순간만 지속되게끔 고안된다. 지나치게 가까이 다가오면 무서움이 사라져버리기에 어느 정도 거리를 유지하도록 제작한다. 우리 삶에 적용해볼 수 있겠다. 내가 두려워하는 것으로부터 도망치려고 하면 할수록 그 대상은 나에게 공포감을 준다. 두려움으로부터 벗어나고 싶다면 충분히 익숙해질 때까지 나의 두려움과 함께 있어야 한다.

그러니 내가 정말 두려워하는 게 무엇인지, 머릿속에 그리는 최악의 장면은 무엇인지 묻기를 겁내지 말자. 좀 더 들어갈 수 있다면 이런 두려움과 불안이 어디서부터 비롯되었을까 찾아봐도 좋겠다. 두려움과 불안으로 가득하게 된 건 많은 경우 내 잘못이 아니다. 대개의 두려움은 후천적으로 습득하는 것이기 때문이다. 부모님의 빈자리 같은 것도 내 잘못이 아니었다. 뿌리를 찾다보면 내 의지와 상관 없이 배워야 했던 두려움의 기억을 만나게 될지도 모른다. 그렇다고 내 잘못이 아니라면서 다른 사람만 바라보고 있어서는 안 된다. 저 사람 때문에 내가 그랬어, 하는 건 통제권을 '그 사람'에게 넘겨주는 것과 같기 때문이다.

내가 느끼는 두려움 안에 나의 책임도 있음을, 나도 잘 몰랐지만 두려워하기로 결정한 건 나라는 걸 보아야 한다. 통제권을 제대로 찾아오기 위해서는 불안과 두려움을 기다려보는 것도 방법이다. 이번에 또다시 불안해지면 어떤 느낌이 드는지 세세히 관찰해주리라 생각하면서 기다리는 것이다. 속수무책으로 두려움에 직면하는 것보다 더 두려움을 상승시키는 방법은 없다. 고택古宅에서 유령이 나타나기를 밤새워 기다리는 심령 사진사는 허깨비가 무섭지 않다. 그는 유령 사진을 찍어서 돈 좀 벌어볼까 하며 자기 발로 그 곳을 찾은 사람이다. 유령의 출현을 기다리면서 나름 만반의 준비를 하고 있다. 유령이 나타날 때 두려움에 정신을 잃는 사람은 비 내리는 추운 밤에 길을 잃고 헤매다가 '이런 곳이 있었나?' 하며 그 집 문을 열고 들어가는 사람이다.

내가 두려워하는 게 무엇인지 알게 되면 그 불안과 더불어 잠시 머물러보자. 불안을 해결하지 않고 있는 그대로 받아들이라는 건 별로 마음에 들지 않는 제언일 가능성이 높다. 그렇지만 앞으로 더 나아가고 싶다면 받아들여야 한다. 영화 〈해리 포터와 죽음의 성물〉에서는 해리 포터 일행이 볼드모트의 홀크럭스Horcruxes를 파괴하기 위해 그린고트에 있는 레스트랑주Lestranges의 금고에 들어가는 장면이 나온다.

볼드모트의 영혼이 담긴 컵을 찾다가 실수로 물건을 건드려 떨어뜨리는데, 이게 뱅글뱅글 돌다가 두 개로 불어난다. 두 개는 곧 네 개가 되고, 네 개는 다시 여덟 개가 된다. 금고 안 보물들은 점점 더 많아져서 급기야 주인공들의 몸이 파묻힐 정도가 된다. 두려움과 불안도 이와 같다는 생각이 든다. 어설프게 건드려서 떨어지는 건 잘 받아 안아야 한다. 피하려다가 떨어뜨리면 순식간에 새끼를 치고 늘어나니까.

두려움과 불안에 유달리 민감한 사람이라면 내가 느끼는 두려움과 불안을 부정하지 않은 채 가만히 그 밑바닥을 들여다보자. 그 안에는 내가 앉아 있다. 세상이 무섭다는 걸 배우고, 이러면서 성숙하는 거라고 스스로를 위로하던 내가 있을지도 모른다.

자화상自畵像 - 윤동주

산모퉁이를 돌아 논가 외딴 우물을 홀로 찾아가선
가만히 들여다봅니다

우물 속에는 달이 밝고 구름이 흐르고 하늘이
펼치고 파아란 바람이 불고 가을이 있습니다

그리고 한 사나이가 있습니다
어쩐지 그 사나이가 미워져 돌아갑니다

돌아가다 생각하니 그 사나이가 가엾어집니다
도로 가 들여다 보니 사나이는 그대로 있습니다

다시 그 사나이가 미워져 돌아갑니다
돌아가다 생각하니 그 사나이가 그리워집니다

우물 속에는 달이 밝고 구름이 흐르고 하늘이
펼치고 파아란 바람이 불고 가을이 있고
추억追憶처럼 사나이가 있습니다

—『하늘과 바람과 별과 시』(정음사, 1948)

우물 안을 들여다보던 시인처럼, 내가 느끼는 불안을 어떻게 하려 하지 말고 가만히 들여다보면 좋겠다. 회피하지 말고 있는 그대로를 보자. 회피는 지금 무척 불안하다는 증명서와도 같다. 피해버리면 당장은 조금 덜 불안하고 덜 무서울지 모른다. 그렇지만 처음보다 더한 불안이 반드시 찾아오게 되어 있다.

영원히 사라지지 않을 감정, 두려움과 불안

사회 공포증으로 병원을 찾는 사람들을 치료하면서 반드시 권하는 것 중 하나는 두려워하는 그 상황에 과감히 부딪혀보는 것이다. 어떤 방법을 써도 좋다. 불안을 가라앉히는 약물을 먹고 난 뒤 시도해봐도 좋고 복식 호흡처럼 몸과 마음을 이완한 채여도 좋다.

그나마 제일 견디기 쉬운 상황을 택하는 것도 한 가지 방법이다. 어떻게든 두려워하는 그 가운데로 걸어 들어가야 하는 것은 피하면 피할수록 불안과 두려움이 더 커지기 때문이다. 자의 반 타의 반이어도 좋지만 타의만 갖고는 안 된다. 여기에서도 통제감이 중요하다. 내가 할 수 있다고 믿는 만큼 내가 가능한 속도로 해야 한다.

이에 더하여 비현실적인 생각에서 벗어나야 할 필요가 있다. 무대에 서는 사람들이라고 무대 공포증이 없는 게 아니다. 배우들이 영화제에서 수상 소감을 말할 때 떨린다고 하는 이야기는 사실이다.

두려움과 불안은 영원히 없어지지 않을 감정이다. 그리고 그래야 한다.

측두엽이 망가져서 뱀에 대한 두려움이 없어진 원숭이를 보고 아무도 용감하다고 말하지 않는다. 뱀을 무서워하지 않는 원숭이는 생존 자체가 위태로워질 뿐이다. 『오즈의 마법사』에 나오는 겁쟁이 사자, 등장만큼은 멋있었다. 크게 포효하며 나타난 사자는 허수아비를 날려보내고 양철 나무꾼도 쓰러뜨린다. 도로시의 강아지를 집어삼키려는 순간 성난 도로시의 주먹에 콧잔등을 얻어맞고 "너는 거대한 겁쟁이에 불과해!" 소리를 듣는다.

마음 쓰라리게도 이건 진실이었다. 적어도 사자 자신에게는 말이다. 사자는 왜 자신을 겁쟁이라고 생각했을까? '위험에 처할 때면 언제나 심장이 매우 빨리 뛰기' 때문이었다. 용기를 얻고자 도로시 일행을 따라나선 사자는 우여곡절 끝에 위대한 마법사 오즈를 만난다. 용기를 달라고 간청하는 사자에게 오즈는 대답한다.

> 너한테는 이미 용기가 충분히 있어. 확실해. 너에게 필요한 것은 너 자신을 믿는 것뿐이야. 위험에 맞닥뜨렸을 때 두렵지 않은 생명체란 없어. 진정한 용기는 두려울 때 위험과 맞서는 것이야. 그리고 그런 종류의 용기는 네가 이미 아주 많이 갖고 있다고.

두려움에 압도되다 보면 실제로 일어날 가능성이 크지 않은 일을 100퍼센트 진실인 것처럼 느끼고 받아들이게 되기 쉽다. 공황 장애로 치료받던 정연 씨가 그랬다. 가슴이 답답하고 숨 쉬기 어려운 증상을 느낄 때마다 이러다가 자신이 쓰러져서 죽는 게 아닐까 두려웠다. 공황 장애는 두려움을 두려워하는 병이다. 답답함과 같이 조그만 신체적 단서를 시작점으로 삼아 불안이 불안을 낳고 공포가 공포를 낳는다.

상담 중에 정연 씨는 지하철에서 공황 발작을 겪었던 이야기를 하면서 또다시 그런 증상이 나타나면 그 자리에 탁 쓰러져 죽을지도 모르겠다며 두려워했다. 이미 정연 씨는 여러 차례 심장 검사를 받아봤고 당연한 이야기지만 모두 정상 판정을 받았다. 신체 건강한 이십대 여성이 지하철에서 공황 발작 때문에 의식을 잃고 쓰러져서 죽을 가능성? 거의 제로에 가깝다.

"그렇게 쓰러져 죽을 가능성이 얼마나 될 거라고 생각하세요?"

"글쎄요, 한 50퍼센트?"

사망 가능성이 50퍼센트 정도 되는 병이라면 상당히 무서운 병이다. 그 병에 걸린 사람 중 절반은 죽는다는 얘기니까. 그럴 땐 두려움을 갖는 것이 당연하다. 몸은 이 두려움 때문에 실제 가능성이 50퍼센트는 되는 것처럼 반응한다.

그러나 현실은 그렇지 않다. 그렇게 느낀다고 해서 실제로 그런 것은 아니다. 죽을 것 같은 것과 정말 죽는 것은 전혀 다르니까. 내가 정말로 두려워하는 게 무엇인지, 실제 현실은 어떤지 깨닫는 것만으로도 정연 씨의 불안은 급격하게 감소될 수 있었다.

불안과 두려움에 대한 이야기를 마무리하면서, 금방이라도 쓰러뜨릴 것만 같은 두려움들을 딛고 일어나기 위해 위험을 감수하기로 결심했다던 영민 씨가 생각난다. 치료가 마무리될 무렵에 그는 말했다.

"예상할 수 있는 일로만 가득 차 있다면 인생이 즐거울 리가 없잖아요?"

싱긋 웃으면서 말하는 얼굴만 봐서는 이전의 그가 어땠는지 상상하기가 어려웠다. 맨 처음 병원을 찾을 당시에는 불안과 우울, 자신감 결여 등으로 가득 차 있었다. 영민 씨의 부모님은 그의 어린 시절 내내 서로 치열하게 싸웠고 전쟁터 속에서 그의 존재는 거의 잊히다시피 했다.

마침내 불안에서 회복되기 시작하면서 그는 결심했다. 하루에 3가지씩, 이전의 자신이라면 하지 않았을 만한 작은 일들을 해보기로 했다. 두려움이 완전히 사라진 건 아니었다. 그러나 해볼 만한 가치는 있었다고 했다. 이런 분들 덕분에 나는 진료실에 앉아서 삶을 배우는 중이다. 쉽게 버텨내기 힘든 어려움을 딛고 일어서는 사람들의 힘을 보면 경탄하지 않을 수 없다. 두려움은 만일 없어진다 해도 맨 마지막에 없어질 감정이고, 많은 경우 끝내 없어지지 않는다. 중요한 것은 두려운가 안 두려운가가 아닌, 아무것도 안 하고 있나 아니면 무엇이라도 하고 있는가 하는 사실이다.

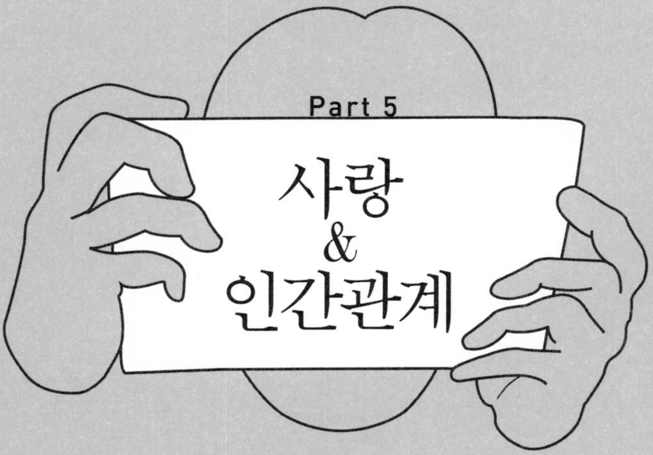
Part 5
사랑
&
인간관계

진정한 사랑의 주역, 친밀감

"죽도록 사랑했는데 결국 혼자 남게 되는군요. 이럴 줄 알았더라면 그냥 계속 혼자 지내는 게 나았을 것 같아요."

이 말, 전혀 낯설게 들리지 않는다. 사랑을 꿈꾸고 바라는 사람들에게는 씁쓸하게 들릴지 모르지만 달콤한 사랑의 순간은 짧고 사랑에 따라오는 고통과 아픔, 의심과 불안은 길어 보인다. 사랑에 대한 이야기를 시작하면서 사랑이 무엇일까 잠시 생각해본다.

사랑, 하면 연인 간의 사랑이 제일 먼저 떠오른다. 그러나 사랑을 '끌림, 떨림, 몰두' 등으로만 좁혀 바라보다가는 놓치는 게 너무 많을 것 같다. 사람들은 연인을 사랑하지만 강아지도 사랑하고, 자기 자신도 사랑하고, 돈도 사랑하고, 새로 산 옷도 사랑하고, 음식도 사랑하고, 부모님도 사랑하고, 하나님도 사랑한다. 이렇듯 다양한 의미를 갖기에 사랑을 단순히 감정으로 볼 수 없다. 사랑을 '감정'으로 다루어야 할지도 애매하다. 어떨 때에는 사랑이 의지will나 또 다른 무엇처럼 보이기도 하니까. 그러나 사랑 안에 들어 있는 복합적인 감정은 한번 정리해볼 필요가 있다고 생각한다.

프로이트가 이런 질문을 받았다.

"정상인正常人이 잘할 수 있어야 하는 게 무어라고 생각하시나요?"

질문부터 난해하게 들린다. 정상인이 어떤 사람인지? 이런 질문을 한 이유는 뭔지? 파고들자면 한도 끝도 없을 거다. 프로이트는 깊은 의미를 담은 대답을 남겼다.

"Lieben und arbeiten."

'사랑하는 것과 일하는 것'이라는 뜻이다. 여기에 비추어보자면 일과 사랑이라는 두 가지 분야에서 얼마나 제대로 기능하는지에 따라 한 사람의 정신 건강 상태가 결정된다고 할 수 있다. 다른 건 다 괜찮은데 사랑만 잘못해도 순식간에 정신 건강이 좋지 않은 사람으로 평가되니 가슴 철렁할 일일지 모르겠다. 정신분석가 에릭슨E. Erikson은 균형 잡힌 자아 정체성의 요소로 사랑을 꼽음으로 프로이트에서 한 발짝 더 나아간다. 사랑을 못하면 자아 정체성조차 불완전하다고 하는 셈이니까. 이 말들이 다 진리라고 할 수는 없을지 몰라도 사랑을 단순히 짜릿한 느낌으로만 치부할 수 없다는 건 납득이 간다.

정신과학에서 사랑을 대할 때 가장 중요하게 생각하는 것은 무엇이라고 생각하는가? 많은 사람들 앞에서 얘기하기를 두려워하는 사회 불안은 성적 충동을 느낄 때 경험하는 거세 불안 때문에 그렇다느니, '외디푸스 콤플렉스'니 '남근 선망'이니 하는 민망한(?) 이야기를 아무렇지도 않게 하는 걸 들어본 사람이라면 '성(性)'을 떠올리기 쉬울지 모르겠다. 그렇지만 정답은 아니다.

친밀감Intimacy이야말로 사랑의 주역이다. 친밀한 사랑을 할 수 있는 사람이란 두려움과 갈등 없이 사랑을 주고받을 수 있는 사람으로, 타인과 순수하고도 진지한 관계를 맺을 수 있다. 정신분석가 에릭슨은 자아 발달이 청소년기 전후로 끝나는 게 아니라 전 생애에 걸쳐 일어나는 것으로 보았다. 만 21~40세는 자아 발달 과정 8단계 가운데 허리 부분에 해당하는데, 이전 시기의 발달을 토대로 자신의 삶을 더욱 분명하게 정의하는 시기다.

에릭슨은 친밀감을 이 시기의 중심 발달 과제로 보았다. 친밀감은 충실함과 밀접하게 연관되는데, 여기서의 충실함은 서로 간에 성적인 정절을 지킨다는 의미를 담고 있다. 동시에 긴밀한 협력자이자 동반자로서 둘의 관계를 견고하게 다질 수 있는 능력도 포함한다. 친밀한 두 사람은 서로 약속한 뒤 이 서약을 소중히 여기며, 희생과 양보가 요구되는 순간에도 이를 지키려고 노력한다. 말 그대로 '기쁠 때나 슬플 때나' 두 사람의 관계 안에 남아 있기로 결심한다. 당연하게도 이 노력들은 쉽지 않다.

사람들은 자신을 열어 남에게 보여 주는 일을 원초적으로 두려워한다. 자아 붕괴의 두려움이 내재되어 있기 때문이다. 이 두려움을 극복할 수 없는 사람은 두 영혼이 만나기 위해 넘어야 하는 친밀감의 문턱에 걸려 뒤돌아서게 된다. 친밀감의 형성에 실패한 사람들은 다른 사람과 관계를 맺지 못하고 자기 자신 안으로 흡수되는 것으로 끝난다.

플러스 고통에는 반드시 마이너스 고통이 따라온다

우리가 경험하는 사랑의 감정은 어디에서 기원하는 것일까? 우리가 하는 생각이 우리가 경험하는 감정을 만든다는 인지치료의 기본 개념을 토대로 생각해보자. 부정적인 생각을 하면 우울해지고 걱정스러운 생각을 하면 불안해진다. 생각 때문에 나타나는 감정은 지진이 난 뒤에 몰려오는 파도와 같다. 매번 쓰나미가 오는 건 아니지만 일단 지진이 나면 크든 작든 파도는 발생한다. 부정적인 생각 뒤에 밀려오는 우울감은 느끼지 않으려고 아무리 애를 써도 마음먹은 대로 잘되지 않는다. 걱정스러운 생각 때문에 나타나는 불안과 초조감 역시 아무리 떨쳐내려 해도 잘 되지 않는다.

인지 치료에서는 내 뜻대로 되지 않는 감정을 다루기 위해 그나마 내 뜻대로 좀 할 수 있는 생각 교정하는 방법을 배운다. 감정 다루기가 지진 이후 몰려오는 파도에 잘 대처하는 방법이라면 생각 교정하기는 지진 자체의 발생을 조절하려는 노력이다. 만일 우리가 부정적이고 걱정스러운 생각을 덜 할 수 있다면 우울과 불안을 덜 느낄 수 있을 것이다. 사랑도 생각에서 비롯되어 감정으로 경험되기는 마찬가지인데, 여러 가지 감정 중 사랑만큼 생각과 단단히 결부되는 감정도 드물다.

심리학자 애브릴은 사랑을 '비교 해석 끝에 결론 내려진 감정'이라고 정의했다. 무엇을 비교해서 해석할까? 자기 머릿속의 낭만적 이상과 자기가 하는 행동을 비교하여 사랑에 빠지기로 결정한다. '사랑하고 사랑받는 건 이런 거다'라고 생각하던 사람이 누군가에게 '이런' 행동을 하는 자신을 발견한다. 그 사람은 자신이 상대방을 사랑하는 거라는 결론에 도달하고 그 결과로 달콤한 사랑의 감정을 경험하게 된다는 이야기다. 사랑을 숭배하고 싶은 사람들에게는 영 깔깔하게 보이는 설명이지만 가만히 생각해보면 고개가 끄덕여진다.

사랑이 생각에 기반을 둔 감정이라는 견해는 제법 역사가 길다. "내일 지구의 종말이 온다 할지라도 나는 오늘 한 그루의 사과나무를 심겠다"는 말로 유명한 철학자 스피노자(그러나 실제로 스피노자가 이 말을 했는지는 분명하지 않다고 한다)는 사랑을 '외부 요인에 대한 생각을 동반한 기쁨'이라고 정의했다. 이 설명은 애브릴보다 배는 더 재미없고 딱딱하게 들린다.

그러나 여기서 잠시 생각을 모아보자. 기억 안에 자리한 그 사람을 떠올려보자. 혹은 그 사람을 향했던 자신의 마음을 기억해보자. 한 사람을 떠올리며 미소 짓는 감정이 어떤 것인지, 아는 사람은 안다. 그는 이 건조한 정의가 담고 있는 풍부한 신비를 가슴 깊은 곳에서부터 느낄 것이다. '외부 요인'이라는 말은 사람에게 쓰기에는 어쩐지 실례되는 표현으로 느껴진다. 기억 속의 그는 지금 나와 함께하지 못할 수도 있다. 그러나 그를 생각하면서 설레던 마음, 이름만으로도 사방이 환해지는 느낌, 조금이라도 더 같이 있고 싶어 기를 쓰던 열정은 그에 대한 생각과 그로 인한 기쁨이라는 설명 아래 넉넉히 포함된다.

사랑에 대한 수많은 노랫말들은 다양한 사랑의 경험을 대신 제공한다. 사람을 변하게 하는 사랑, 그래서 살아 있는 오늘이 아름답다(아름다운 구속). 눈빛만 봐도 너무 좋고, 사랑하다 헤어지면 다시 보고 싶다(사랑밖엔 난 몰라). 매번 마주치는 그 사람이 웃어주는 것만으로도 좋아하는 마음이 자라더니, 그 사람을 생각하고 그 모습을 떠올리면 심장이 두근대는 게 멈출 줄을 모른다(사랑하면 안 될까). 어느 나라나 시대를 막론하고 사랑이라는 주제를 제외해버린다면 예술에는 별로 남는 게 없을 것 같다.

사랑은 단순한 하나의 감정이 아니며 여러 가지 다양한 감정들이 복합적으로 얽힌 것이다. 들뜸, 부질없는 희망, 앞날을 몰라 느끼는 가벼운 불안, 내 노력만으로 안 된다는 무력감 등등 사랑이 담고 있는 감정은 무궁무진하다. 그중에서도 흥분과 관심, 기쁨은 앞자리를 차지하는 세부 감정이다.

여기서 잠깐. 사랑이 그렇게 좋고 신나는 일이라면 왜 우리를 불편하게 하는 감정 중 하나로 꼽았을까? 우울이나 분노, 죄책감 같은 감정들이 불편한 축에 속하는 건 충분히 이해가 간다. 사랑 없이는 인생과 자아를 말하기도 어렵다고 해놓고는 사랑을 힘든 감정으로 분류하는 이유, 이 질문에 대한 대답은 익히 잘 알고 있을 거다. 의혹의 눈초리가 필요한 자리는 사랑의 기쁨을 설명한 부분일지도 모르겠다. "정말? 정말 사랑이 그렇게 기쁘고 즐겁고 행복한 감정이야?" 하면서.

주변을 돌아보면 사랑 때문에 아픈 사람들이 다른 감정으로 힘들어하는 사람들보다 더 흔해 보인다. 정신건강의학과 전문의 김현철은 『불안하니까 사람이다』라는 책에서 환자들이 호소한 불안의 원인을 순위 별로 정리해봤더니 뜻밖의 결과가 나왔다고 적었다. 결과는 아래와 같다.

1위 – 배우자 혹은 연인에 대한 의심

2위 – 소위 '부적절한 관계' 속 애인에 대한 의심

3위 – 배우자 혹은 부적절한 관계 속 애인을 향한 서운함과 분노

나에게도 마찬가지로 뜻밖의 결과였다. 이 순위들을 보면 사랑 안에서 느끼는 의심, 서운함, 분노가 진료실을 찾아야 할 정도로 심한 불안의 원인이 됨을 볼 수 있다. 달콤한 사랑 이야기를 담은 노래보다 훨씬 더 많은 게 고통스러운 사랑 노래들이다. 사랑은 눈물의 씨앗이고, 사랑이 이별보다 더 슬프고(이별보다 슬픈 사랑), 사랑의 다른 이름은 아픔이라고(가질 수 없는 너) 한다. 사랑의 아픔을 보면서 '모든

추락하는 것은 날개가 있다'라는 명제가 다시금 가슴에 와 닿는다. 이 말은 잉게보르크 바하만의 시 「잔치는 끝났다」의 한 구절이며, 이문열의 소설 제목으로도 잘 알려져 있다.

플러스(+)의 고통에는 마이너스(-)의 고통이 따라오게 마련이다. 손을 다친 사람을 생각해보자. 그는 다친 그 상처 자체로도 불편하지만 손을 사용해야 하는 일들을 하지 못해서도 불편을 느낀다. 마음의 경우에도 그렇다. 친구와 다투고 상처를 받았다면 다툼 그 자체 때문에도 마음이 불편하지만 친구와 함께 시간을 보내지 못해서도 불편하다.

이 원칙은 사랑에도 똑같이 적용된다. 사랑에는 흥분과 관심, 기쁨 같은 긍정의 정서가 들어가지만 긍정이 크면 클수록 빈자리에서 느끼는 고통 역시 클 수밖에 없다. 잔뜩 흥분했다가 그냥 그대로 김이 빠져버린 순간. 관심을 기울였는데 적절한 반응이 돌아오지 않는 순간. 기쁨을 바랐지만 슬픔만 돌아오는 순간. 날개 치며 높이 올라가던 감정은 곤두박질치며 추락한다.

사랑의 감정은 어떻게 생겨날까?

우리를 기쁘게도 아프게도 하는 사랑의 감정은 삶이 시작되는 순간부터 함께한다. 사랑의 감정이 나타나는 시기가 워낙 이르다 보니 배고픔이나 목마름 같은 생존 본능의 하나로 분류되기도 하고, 심지어는 출산과 양육 문제를 해결하고자 진화 과정 중에 발생한 적응 체계로 취급되기도 한다. 사랑의 심오함에 의미를 두는 사람들이라면 눈살이 찌푸려질 만큼 건조한 설명이지만 말이다.

갓 태어난 아기들이 경험하는 초기 기본 감정은 두려움, 분노, 사랑 세 가지다. 큰 소리를 들려주면 두려워하고 몸을 옥죄어서 꼼짝 못하게 하면 분노한다. 사랑의 감정은 접촉을 통해 유발된다. 아주 어린 아기들도 엄마의 어루만지는 손길에 반응해서 미소를 지을 수 있다. 누가 봐도 아기의 미소는 엄마를 향한 사랑의 표현이다. 만 두 살 반에서 여섯 살 사이의 아이들은 서툴게나마 사랑을 표현하기 시작한다. 유치원에서 만난 이성 친구와 손을 꼭 잡고 다니기도 하고 최대한 가까이 있으려고 노력한다. 나중에 커서 누구누구랑 결혼할 거라고 자랑스럽게 이야기할지도 모른다. 아직은 충분하게 강한 감정이 아니라서 금방 변하기 쉽고 주변의 영향을 많이 받지만 이 시기는 사랑할 수 있는 능력이 싹을 틔우고 뿌리를 내리는 때다.

사랑이 무엇이고 사랑하는 사이란 어떤 모습이어야 하는지 아이들은 부모를 보면서 배운다. 안정적인 부부 관계 안에서 서로 마주보는 부모를 만났다면 운이 좋다. 사랑이란 서로를 인정하고 받아들이는 것이며 신뢰와 존중을 토대로 한다는 것을 경험을 통해 배울 수 있기 때문이다. 깨어진 가정에서 자라서 애정을 주고받는 게 어떤 건지 전혀 볼 수 없었던 아이라면 그릇된 사랑의 원형Prototype을 진짜인 양 받아들이기 쉽다. 이럴 때 머릿속에 들어앉는 가짜는 대개의 가짜가 그렇듯 극과 극이다. 한쪽 극단은 이상화Idealization다. 이상적인 사랑이란 이런 것이다, 하면서 꿈속의 궁전을 머릿속에 그리고 이게 아니면 사랑이 아니라고 생각한다.

반대쪽 극단은 부정이다. 정신적인 '소통 불가' 상태에 빠져 그 어떤 형태의 사랑도 주고받을 수 없는 상태로 일생을 보낸다. 그나마 다행인 것은 가정에서만 사랑을 배울 수 있는 건 아니라는 점이다. 아이들은 주변 사람들이 사랑하는, 혹은 사랑에 실패하는 모습을 본다.

이에 더하여 다양한 매체 속에서 그려지는 사랑을 지켜본다. TV만 켜도 사랑 이야기가 봇물 터지듯 쏟아져 나온다. 안타까운 사랑, 이루어질 수 없는 사랑, 두려움 없는 사랑, 하늘만 허락한 사랑, 천

생연분, 세상이 함께 감동한 사랑 등등. 다채로운 형태의 사랑을 접하면서 사람들은 사랑에 대한 자신만의 생각과 정의definition를 갖게 된다. 자신의 이상형이 어떤 모습일지 머릿속에 그리는 건 십대가 되기 훨씬 전부터다. 직간접적으로 경험한 사랑은 분명한 형태로 기억되지는 않지만 사랑에 대해 생각하고 경험하는 방식에 깊은 영향을 미치며 마음 밑바닥에 깔린다.

우리가 경험하는 사랑의 감정이 어디에서부터 왔을지 알기 위하여 과거의 시간 속으로 더듬어 들어가보자. 맨 처음 경험한 사랑부터 점검해보기로 하자. 맨 처음이라면, 수줍고 어설펐던 첫사랑? 아니다. 이보다 한참 더 이전으로 돌아가야 한다. 사람들이 세상에 태어나 처음으로 경험하는 사랑 및 인간관계의 대상은 엄마다. 난생 처음 타인에게 강하게 끌리는 것을 '애착Attachment'이라고 부른다.

삶의 원동력이자 인간관계의 배양토, 애착

애착은 아기가 엄마에게 연결되는 기전으로, 자폐와 같이 특별한 경우를 제외하고는 선천적으로 갖고 태어나는 것 같다. 애착은 엄마를 바라보기, 엄마 쪽으로 몸 기울이기, 엄마를 향해 소리 내기 등 다양한 방식으로 표현된다. 정신분석가 보울비J. Bowlby는 애착을 중요하게 다루었는데, 애착이야말로 삶의 중요한 원동력이며 인간관계가 형성되는 배양토 역할을 한다고 주장했다.

애착 이론가들은 여기서 한 발 더 나아간다. 한 사람이 자기 엄마와 어떤 식으로 애착 관계를 형성했는지에 따라 그가 경험하게 될 발달의 모습도, 그가 나중에 어떤 사람이 될지도 결정된다고 말한다. 애착은 하루아침에 생기지 않으며 매일 함께하는 시간을 통해 조금씩 자라난다. 아기는 자기가 좋아하는 사람과 함께 있고 싶어 하는데, 대개 그 대상은 아기 자신보다 강하고 현명하며 아기가 겪는 불안이나 불편을 가라앉혀줄 수 있는(것처럼 보이는) 사람이다.

"애걔걔, 아기가 무슨 어려움이람?"

유모차에 편안히 앉아서 먹고 자는 것 외에는 별다른 관심이 없어 보이는 아기를 떠올린다면 의아한 생각이 들지 모르겠다. 그러나 눈높이를 낮춰서 아기 입장에 서보자. 이야기는 확 달라진다. 아기에게는 부딪히는 하나하나가 다 힘들고 어려운 일들이다. 본능적인 영역부터도 그렇다. 배가 고프다고 혼자 무얼 먹을 수가 있나, 기저귀를 적셔서 찝찝해도 혼자 처리할 수가 있나. 우는 것 말고는 할 수 있는 게 별로 없는 아기는 자기가 못 하는 이런 모든 일들을 척척 해주는 그 누군가에게 애착을 보인다. 애착을 통해 세상은 아기의 울음에 반응하고 이 과정을 통해 아기는 안정감을 느낀다.

애착은 엄마와 아기의 상호 작용을 통해 촉진된다. 얼마나 오래 함께 시간을 보냈느냐 하는 것보다 함께 얼마나 의미 있는 활동을 했느냐 하는 것이 애착 형성에 더 중요하다. 아기와 많은 시간을 함께하지 못해 죄책감에 시달리는 직장맘이라면 조금은 마음이 편해지는 이야기일지도 모르겠다. 말하자면, 하루 종일 함께 있지만 아기에게 시달려서 지쳐버린 엄마보다 함께 있는 시간 자체는 길지 않지만 최선을 다해 반응하는 엄마가 아기에게 더 의미 있을 수 있다는 얘기다. 엄마 쪽에서 아기를 향해 느끼는 감정은 '유대bonding'라고 부르는데 이것은 애착과는 조금 다르다. 보통의 평범한 엄마라면 자기 안정감의 근원을 아기에게 두지 않기 때문이다.

생후 첫 달이 되면 아기는 애착 행동을 보이기 시작한다. 자기가 좋아하는 사람에게 어떻게든 붙어 있으려고 기를 쓴다. 애착 과정을 조금 더 자세히 들여다보자. 생후 2~3개월까지는 애착의 씨가 뿌려지는 시기다. 엄마가 근처에서 왔다 갔다 하면 아기는 엄마를 눈으로 따라다닌다. 생후 6개월까지는 애착이 싹을 틔우는 시기다. 아기의 삶에 가까이 있는 사람을 향해 애착을 형성한다. 애착의 대상은 대개는 엄마지만 때로는 여러 명(아빠나 보모, 할머니 등)이다. 엄마의 목소리만 들어도 아기는 차분해지고 편안해진다.

6개월 이후로 만 두 살까지는 분명한 애착의 시기다. 이 시기는 이인 불안과 분리불안이 나타나는 시기이기도 하다. 애착 대상으로부터 분리되면 아기는 울고불고 하면서 불편감을 온몸으로 드러낸다. 만 두 살이 넘어가면 아기는 좀 더 독립적이 되면서 엄마와 다양하고 복잡한 관계를 맺을 수 있다. 애착을 연구한 에인스워스M. Ainsworth에 따르면, 애착 유형은 아기들마다 다 다르다고 한다. 유난히 더 우는 아기가 있는가 하면 다른 아기들보다 덜 우는 아이도 있다. 애착 대상에게 친밀감을 표현하는 정도도 다 다르다.

애착의 유형은 크게 3가지로 나눌 수 있다. 첫 번째는 안정형 애착이다. 1~2세 어린아이들 가운데 2/3 정도가 여기에 속한다. 이 아이들은 엄마를 잘 따르고 엄마에게 붙어 있으려 한다. 엄마가 갑자기 보이지 않으면 울음을 터뜨리지만 엄마가 돌아오면 금방 진정된다. 때로는 엄마의 목소리를 듣는 것만으로도 편안해진다. 이 아이들은 주변 상황에 적응하는 데 별다른 문제를 보이지 않는다. 무슨 일이 생기면 얼른 엄마에게 돌아오면서도 적극적으로 주변 환경에 대한 관심을 보인다. 안정형 애착은 애착 유형 가운데 가장 이상적인 형태다. 이 아이들은 발달 단계에 따라 적절하고 일관성 있는 양육을 경험한다. 엄마가 자기 옆을 든든히 지켜줄 거라는 신뢰를 토대로 엄마와 단단한 유대를 형성한 상태다.

두 번째는 불안정·회피형 애착이다. 이 유형의 아이들은 불안하고 화를 잘 낸다. 엄마에게 착 달라붙지도 않으면서 엄마가 자리를 비우면 금방 울고불고한다. 엄마가 돌아왔을 때에는 그다지 반기지도 않으며 도리어 엄마에게 성질을 부리는 경우도 있다. 이런 아이들은 어머니와 끈끈한 유대를 형성하지 못한 상태로, 엄마에게 기대하는 것도 별로 없다. 불안정·회피형 애착의 대상인 부모는 자기들도 어렸을 때 불안정·회피형 애착을 경험했을 가능성이 크다.

그 때문에 아이를 따뜻하게 돌보지 못하고 일관성 있게 대하거나 정서적으로 적절히 반응을 보이지 못하는 경우가 많다.

세 번째 유형인 불안정·양가형 애착은 혼란스러운 상황에 내팽개쳐진 채 관심을 못 받으면서 자라난 경우에 보인다. 이 유형의 애착 대상인 부모들은 안정적인 양육을 제공하지 못한다. 양육을 통해 심리적인 힘을 주지 못하다 보니 아이들은 유난히 매달리며 칭얼거린다. 엄마가 자리를 비우면 잠시도 못 견디고 너무 울어서 진정시키기가 거의 불가능할 정도다. 스스로 마음을 잡지 못하여 성질을 부리기도 하고 감정의 기복이 심하며 스트레스에 과민하다. 엄마가 돌아왔을 때에는 자기를 버려둔 엄마에게 복수라도 하려는 양 일부러 모른 체하면서 놀이에 열중하는 모습도 보인다.

자기와 엄마는 든든한 애착 관계로 맺어져 있다는 걸 믿는 안정된 애착 유형의 아기들은 자연스럽고 건강한 어른으로 자라난다. 엄마가 탄탄한 지원 기지의 역할을 해준다는 것을 아는 아기들만이 씩씩하고 용감하게 바깥세상으로 발을 내딛을 수 있다. 엄마라는 받침대 위에서 아이들은 궁금했던 것들을 만져보고 뒤져보면서 세상과 대화를 시도한다. 반면 불안정한 애착 유형의 아기들은 불안하고 위축된 모습으로 세상으로 나아가기를 망설인다. 엄마와의 관계는 세상과 맺는 관계의 토대이기에, 기초에서부터 흔들거렸던 아이들은 다른 사람들과 맺는 관계에서도 안정적이지 못하다.

버려진 아기였던 미라 씨와 할로우의 원숭이 격리 실험

미라 씨는 안타깝게도 엄마를 포함하여 세상과 친해질 기회를 가져보지 못한 사람이다. 병원에 처음 오던 때 미라 씨는 마치 인생에 직격탄을 맞은 사람처럼 보였다. 피해 의식과 분노로 부들부들 떨 정도였다. 감정 조절도 전혀 안 되고 생활은 뒤죽박죽이었다. 미라 씨의 엄마는 나이 어린 미혼모였다. 엄마는 미라 씨를 낳자마자 집을 나갔고 연락이 끊어졌다. 미라 씨는 아버지가 누구인지도 모르고 어머니 얼굴도 본 기억이 없다.

사십대라는 너무 이른 나이에 손녀를 본 외할머니가 미라 씨를 키워야 했다. 아기를 키울 준비가 전혀 안 되어 있던 할머니에게 미라 씨는 부담스러운 짐 그 이상도 이하도 아니었다. 엎친 데 덮친 격으로 유일하게 미라 씨에게 관심과 애정을 기울이던 외할아버지는 미라 씨가 여섯 살 때 오토바이 사고로 세상을 떠났다. 외할머니도 병으로 요양원에 들어가면서 미라 씨는 보육원으로 보내졌다. 성인이 되어 세상으로 나온 뒤 미라 씨가 경험한 사회는 뒤죽박죽 혼란 그 자체였다. 나라에서 마련해준 작은 임대 아파트에 들어간 미라 씨는 같은 동에 사는 사람들과 계속 싸우고 문제를 일으키는 바람에 다른 아파트로 옮겨야만 했다. 미라 씨의 복지 지원 조건 가운데 하나가 정신건강의학과에서 지속적으로 치료받는 것이었다. 하는 수 없이 찾아온 병원 진료실, 미라 씨는 눈물 섞인 목소리로 비명 지르듯 내뱉는다.

"도대체 나한테 사람들이 왜 그러느냔 말이에요!"

동네 슈퍼마켓 아주머니도 자기를 비웃고, 아파트 사람들도 자기를 욕하고, 어딜 가나 사람들은 자기를 우습게 생각한다고 그녀는 말했다. 친절한 사람도 드물게 있었지만 그건 자기에게서 뭔가 뜯어가려는 수작이라고 생각했다. 미라 씨가 하는 생각들은 그녀가 '마음이 아프기' 때문에 하는 것이 대부분이었다. 그렇다고 밑도 끝도 없는 이야기로 볼 수만은 없었다.

"사랑받기 위해 세상에 태어나는 거라면서요. 그런데 저는 미움받으려고 태어난 거 같아요. 이러려면 왜 저를 낳았대요? 왜 임신이 된 걸 알았을 때 지우지 않았대요? 할머니도 못 키우겠으면 그냥 처음부터 보육원에 보낼 것이지, 왜 저를 구박하고 못 살게 굴었대요? 그나마 보육원에서 지낼 때가 제일 나았다니까요. 거기서는 제가 어떻게 생활하고, 무슨 생각을 하는지, 최소한 관심 있는 척하는 사람들이라도 있었단 말이에요."

미라 씨를 보면서 마음이 아팠던 건 가시밭길 같은 경험 때문만이 아니었다. 막 태어난 아기는 혼자 힘으로는 아무것도 할 수 없다. 갓난아기는 낯선 세상에서 사람들을 통해 안정과 위로를 경험해야 한다. 그 시간들이 통째로 비어버린 미라 씨는 할로우H. Harlow의 동물실험에 나오는 격리된 원숭이 같아 보였다.

할로우는 영장류를 대상으로 한 실험으로 잘 알려진 과학자다. 그는 애착이 정서와 행동에 미치는 영향을 파악하기 위해 갓 태어난 원숭이들을 격리시키는 실험을 했다. 태어날 때부터 격리되어 자라난 원숭이들은 다양한 문제를 보였다. 위축된 채 또래와 관계를 맺지 못하고 짝짓기도 하지 못했다. 어찌어찌 새끼를 낳게 되더라도 제대로 돌보지 못했다. 어미로부터 일찍 분리된 원숭이일수록 문제가 심각했다. 새끼 원숭이들은 어미로부터 영양도 공급받고 위험한 환경으로부터 보호도 받아야 하지만 어미와 접촉을 통해 느낄 수 있는 따뜻함과 정서적 안정도 누려야 한다. 아예 원숭이 사회 전체로부터 격리된 새끼들은 자라서 성인 원숭이가 되어도 혼자 웅크려 있기만 할 뿐 다른 원숭이들과 어울리지 못하고 나중에 원숭이 사회 속에 놓이면 공포에 사로잡혀 어쩔 줄을 몰라 했다.

할로우는 어미 원숭이 모형을 두 개 만들어서 배치했다. 하나는 철사로 만들어서 젖병을 달아두었다. 또 하나는 젖병은 없지만 헝겊을 씌워 부드러운 느낌을 주게 했다. 새끼 원숭이들이 어떤 어미 모형을 더 좋아했을 것 같은가? 새끼들은 배가 고프면 젖병+철사 모형에 매달려 영양분을 섭취했지만 배고픔을 해결하고 나면 다시 헝

겊 모형에 매달려서 어떻게든 따뜻함과 편안함을 느껴보려고 애를 썼다.

아이에게 가장 중요한 매혹의 대상은 영양분이 공급되는 어머니의 젖가슴이라고 주장했던 프로이트 학파 쪽에서는 이 실험에 비난을 퍼부었다. 아마도 그들은 새끼 원숭이들이 어미젖이 아닌 부드러움을 선택했다는 사실을 인정하기 힘들었을 거다. 일부의 비난에도 불구하고 할로우의 원숭이 격리 실험은 동물조차 영양 공급만으로는 살 수 없음을 보여주는 실험으로 중요한 위치를 차지하고 있다.

미라 씨는 세상에 태어난 아기가 꼭 해야만 했던 경험들을 거의 하지 못했다. 자신이 소중한 존재로 받아들여지는 경험, 애착된 대상에게 사랑을 표현하고 그로부터 돌봄을 받는 경험, 힘들고 아파서 울면 위로 받는 경험, 잘하면 칭찬과 격려를 받는 경험, 야단맞을 때가 없는 건 아니지만 일정한 기준에 따라 자기 잘되라고 혼나는 경험 등등.

미라 씨에게 세상은 다른 사람과 따뜻한 관계를 맺는 공간이 아닌, 어떻게든 자신을 지키고자 발버둥쳐야만 하는 무서운 공간이었다. 격리된 채 자라난 원숭이들처럼 겁에 질린 미라 씨는 진료실 안에서조차 자신이 받아들여질 수 있다는 사실을 이해하기 어려워했다. 누군가 자기 말에 귀 기울여주고 자신이 겪는 고통을 진지하게 받아들이며 함께 걱정해준다는 것, 다른 사람에게는 평범한 이 이야기가 대체 무슨 뜻인지 몰라 어리둥절해했다.

애착의 3가지 유형

애착의 문제는 어린 시절 엄마와 아기의 관계에서 끝나지 않는다는 데 그 중요성이 있다. 애착의 시기에 나타난 엄마–아기 상호 작용은 아기가 자라 어른이 될 때 보이는 행동과 깊은 연관이 있다. 스루프A. Sroufe 등의 연구에서는 열 살짜리가 보이는 사회적 행동들이 그 아이가 어린 아기였을 때 보인 애착 유형과 크게 다르지 않다고 했다.

하잔과 셰이버C. Hazan & P. Shaver는 성인들의 애착을 연구한 사람들인데 연인관계에서 나타나는 애착의 유형이 안정형, 불안정·회피형, 불안정·양가형으로 엄마–아기 애착의 유형과 거의 비슷하다고 했다. 건조하다 못해 팍팍하게까지 느껴지는 명칭들이 어색하다면 여기 두 커플의 모습을 보자. 좀 더 쉽게 이해될 것이다.

대희 씨와 혜미 씨는 친구로 지내오다가 연인이 되었다. 이들은 모두 비슷한 나이로 사귄 지 1년이 조금 넘었다. 둘 다 직장 생활을 하는데, 적당한 스트레스와 성취 사이에 균형 잡으며 일하고 있다. 둘은 만나면 마음이 편하다. 대희 씨는 자기가 가진 마음의 어려움을 다른 누군가에게 드러내도 괜찮다는 것을, 자신의 약한 부분까지 이해받고 용납 받을 수 있다는 것을 혜미 씨와의 만남을 통해 배우고 있다. 그 전까지 대희 씨는 강한 이미지에 집중하는 일반적인 한국 남성이었다. 그런데 혜미 씨를 만나면서 일부러 강한 척할 필요가 없고 힘들면 힘들다고 말해도 된다는 걸 알게 되었다. 그에게는 놀라우면서도 적잖이 안심되는 경험이었다. 혜미 씨를 신뢰하기에 약함과 강함이 뒤섞인 자신의 진짜 모습을 보여줄 수 있었다.

혜미 씨도 대희 씨와 사귀며 새롭게 삶을 배우고 있다. 툭하면 화부터 내는 아버지 아래 얼어붙은 어린 시절을 보냈던 혜미 씨는 자기가 실수해도 화 내지 않는 남자친구의 모습에 충격을 받았다. 뭔가 잘못하는 모습이 드러나도 괜찮다는 걸 알게 되면서 혜미 씨는 오히려 더 잘 해낼 수 있었다. 자기를 따뜻한 눈으로 바라봐주는 대희 씨를 믿기 때문이다. 안정된 이성 관계를 토대로 그들은 각자의 삶을 더 탄탄하게 세워가고 있다. 그렇다고 만남 이후 모든 일이 다 잘 풀리느냐 하면 그건 아니다. 힘들 때도 있고 스트레스를 받기도 하지만 서로가 서로에게 진정한 휴식이 되는 건 사실이다.

반면 정훈 씨와 승희 씨는 서로 골치가 아프다. 정훈 씨가 보기에 승희 씨는 지나치게 간섭하는 여자다. 정훈 씨는 각자의 영역을 지키는 것을 중요하게 생각하는 사람이다. 그런데 정훈 씨가 보기에 승희 씨는 수시로 자신의 영역을 침범해 들어오는 것처럼 보인다.

승희 씨의 매력 때문에 참고는 있지만 그녀는 너무 많이 요구하고 너무 많이 치댄다. 정훈 씨 딴에는 충분히 애정 표현을 하고 있는데도 승희 씨는 끊임없이 애정을 확인하려 든다. 하긴, 가만 생각해보면 승희 씨 하는 말이 다 틀린 건 아니다. 그녀를 사랑하기는 하지만 너무 가까워지는 게 부담스러워서 약간씩 뒤로 물러나는 면이 정훈 씨에게 없지 않기 때문이다. 그 부분을 읽어낸 뒤 더 달려드는 건지도 모르지만 말이다.

승희 씨는 승희 씨대로 고민이다. 지금까지 많은 사람을 만나봤지만 다들 정훈 씨처럼 맴돌기만 하다가 떠나갔다. 정말로 사랑한다면 더 가까워져야 하고, 같은 마음을 가져야 하고, 같이 숨쉴 수 있어야 하는 거 아닌가? 승희 씨는 심각하게 고민 중이다. 그동안 내가 문제 있는 사람만 만난 건가? 아니면, 나에게 그들을 그렇게 만드는 문제가 있는 건가? 정훈 씨는 이런 이야기만 꺼낼라치면 숨 막히는 표정부터 지으며 피하려고만 든다. 도대체 알 수가 없다. 자신을 사랑하는 여자가 부담스럽다니, 말도 안 돼! 그도 나를 사랑한다고 했잖아! 그렇다면 그게 다 거짓말인 건가?

애착 유형으로 이들 커플을 분석해본다면 대희 씨와 혜미 씨는 '안정형 애착'에 속한다. 이들 커플에도 전혀 문제가 없는 건 아닐 거다. 그럼에도 불구하고 그들에게는 서로를 받아들이면서 계속 전진할 수 있는 힘이 있다.

정훈 씨는 전형적인 불안정·회피형 애착을 보이는 사람이다. 직업 같은 영역에서는 혼자서 잘하려는 정훈 씨의 태도가 좋은 평가를 받을 수 있겠지만 양 손이 마주쳐야 손뼉이 쳐지는 '관계' 속에서는 다르다. 어떻게든 깊이 빠져들지 않으려는 것 같은 정훈 씨의 모습은 행복한 결론으로 연결되기 어려워 보인다.

불안정·회피형 대상 옆에 서서 불안으로 잠식되어가는 불안정·양가형 애착의 승희 씨 모습도 안타깝다. 승희 씨 같은 사람은 경우에 따라 무척이나 열정적인 사랑의 주인공이 되기도 한다. 한 번 사랑하면 불꽃처럼 타오르는 이들은 심한 경우 그 불꽃으로 자신과 주변까지 다 사르고 재만 남긴다. 불안정·양가형의 사람은 버림받을까 두려워서 상대를 다그치는 바람에 버림받게 만들면서도 자기가 관계의 종결에 어떤 역할을 했는지는 모르는 경우가 많다.

애착 문제의 원인으로 지적되는 것에 '엄마의 빈자리'가 있다. 또 다시 등장하는 양육 환경 이야기에 좀 지겨울지도 모르겠다는 걱정이 앞선다. 근데, 왜 엄마는 자리를 비운 걸까. 앞에서 등장한 미라 씨처럼 어머니가 집을 나가서 실제로 없을 수도 있다. 그 외의 다른 이유로도 이 자리는 언제든 빌 수 있다. 아기를 돌보아야 하는 사람이 아프면 손이 많이 가는 그 역할을 제대로 못할 수밖에 없다. 외할머니는 미라 씨 옆에 있긴 했지만 아기를 제대로 돌볼 만큼 건강한 사람은 아니었던 것 같다.

조부모의 손에 자랐어도 정신적으로 건강한 사람들이 얼마나 많은가. 어쩌면 미라 씨의 외할머니는 딸이 미혼모가 되어 아기를 낳고 자신은 아기의 양육을 책임져야 하는 느닷없는 현실을 받아들이기 힘들었을지도 모르겠다. 미라 씨가 태어나기 전에 외할머니와 어머니, 또 다른 모녀 사이는 어땠을까 좀 의아하다. 건강한 애착이 형성된 엄마-딸이었다면 처음부터 미라 씨의 존재에 대해 엄마에게 도움을 청했을 텐데……. 아무리 미라 씨가 버거워서라고 하더라도 집을 나간 뒤 자기 엄마와 연락 한 번 없이 살아가는 것도 건강한 애착이 처음부터 존재하지 않은 게 아닐까 생각하게 된다.

2가지 성격 장애
— 분열성 성격 장애와 회피성 성격 장애

애착의 경험이 결여된 채로 자라난 아이들은 할로우의 격리 실험에 나오는 원숭이들처럼 정서가 결여된 사람으로 자라나기 쉽다. 이들은 정서적으로 위축되어 감정을 제대로 느끼지 못하며 애정 어린 관계를 형성할 능력도 거의 없는 채 어른이 된다.

미라 씨는 마음의 병을 앓고 있었기에 문제가 더 심각했다. 대부분은 이 정도까지는 아니지만 사랑받고 사랑해본 경험 없이 자라난 사람들은 마음과 마음이 오고가는 경험에서 어려움을 겪는다. 마치 태어날 때부터 앞을 볼 수 없던 사람이 '빨간색'이라는 단어를 듣고 그 느낌을 상상해야 하는 것과 비슷하다.

사랑, 좀 더 넓게는 인간관계가 문제의 핵심으로 떠오르는 병은 성격 장애(인격 장애, Personality Disorder)다. 지금 여기서 말하는 성격 혹은 인격은 흔히 우리가 "저 사람 참 인격자다" 또는 "정말 그 인간

성격 이상하네" 할 때 쓰는 의미와 다르다. 마치 "아, 이거 정말 미치겠네"라고 이야기하는 것과 소위 미치는 병 '조현증Schizophrenia'이 같은 의미가 아닌 것과 마찬가지다.

성격 장애에서 말하는 '성격'은 인지, 정서, 대인관계, 충동 조절이라는 네 가지 영역에서 지속적으로 드러나는 패턴을 의미한다. 인지Cognition는 자기 자신과 주변 사람들, 그리고 주변에 일어나는 일들을 인식하고 받아들이는 방식을 말한다. 정서Affectivity는 감정 반응의 정도, 범위, 불안정성 및 적절성 등을 말한다. 인간관계가 심각한 문제가 되는 성격 장애 두 가지를 소개한다.

진수 씨는 항상 혼자 지내왔다. 다른 사람과 어울리는 게 불편하고 힘들어서 일도 혼자 할 수 있는 일만 찾았다. 요즘도 진수 씨는 자신의 조그만 방에 틀어박혀 대부분의 시간을 보낸다. 다른 사람에 대한 관심도 없고 남들이 나를 어떻게 볼까 그런 생각도 안 한다. 나이가 찼으니 결혼하라는 가족들의 성화가 불편하지만 무시할 수 있다. 가족들과도 속 얘기를 안 하기는 마찬가지다.

진수 씨는 '분열성 성격 장애' 진단을 받았다. 평생을 걸쳐 지속되는 사회적 위축이 이 병의 특징이다. 이들은 내향적이며 인간관계가 불편하다. 가족을 포함하여 다른 사람들과 맺는 밀접한 관계들을 바라지도 즐기지도 않는다. 이들의 정서는 밋밋하고 위축되어 있다. 분열성 성격 장애를 가진 사람들은 괴짜에 외톨이이며 한마디로 뚱딴지같다. 이 사람들이 보이는 사회성 부족은 친밀해지는 것에 대한 두려움에 뿌리를 두고 있다. 가까워지는 게 두렵기 때문에 처음부터 마음의 문을 닫고 있는 셈이다.

광일 씨는 자기 얘기를 하기 힘들어하고 항상 눈치를 보는 습관이 있다. 얼마 전에 새로운 직장으로 옮겼는데, 일을 배우는 과정에서 누구나 들을 수 있는 사소한 핀잔에 가슴이 찢어지는 고통을 느꼈다. 광일 씨는 연애도 하고 싶고 친구도 사귀고 싶다. 그러나 아무도 자신의 소심하고 초라한 모습을 좋아하지 않을 것 같다. 그래서 외로움을 겉으로 절대 드러내지 않는다.

회피성 성격 장애를 가진 사람들은 거절당하는 것에 극도로 민감하다. 거절을 좋아하는 사람은 아무도 없겠지만 이들은 특히 더 유별나다. 부정적인 평가에도 예민하다. 그러다 보니 사회적으로 위축된 삶을 산다. 혼자 지내도 별 상관없어 보이는 분열성 성격 장애와는 달리 회피성 성격 장애를 가진 사람은 다른 이들과 가깝게 지내고 싶은 열망이 무척 강하다. 그러나 자신을 절대로 비판하지 않고 받아주기만을 강력히 희망한다. 자신을 좋아한다는 확신이 들지 않는 사람과는 엮이지 않으려고 한다. 당연하게도 이들에게는 가까운 친구가 별로 없다.

회피성 성격 장애를 가진 사람들을 가리켜 '열등감 콤플렉스'를 갖고 있다고 말하기도 한다. 자신이 어딘가 부족하다고 느끼며, 스스로를 사회적으로 서툴고 개인적으로는 매력이 없으며, 다른 사람들보다 열등한 존재라고 생각하기 때문이다. 창피를 당할까 봐 새로운 활동을 여간해서 시도하지 않는다. 망신을 당하거나 놀림거리가 될까 두려워서 친밀한 관계 안에서도 자기 목소리를 내지 못한다. 사람들 앞에서 이야기하거나 남에게 뭔가 요구하는 일을 어떻게든 피한다. 작은 일에서라도 거절당하면 움츠러들어서 다시는 얘기를 꺼내지 않는다.

아스퍼거 씨 병Asperger's disorder은 일종의 자폐 계열 병으로, 인간관계에 문제가 있는 모습 때문에 자주 언급되는 병이다. 미국 CBS의 시트콤 드라마인 〈빅뱅 이론The Big Bang Theory〉은 지적으로 뛰어나지만 괴짜인데다 사회성도 떨어지는 네 남자들의 모습과 매력적이며 뛰어난 사회성을 갖춘 여배우 지망생 페니의 모습을 대비시키며 인기를 끌고 있다. 과학자인 네 명의 남자들 모두 사회성이 떨어지기는 매일반이지만 주인공인 쉘든 쿠퍼(짐 파슨스 분, 그는 이 역할로 에미상에서 코미디 부분 최우수 남자 주연상을 받았다)는 좀 더 심하다. 룸메이트와도 자연스러운 관계 형성을 잘 못해서 룸메이트 계약서를 두꺼운 책 한 권 분량으로 만들어 서명을 받는다. 다른 사람들이 농담으로 하는 이야기에 정색을 하고 반응한다. 여자친구와의 관계도 영 낯설고 어색해하는데, 정상적인 성적 호기심조차 다 말라붙은 것처럼 보이는 모습이 웃음을 자아낸다.

쿠퍼 박사는 어린 시절, 아스퍼거 씨 병이 의심되어 여러 차례 검사를 받았다고 한다. 2013년에 정신건강의학과 진단 체계 기준이 바뀌면서 아스퍼거 씨 병은 자폐 스펙트럼 장애 안으로 흡수되었지만 이미 진단을 받은 사람들에게는 이를 유지할 수 있도록 했다.

이 병은 사회적 상호작용에 서투르게 만들고 이에 대한 흥미조차 떨어뜨리는 특징을 갖는다. 지능 저하가 흔한 자폐증과는 달리 언어나 인지 발달 등에서 별로 뒤처지지 않는 점 때문에 자폐로 진단 받는 사람 중에도 아스퍼거 씨 병으로 진단 받는 사람들(실은 그들의 가족들)은 고유한 자부심이 있었다고도 한다.

이들의 언어 사용은 비교적 정상이지만 비언어적인 의사소통 수단은 두드러지게 비정상적이다. 영상 전화가 처음 도입될 때 나왔던 광고가 있다. 똑같이 "사랑해"라고 말하는 사람들이 여럿 나오는데, 사람마다 표정과 억양이 다 달라서 다 같은 '사랑해' 임에도 불구하고 전혀 다른 '사랑해'임을 보여주었다. 이를테면 용돈을 타내고 싶어서 말하는 '사랑해'와 먼 거리에 있는 연인이 보고 싶어서 눈물 흘리며 말하는 '사랑해'는 전혀 다르다.

아스퍼거 씨 병을 가진 사람들은 언어에 덧붙여지는 비언어적 의사소통에서 심각한 이상을 겪는다. 이들은 사회적 감정적 측면에서 맞장구치기를 못하고 다른 사람들의 행복에 함께 기쁨을 표현하는 것도 잘 못한다. 이기적인 사람이어서가 아니라 다른 사람이 어떤 식으로 감정을 느끼며 그 감정과 교류하기 위해서는 어떤 감정 표현을 해야 하는지를 모르기 때문이다. 결국 이들은 또래 관계를 맺지 못한다. 인간관계에서 언어 외에 감정이 오고 가는 것이 얼마나 중요한지를 보여주는 예인 셈이다.

이 세상에 유통기한이 없는 건 없는 걸까

사랑을 이야기할 때는 뇌가 낄 자리가 별로 없어 보인다. 사랑은 마음의 문제이지 뇌의 문제가 아니라고 생각하기 쉬워서다. 아주 틀린 말은 아닌 게, 다른 어떤 감정들보다도 사랑은 뇌의 어느 한 곳으로 국한시키기가 어렵다. 사랑이 생각을 토대로 한 감정이라는 점을 떠올린다면 충분히 이해가 간다. 생각은 뇌의 전반에서 일어나는 현상이기 때문이다. 그래도 굳이 사랑의 뇌를 뒤져보자면 감정 분야의 단골 선수인 변연계가 빠질 리 없다.

설치류인 햄스터에서 대뇌 신피질을 절제해도 새끼를 돌보는 데에는 문제가 없다고 한다. 그러나 변연계가 손상을 입으면 모성 본능이 순식간에 망가져버린다. 부모 햄스터가 변연계 절제술을 받으면 새끼들이 우는 소리에 반응하지 않는다. 새끼 햄스터가 이 시술을 받으면 다른 햄스터들을 아무렇지도 않게 돌멩이를 밟듯 마구 짓

밟고 다닌다. 보통의 햄스터들은 형제끼리 함께 놀면서 자라나는 데 반해 변연계에 문제가 생긴 햄스터의 경우 놀이 자극에 반응하는 능력도 사라진다고 한다.

원숭이를 대상으로 한 실험에서도 마찬가지다. 변연계가 절제된 원숭이는 상대 원숭이가 화를 내는데도 전혀 아랑곳하지 않고 마구 밟거나 음식을 빼앗았다. 동물과 사람은 분명히 다르지만 사람을 대상으로 실험할 수는 없으니 동물 실험 결과를 사람으로 연장해서 상상력을 발휘해보자. 지적인 능력(신피질이 담당하는 기능이다)이 떨어지는데도 자녀를 열심히 돌보고 순수하고 아름다운 마음으로 다른 사람들과 따뜻한 관계를 잘 맺는 사람을 떠올릴 수 있겠다. 변연계가 건강하면 가능한 일이다.

사랑과 인간관계가 뇌에 미치는 영향에 대한 연구는 아직까지 걸음마 단계에 불과하다. 2000년대에 들어와서야 비로소 사랑에 빠진 사람의 뇌 변화에 대한 영상학적 접근이 시도되었다.

연구 대상자에게 사랑하는 사람을 떠올리게 했을 때 활성화되는 뇌의 위치는 대략 3곳이다. 행복감의 경험에 일조한다고 알려진 선조체Striatum, 자신을 다른 사람의 입장에 놓고 그 사람의 시각에서 상황을 바라보게 하는 오른쪽 각이랑Rt Angular Gyrus, 감정적 반응과 신체적 느낌이 교차하는 뇌섬엽 중간 지점 등이다.

사랑에 빠졌을 때 느끼는 황홀한 행복감, 내가 사랑하는 사람이 좋아하는 것들에 예전에는 전혀 없던 관심이 생기는 현상, 가슴이 두근거리고 볼이 발갛게 달아오르는 신체 증상과 뒤섞여 나타나는 기분 좋은 흥분이 뇌의 기능들로 설명될 수 있다. 반대로 두려움과 분노를 담당하는 편도체의 기능은 약간 떨어진다고 한다.

그렇게 보면 우리가 종종 소설에서 읽고 영화에서 보듯 진정한 사랑에는 실제로 두려움이 없고 분노조차 이겨낼 수 있는 힘이 있을지도 모르겠다. 그러나 뇌 촬영 기계 속에 들어간 사람의 뇌가 변화를 일으킨 것이 연인을 떠올리면서 느낀 사랑 때문인지, 친밀감 덕분인지, 심지어 시끄러운 기계 소리 때문에 경험한 스트레스였는지는 아직까지 정확하게 알 수 없는 상태다.

사람의 뇌와 연애 감정이 워낙 복잡해서인지는 모르지만 뇌 자체보다 호르몬에 대한 연구가 많이 이루어진 편이다. 사랑 연구로 명성이 높은 피셔 박사는 사랑의 단계를 셋으로 구분하면서 여기에 수반되는 호르몬의 변화를 제시했다. 그에 의하면 사랑은 갈망Lust – 낭만적인 매력Attraction – 애착의 세 단계로 나뉜다. 갈망은 성적 욕망을 느끼는 상태다. 낭만적 사랑의 단계에서는 시간과 노력을 다 바쳐서 함께 있으려고 한다. 애착의 단계에서는 함께 살면서 자식을 기르고 서로를 지켜주며 안정감과 안전함을 느끼고 싶어 한다. 이 세 단계를 좀 더 자세히 살펴보기로 하자.

갈망 단계, 즉 한눈에 반하는 단계에서는 성 호르몬인 테스토스테론과 에스트로겐이 증가한다. 여성은 여성대로, 남성은 남성대로 각자의 성적 매력이 최대한으로 끌어올려진다. 이 시기는 아주 짧아서 고작 몇 주 내지 몇 달 정도만 지속된다. 다음 단계인 낭만적 사랑의 단계에서는 도파민과 노르에피네프린이 작용한다. 이 시기는 갈망 단계보다 조금 길지만 아주 오래 가지는 않는데 통상 반년에서 길어야 3년 정도 간다고 한다. "내 사랑의 유통 기한이 통조림보다 짧다"는 이야기는 아마 이 기간을 두고 하는 이야기인 것 같다. 낭만적 사랑의 단계에 있는 뇌에서는 도파민과 노르에피네프린, 페로몬, 세로토닌 등 온갖 신경 전달 물질들이 쏟아져 나온다. 그 결과 심장이 두근거리고 입맛이 떨어지며 잠도 잘 못자고 무엇에라도 홀린 듯 강렬한 흥분 상태를 경험한다.

마지막 단계인 애착 단계에서 증가하는 호르몬은 바소프레신과 옥시토신이다. 장기화되는 이 시기에는 결혼이나 자녀 양육처럼 서로간의 헌신과 유·무언의 약속을 바탕으로 하여 함께 여러 가지를 공유하며 동등한 우정 관계를 쌓는다. 이 시기는 수년에서 수십 년까지 길어질 수 있다.

아까 통조림의 유통 기한 이야기를 했던가? 영화 〈중경삼림〉(1994년작)에는 이런 대사가 나온다.

"내 사랑에도 유통 기한이 있다면 만 년으로 하고 싶다."

이 영화는 중국을 대표하는 영화감독인 왕가위 감독의 작품인데, 홍콩의 중국 반환을 얼마 남겨두지 않고 있던 불안한 시절을 배경으로 흔들리는 사람들과 그들의 흔들리는 사랑을 그린 영화다. 직역한 대사는 이렇다.

"만일 기억을 통조림으로 만든다면 거기에도 유통기한이 있을까? 만일 그렇다면, 몇 세기고 계속되었으면 좋겠다."

여자친구와 헤어진 남자 주인공은 자기 생일까지 딱 한 달만 여자친구를 더 기다려보기로 결심한다. 그 날짜가 5월 1일이었다. 그는 유통 기한이 5월 1일까지인 파인애플 통조림을 하루에 하나씩 구입하면서 중얼거린다. '모든 것에는 유통 기한이 있다. 참치 통조림에도 고기 소스에도 있다. 이 세상에 유통기한이 없는 건 없는 걸까?'

사랑의 감정을 만들고 유지시키는 호르몬들

사랑의 감정 뒤에 숨은 주역인 호르몬을 하나씩 자세히 살펴보자. 제일 먼저 소개하는 호르몬은 도파민이다. 도파민은 보상報償, Reward 체계나 쾌락 추구 체계에서 핵심적인 역할을 하는 신경 전달 물질이다. 실적이 오르면 보너스를 받는 게 보상이다. 열심히 일한 당신이 떠나는 것도 보상이다.

도파민 계에 영향을 미치는 것으로 잘 알려진 약물에는 암페타민(소위 히로뽕)과 코카인이 있다. 암페타민은 뇌에서 도파민을 분비시키고 코카인은 도파민의 흡수를 차단함으로 두 가지 약물 모두 뇌 속 도파민 농도를 증가시킨다. 마약까지 가지 않지만 도파민에 영향을 미치는 중독 약물로 주변에서 매우 흔하게 볼 수 있는 게 바로 담배다. 담배의 주성분인 니코틴은 뇌 내 도파민 계를 활성화시켜서 중독을 유발하는 것으로 보인다.

사랑을 이야기하는데 각종 약물들이 줄줄 나오니 좀 이상하게 느껴질지 모르겠다. 그렇지만 최근 발표되는 논문들에서는 도파민과 사랑의 관련성을 상당히 중요하게 다루고 있다. 사랑에 빠진 지 얼마 안 되는 젊은 남녀에게 연인의 사진을 보여주면서 뇌의 어떤 부분이 반응하는가 조사했을 때 반응한 뇌의 부분이 도파민 경로, 그 중에서도 중변연계-중피질 경로Mesolimbic-Mesocortical Pathway로 불리는 경로였다.

이 경로는 동물 실험에서도 유명한데, 쥐에게 이 부분을 자극할 수 있는 스위치를 누르게 하면 먹지도 자지도 않고 굶어 죽을 때까지 계속 스위치를 누른다. 이 경로는 복측 피개 영역Ventral Tegmental Area이라는 부위에서 시작하는데, 복측 피개 영역은 중독의 기전에서 중요한 곳이기도 하다. 과연 사랑에는 중독성이 있다는 생각이 든다. 중독되면 맹목적으로 반응하고 사랑하는 사람에게도 맹목적으로 반응한다. 우리 속담에 "콩깍지가 씌었다"는 표현이 있는데 사랑의 속성을 정확하게 지적하는 셈이다.

중독은 내성과 금단이라는 특성을 갖는다. 내성은 만족을 위해 점점 더 많은 대상을 요구한다는 의미이고(술 취하기 위한 주량이 점점 더 늘어나는 사람은 술에 내성이 생긴 사람이다) 금단은 대상이 없을 때 심리적·신체적으로 고통을 겪는다는 의미다(스마트폰이 없으면 불안해서 어쩔 줄 모르는 사람은 스마트폰 금단 현상 중이다). 사랑에 빠지면 상대와 점점 더 많이 함께하고 싶고, 손을 잡으면 껴안고 싶고, 껴안으면 입을 맞추고 싶은 게 내성에 해당한다. 보고 싶은 그 사람이 연락이 잘 안 되거나 멀리 떠나서 자주 만날 수 없을 때 애타는 건 금단이겠다.

중독은 어떤 어려움에도 불구하고 중독의 대상을 갈구한다는 특징도 갖는다. 알코올에 중독되면 술을 구하기 위해 온갖 어려움과 귀찮음을 무릅쓰는 것과 같다. 눈앞에 매달린 당근이라는 보상을 향해 열심히 달려가는 말처럼 사랑은 자기에게 숨어 있는지도 몰랐던 힘을 쥐어짜내는 강력한 원동력이 된다.

그다음으로 주목하는 호르몬은 페닐에틸아민Phenylethylamine이다. 이 호르몬은 초콜릿 등 달콤한 음식 속에 많이 들어 있는데, 세로토닌과 노르에피네프린의 재흡수를 차단하고 도파민의 재흡수도 약간 차단한다. 재흡수가 되면 농도가 떨어질 호르몬들이 재흡수 차단이 되다 보니 결과적으로 세로토닌 농도가 뇌 속에서 증가한다. 세로토닌은 '행복 호르몬'이라는 별명으로도 알려져 있는 뇌 내 호르몬이다. 항우울제가 세로토닌과 노르에피네프린 재흡수를 차단하는 기전으로 우울증의 치료 효과를 가져온다는 점을 생각한다면 페닐에틸아민은 뇌 속에서 천연 항우울제 역할을 한다고 말할 수 있겠다. 이 성분으로 우울증 치료약을 만들면 어떨까 해서 태어난 것이 베타페닐에틸아민β-phenylethylamine 성분의 약물인 시부트라민Sibutramine 제제였다. 이 이름은 낯설지 모르지만 리덕틸이라는 이름 아래 장기 처방이 가능한 체중 감량 촉진제로 상당히 많이 처방된 약이 바로 이것이다.

본래 시부트라민은 항우울제로 개발된 약이었지만 우울증 치료 효과는 나타나지 않았는데, 의외로 체중 감량 효과가 있는 점 때문에 각광을 받았다가 현재는 여러 이유로 판매가 중단되었다. 시부트라민 처방을 받은 사람들은 페닐에틸아민 농도의 상승은 경험했을지 몰라도 모두가 사랑에 빠지거나 기분이 좋아지지는 않았다는 점을 생각할 때 호르몬을 일차원적으로만 생각해서는 안 되겠다.

마지막에 등장하는 호르몬은 옥시토신으로 서로 간에 유대가 공고해지고 신뢰가 쌓이는 단계에서 중요하다. 옥시토신과 관련이 높은 행동은 접촉이다. 옥시토신이 분비되면 접촉을 추구하고 접촉이 많아지면 옥시토신이 더 분비된다. 그렇다고 반드시 손을 잡거나 입을 맞추는 등의 신체적 접촉만 의미 있는 것은 아니다. 함께 식사를 하는 것만으로도 옥시토신 분비가 증가한다.

성관계할 때 절정을 경험하면 옥시토신 분비가 3~5배 정도로 늘어나서 이때 경험하는 따뜻하고 편안한 느낌은 옥시토신에서 비롯된 것으로 보인다. 여성에서는 아기를 출산한 직후에 옥시토신 분비가 증가하고 젖을 먹이는 동안에는 더 많은 옥시토신이 분비된다. 동물 실험에서 뇌 속에 옥시토신을 주입한 쥐들은 자기 새끼들을 더 열심히 돌보았으며 옥시토신의 역할을 차단하면 어미 쥐들이 새끼를 내팽개쳐버렸다고 한다. 도파민의 흥분과 중독, 페닐에틸아민의 강렬한 행복감과 비교할 때 옥시토신의 안정감은 몇 퍼센트 부족해 보일지도 모르겠다. 그러나 우리 삶이 100미터 달리기가 아닌 마라톤이라는 점을 고려한다면 꾸준히 자리를 지키며 더욱 친밀한 한 단위로 엮이는 데 기여하는 옥시토신만큼 든든한 지원군도 없단 생각이 든다.

인간관계와 사랑은 주고받는 것을 기본으로 한다. 과잉과 억압은 주는 것과 받는 것 양쪽 모두에서 나타날 수 있다. 사랑이 넘치는 세상을 위해 사랑은 많을수록 좋은 게 아닌가 생각한다면 사랑에도 중독이 있고 사랑의 육체적 표현인 성에도 중독이 있다는 이야기를 들려주고 싶다. 하나됨을 추구하는 성적 욕망은 그 자체로는 전혀 문제될 게 없다. "사랑하니까 너랑 자고 싶다"처럼 성적인 욕망은 사랑에 의해 일어나는 경우가 가장 일반적이다. 그러나 성적 욕망은 다른 여러 가지 감정에 의해서도 유발될 수 있다. 혼자 있다는 불안감, 정복하고 정복당하고 싶은 소망, 상처 주고 파괴하고 싶은 욕구, 공허함 같은 감정도 성적 욕망을 자극한다.

깊은 사랑에서 비롯된 성적 욕망은 자기를 채우는 탐욕 대신 부드러움과 배려가 우선된다. 성적 욕망이 채워지는 것은 아주 짧은 순간이다. 그러나 그 순간의 경험만으로도 두 사람이 실제 하나가 된다는 환상을 불러일으키기에는 충분하다. 최고조에 달한 성적 욕망이 만족스럽게 채워지는 그 순간, 둘은 분리된 개체가 아니다. 세상이 다 사라지고 그들 둘만 남는다. 둘에게는 그들뿐이다.

그러나 엄밀히 얘기하자면 사랑은 성적으로 만족한 결과로 나타나는 게 아니다. 도리어 사랑하기 때문에 성적 즐거움을 느끼게 된다. 만일 원인과 결과가 뒤바뀌어 나타난다면 – 성적으로 만족하고자 사랑을 찾는다면 성 중독을 의심해야 할지 모른다.

성,
중독되거나 담을 쌓거나

성 중독의 신호로는 이런 것들이 있다. 조절되지 않는 성행동을 보인다. 성병에 걸린다든가, 기혼자와 성관계를 가져서 법적으로 문제가 된다든가, 다른 사람들과의 관계에 심각한 부작용을 일으키기도 한다. 성 중독자는 성에 대한 상상을 유달리 많이 하고 자기 파괴적이거나 위험도가 높은 성행동을 끊임없이 추구한다. 한편으로 이런 유의 성행동들을 제한하거나 중단해보고자 끊임없이 노력한다. 마치 알코올 중독자가 술을 계속 마시고는 있지만 어떻게든 끊어보려고 노력하는 것과 비슷하다. 절제하려고 애를 씀에도 불구하고 성행동은 자꾸만 늘어난다. 성행위와 관련해서 우울증에서부터 황홀감에 이르기까지 심한 기분의 변화를 경험한다.

성 중독자의 삶은 성행위를 중심으로 돌아간다. 어떻게든 성관계를 할 기회를 찾다가 행동화에 성공한 뒤 파괴적인 경험으로부터 회복되기 위해 상당한 시간을 사용한다. 마침내 성행동이 사생활 혹은 침실의 문제로 그치지 않고 사회적, 직업적 및 다른 모든 생활에 상당한 방해를 끼치는 데까지 이른다.

성 중독에 붙이는 이름은 성별에 따라 다르다. 남성의 성 중독은 '돈 주앙 증후군Don Juanism'으로 불린다. 돈 주앙들은 과잉 성행동을 보이는 사람들로 어떻게든 수많은 성경험을 가지려고 애쓴다. 얼핏 보기에는 엄청난 자신감을 가진 사람, 남성 기능이 대단한 사람으로 보일지 모르겠다. 그러나 이들 마음속에 들어 있는 것은 의외로 지독한 열등감이다.

돈 주앙들은 자기 안에 있는 열등감을 어떻게든 감추기 위해 과잉 성행동을 보인다. 그들은 자신의 남성성에 대한 확신이 없기 때문에 남성으로서의 무용담, 즉 여성 정복기를 통해 자신이 남자라는 사실을 입증하려고 한다. 모든 돈 주앙이 그런 건 아니지만 가끔은 무의식적인 동성애 충동을 가진 사람도 있다. 남성에 대한 끌림을 부인하려 하다 보니 점점 더 여성과의 충동적이고 자극적인 성행동으로 나아가게 되는 것이다. 대부분의 '돈 주앙'들은 일단 성관계를 가지고 나면 상대 여자에 대한 흥미를 급속히 잃고 만다.

여성의 성 중독은 여성 색정증Nymphomania이라고 한다. '돈 주앙'들이 열등감에 시달리는 것과 비슷하게, 님포들은 성에 대한 과도한 갈망과는 달리 절정감 장애(오르가슴을 겪지 못하는 장애)를 갖고 있는 경우가 많다. 님포들은 사랑을 잃어버리게 될 것 같은 강렬한 두려움 때문에 성적인 행동을 한다. 그러나 속내를 들여다보면 그녀들이 바라는 것은 실제 성관계가 아니다. 그저 상대에게 마음껏 의지하기를 바랄 뿐이다. 그렇다 보니 성적 충동이 만족되더라도 바닷물을 들이킨 후 더 심해지는 갈증처럼 성에 대한 갈증을 경험한다.

성 행동이 넘치는 사람의 반대 축에는 외로움에 혼자 시들어가는 사람들이 있다. 김 할아버지는 우울과 불안으로 병원을 찾았다. 이 분도 애착이 제대로 이루어지지 못하여 불행한 어린 시절을 지나왔다. 김 할아버지의 아버지는 폭력적인 알코올 중독자였다. 어린 아들 앞에서 바닥에 피가 흥건히 고일 정도로 아내를 때리곤 했다. 어머니는 이 상황에 제대로 대처하기에는 너무도 유약한 사람이었다. 자기 삶을 지탱하기에도 쩔쩔 매느라 민감하고 섬세한 아들을 돌볼 힘이 없었다.

중학교를 마칠 무렵 아버지의 매를 피해 집을 나온 뒤 김할아버지는 갖은 인생 역경들을 겪어야 했다. 공사판을 전전하며 막노동을 했고 혼자 밥 먹고 잠잤다. 나이가 들고 막노동 일을 감당하기 힘들어질 무렵부터 불안과 우울이 찾아들었다. 독감으로 혼자 여관방에서 며칠을 끙끙 앓다가 '이렇게 살다가 죽는구나!' 하는 생각에 몸서리가 처졌다.

진료실에서 만난 김 할아버지는 반듯했지만 무척이나 외로워 보였다. 부모님의 장례식에도 가보지 않았다고 했다. 친구도 가족도 없는 외톨이 노인이 되어 한탄하는 김 할아버지는 고독감으로 가득 차 있었다. 아예 아무하고도 가까워지기를 바라지 않는다면 마음이 편할지 모르겠다. 그러나 그림 속의 떡처럼 갖고는 싶되 가질 수 없는 세상과 사람 때문에 마음의 고통이 더했다. 김 할아버지가 호소하는 숨차고 어지럽고 토할 것 같고 등등의 신체 증상들은 몸이 아파서 나타나는 게 아니었다. 절망과 슬픔, 무엇보다도 혼자 있는 외로움과 쓸쓸함이 신체적 증상으로 경험되었다.

김 할아버지의 모습에서 볼 수 있듯이, 내 삶을 사랑과 다정한 관계들로 가득 채우고 싶은 마음이 강하면 강할수록 외로움에 마음 아프다. 갖지 못한 사람들은 나를 아프게 한다. 우리는 사랑하는 사람들과 함께하는 경험을 통해 치유되고 행복해지고 안정감을 느끼고 싶어 한다. 그래서 나만의 그 사람을 만나면 삶이 달라질 거라고 기대한다. 그렇지만 이런 생각은 "그 후로도 영원히 행복하게 살았습니다" 유의 동화 같은 생각에 불과하다. 그 어떤 누구를 만난다고 해도 내가 가진 상처와 아픔은 눈 녹듯 순식간에 사라지지 않는다. 아, 물론 행복을 느끼는 순간은 있다. 오래가지 않아서 문제일 뿐. 나나 무스꾸리Nana Mouskouri가 노래한 것처럼 "사랑의 기쁨은 한 순간이지만 사랑의 슬픔은 영원하고…… 사랑의 기쁨은 잠시 머물지만 사랑의 슬픔은 평생을 함께하는" 것이 진실처럼 보인다.

"내가 사랑하는 사람에게는 항상 나쁜 일만 생겼어요!"

사랑하면 할수록 상대를 향한 기대치가 생기기 때문에 사랑은 필연적으로 고통을 수반한다. 사랑하는 만큼 힘들다는 건 꼭 연인들에게만 국한되지는 않는다. 사랑을 인간관계라는 이름으로 바꾸어보면 좀 더 쉽게 이해가 간다. 사랑하고, 기대하고, 가까워질수록 더 아프다는 건 이런 뜻이다.

길을 가다가 우연히 마주친 낯선 사람이 나에게 화를 내면 당연히 기분이 나쁠 것이다. 용감한 사람이라면 큰 소리로 "뭐 이런 사람이 다 있어?"라고 고함을 치며 화를 낼 것이고 소심한 사람이라면 뭐 밟은 듯 찌푸린 얼굴로 아무 말 없이 지나칠 것이다.

그렇지만 나에게 화를 낸 사람이 가까운 사람이라면? 가까운 정도가 아니라 일상적으로 사랑을 주고받던 사람이라면? 동네 아주머니가 화내는 걸로 마음이 무너지는 사람은 많지 않겠지만 엄마가 화를 내면 그야말로 마음이 무너질 수 있다. 별로 관심 없던 이성이 나에게 "미안하지만 친구 이상의 생각을 해본 적이 없어"라고 거절을 해온다면? '웃겨, 누가 뭐랬기에? 뭐 이런 사람이 다 있어?' 기가 막히겠지만 딱 거기까지다. 만일 내가 오랫동안 짝사랑해온 사람이 "미안하지만 난 아니야"라고 말한다면? 단순히 기막힌 것에서 그치지 않는다. 아마도 마음 깊은 곳에 피멍이 들 것이다.

사람은 필연적으로 다른 사람과의 관계를 통해 자신을 정의한다. 한자로 써보면 의미심장함은 더 커진다. 인간人間에는 '사람들 사이'라는 의미가 들어 있으니 말이다. 그런데 인간관계가 가장 큰 골칫거리라니, 말이 안 되면서도 한편으로는 말이 된다. 사랑과 인간관계는 우리 몸을 지탱해주는 뼈대와 같다. 적당하게 드러나는 골격의 선은 아름답다. 영상의학과 의사들은 x-ray 사진만 봐도 미인인지 아닌지 알 수 있다고 한다. 그렇지만 뼈대는 아름다움을 위해서만 필요한 게 아니다. 인체의 지지와 균형이라고 하는 더 중요한 기능을 갖고 있다. 사랑도 그렇다. 황홀한 사랑과 빛나는 우정은 삶을 아름답게 하지만 아름다움만이 사랑의 목적은 아니다. 뼈대가 몸 전체를 튼튼하게 받쳐주듯 사랑과 인간관계는 삶을 든든하게 세워주고 움직일 수 있게 한다.

대개의 사람들은 뼈가 튼튼하지만 문제가 있는 사람들도 있다. 태어날 때부터 골격에 문제가 있는 사람이 있고, 튼튼하게 태어났지만 사고를 당해 뼈가 부러진 사람도 있다. 그처럼 누군가는 사랑·인간관계에 선천적인 폐쇄성을 갖고 태어났을지도 모르고 살면서 부딪힌 삶의 파도 때문에 관계가 부서지는 아픔을 겪었을지도 모른다.

영민 씨는 귀여운 인상의 직장 여성이다. 아직 어린 나이지만 유방암과 아버지의 사고사라는 풍파를 겪어야 했다. 이후에 찾아온 우울증까지, 그녀가 겪은 시간들이 전혀 상냥하지 않았음에도 불구하고 영민 씨는 꿋꿋하게 살아남았다. 우울증에서 회복되고 치료를 마무리했던 영민 씨는 다시 병원을 찾았다. 우울증의 재발 때문이 아니었다. 직장동료와 사랑에 빠지는 것과 동시에 찾아온 두려움을 견디지 못한 거였다.

"내가 사랑하는 사람에게는 항상 나쁜 일만 생겼어요. 저는 아버지랑 정말 친했단 말이에요. 막내딸이라서 더 그랬겠죠. 그런데 보세요. 아버지는 제 간식을 사러 나가셨다가 교통사고로 돌아가셨어요. 그날 밤에 제가 나갔어야 돼요. 제가 차에 치였어야 하는 건데……. 저는 어린아이였지만 아버지는 가장이었잖아요. 그래놓고는 겨우 제대로 살아보려고 하니까 유방암에 걸리더라고요. 그러니 제가 누군가를 좋아한다는 거, 정말 미친 짓 아닌가요? 분명 그 사람에게 나쁜 일이 생길 거예요. 저는 더 이상 죄책감에 시달리면서 살고 싶지 않거든요. 그래서 어떻게든 그 사람을 좋아하지 않으려고 했어요. 근데 자꾸만 그에게 빠져들게 돼요. 저는 대체 어떻게 해야 할까요?"

인생의 파도로 인간관계라는 골격이 부러지는 경우는 흔하다. 누군가는 애착의 기회조차 갖지 못한 채 세상에 내동댕이쳐졌을지 모른다. 누군가는 첫사랑에게 아프게 거절당하면서 사랑이란 말만 들어도 넌덜머리가 나게 되었을지 모른다. 상처투성이가 된 자기를 주워 담으면서 아프지 않으려면 다시는 사랑하지 말아야겠다는 결론에 도달했을지도 모른다. 그러나 사랑을 거절하면 안 아플까?

어쩌면 누구와도 친밀한 관계를 맺지 않으려고 하는 그 모습이 가장 아픈 모습일지도 모른다. 마치 뼈에 심을 박아 넣은 사람은 뼈가 더 단단한 사람이 아니라 뼈가 부러지는 사고를 겪은 사람인 것과 같다.

누구를 좋아하는 게 '정말 미친 짓'일까? 지금의 영민 씨는 불안과 혼란으로 뒤죽박죽이 된 채 다른 사람을 향해 자라나는 마음을 부정하느라 정신없는 상태다. 그러나 애초의 우울증이 회복되지 않았다면 누구를 좋아하는 마음 같은 건 느끼지도 못했을 거다. 영민 씨가 누군가를 좋아하게 되었다는 것 자체가 그녀가 회복 중이라는 뜻이기도 하다.

불안해서 어쩔 줄 몰라 하기를 잠시 멈추자. 그리고 가만히 자기 마음을 들여다보자. 잿더미 속에 조그맣게 돋아난 푸른 싹이 보일 거다.

나를 행복하게도 불행하게도 만들 수 있는 유일한 사람은 나 자신이다

사랑이 삶의 뼈대에 해당된다는 데 동의한다면 이 뼈대를 제 위치에 제대로 자리 잡게 할 수 있는 방법은 수용과 인정이다. 굳이 하나 덧붙인다면 포기하지 않는 '마음'을 꼽겠다. 정신분석학자 비온W. Bion은 "사랑의 운명은 회피와 수용 중 어느 쪽을 선택할지 결심함에 따라 여러 갈래로 나뉜다. 정서적 고통을 단지 피하지만 말고 받아들일 때 비로소 결실을 맺을 수 있다"라고 말했다. 그렇다면 우리는 무엇을 수용하고 무엇을 인정해야 할까.

로버트 레드포드 감독의 영화 〈흐르는 강물처럼A River Runs Through It〉(1992년)은 장로교 목사인 엄한 아버지 아래에서 자라난 두 아들, 노먼(크레이그 셰퍼 분)과 폴(브래드 피트 분)의 이야기다. 노먼은 교사로 안정적인 삶을 살지만 반항적 기질이 있던 폴은 자유분방한 기자로 노름과 술에 빠져 산다. 폴은 자기 삶의 대가를 치르듯 살해당한다. 마지막 폴의 장례식 장면에서 아버지가 이야기한다.

"언젠가 여기 모인 우리들은 도움이 필요한 사랑하는 사람들을 보면서 똑같은 질문을 던질지도 모릅니다. '주님, 도와주고 싶은데요, 그들에게 뭐가 필요할까요?' 사실 우리들은 가장 가까운 사람들을 거의 도와주지 못합니다. 때로는 어떤 것을 주어야 할지 알지 못합니다. 때로는 무얼 주어야 할지 잘 알지만 주고 싶지 않습니다. 우리는 이들과 함께 살고 있으며 누가 우리를 곤란하게 만들지 알아야 합니다. 그렇지만 우리는 여전히 이들을 사랑합니다. 우리들은 비록 완전하게 이해하지 못할지라도……. 완전하게 사랑할 수 있습니다."

노목사의 이야기 속에 사랑의 핵심이 담겨 있다. 속속들이 이해해야만 사랑할 수 있는 것은 아니다. 목사님도 아들을 먼저 보내고 나서야 뼈아프게 사랑을 배웠다. 이 사랑은 주변 사람들의 삶을 지나 영화를 지켜보는 우리에게까지 영향을 미친다. 수용과 인정은 내가 사랑하는 사람의 모습을 있는 그대로 받아들이는 것이다. 마음에 들지 않을 수도 있고 화가 나거나 안타까울 수도 있다. 하지만 그게 그 사람임을 받아들이는 게 수용이자 인정이다.

그렇다고 사람들에게 전혀 기대를 걸지 말자는 건 아니다. 기대하면 상처 받으니까 기대하지 말자는 건 흔하게 들을 수 있는 이야기다. 하긴, 잘못 기대하면 인생이 힘들어지기는 한다. 에리히 프롬E. Fromm은 자신의 저서 『사랑의 기술』에서 말한다.

얼마나 많은 남편들이 자기 아내가 권력을 쥐고 휘두르려 한다고 생각하는가? 실제로는 자기 어머니에 대한 애착 때문에 아내가 하는 어떤 요구도 자신의 자유를 구속하는 것으로 해석하는 것이면서 말이다. 얼마나 많은 아내들이 자기 남편이 멍청하고 무능력하다고 생각하는가? 실제로는 소녀 시절부터 꿈꿔왔던 번쩍이는 갑옷의 기사와 비교할 때 남편이 너무도 부족해 보이는 것뿐인데도 말이다.

아내에게 엄마만큼의 애착을 기대하고 남편에게 백마 탄 왕자님을 기대하기 때문에 실망한다는 말이다. 그럼에도 우리는 사랑하면 할수록 어쩔 수 없이 더 기대하게 된다. '추락하는 것들의 날개'처럼 높이 올라갈수록 더 곤두박질치며 추락하지만 우리는 딱 기대하는 만큼 사랑할 수 있고 사랑하는 만큼 기대하게 된다. 기대를 하지 않으면 아프지 않을지는 모르겠다. 그러나 기대를 안 해서 상처를 안 입은 게 과연 건강한 것인지는 생각해봐야 한다.

모두가 알다시피 사랑은 많은 희생과 노력을 필요로 한다. 상처받을 것을 잘 알면서도 상대를 바라보는 것이 여기에 포함된다. 기대하면 상처 받으니까 기대하지 말라고? 그렇지만 그건 공기 중에 있는 바이러스 때문에 폐렴에 걸릴 수 있으니 숨을 쉬어서는 안 된다는 말과 같다. 폐렴에 걸릴 수 있는 건 사실이지만 숨을 안 쉬고 살 수 있는 방법은 없다.

나를 행복하게 만들 수도 불행하게 만들 수도 있는 사람은 딱 한 명, 바로 나 자신이다. 어떤 일이 내 마음대로 되지 않을 수 있다. 누군가가 내 바람대로 하지 않을지 모르겠다. 괜찮다, 인정하고 받아들이자. 실망은 될 거다. 그렇지만 꼭 이래야 한다고 요구하는 것보다 자신을 불행하게 만드는 것도 없다. 나한테 중요하다고 해서 내가 그것을 꼭 얻을 수 있는 건 아니다. 나한테 돈이 중요하다고 다 얻을 수 있는가? 아니다. 아무리 나에게 시간이 중요하다고 해도 다른 사람의 남아도는 시간을 내 것으로 할 방법은 없다. 내가 아무리 좋아하지 않는다 하더라도 다른 사람은 자기가 원하는 것을 할 권리가 있다.

상대를 존중하지 않으면 관계는 망가진다. 있는 그대로 누군가를 사랑하는 건 정말 힘든 일이기는 하다. 누군가는 이야기했다.

"우리는 항상 다른 이들을 사랑하지 않을 이유를 찾고 있는 것처럼 보인다."

가슴이 뜨끔하도록 공감이 가는 말이다. 그렇기에 끊임없는 노력이 필요하다. 내 옆의 그 사람을 있는 그대로 받아들이기 위해서……. 이래야만 한다, 저래서는 안 된다 하는 조건들을 내려놓을 수 있어야만 진정으로 상대를 사랑할 수 있고 그 관계에서 평화와 행복을 누릴 수 있다.

지금부터, 사랑하기로 결심하다

수용과 인정이 필요한 중요 대상이 또 있으니 다름 아닌 나 자신이다. 나를 받아들이고 있는 그대로 인정하자라는 말, 좋은 말이다. 그러나 어디 그게 말처럼 쉽나. 그렇지만 어렵다고 안 되는 건 아님을 앞에서도 이야기했다. 회피성 성격 장애 환자를 치료하는 원칙을 보면서 이게 어떻게 가능한지 엿보도록 하자.

치료 원칙은 굴욕과 수치, 거절과 실패의 위험으로 가득 찬 것처럼 보이는 세상을 향해 걸어 나가도록 격려하는 것이다. 세상이 갑자기 장밋빛으로 보이기를 기다리지 않도록 한다. 두려움이 없어지기도 바라지 않는다. 그저 자신을 껴안은 채 그대로 앞으로 나아가게 한다. 무엇이 필요한지 사람들 앞에 드러내 말하는 자기주장 훈련도 한다. 치료 과정을 통해 사람들이 자신을 인정하고 받아들여준다는 믿음, 즉 자존감Self-esteem을 강화하도록 돕는다. 그런데 이렇게 한다고 정말 사람이 달라질까? 원숭이 애착 실험에서 생후 6개월 이후까지 완전히 격리되었던 원숭이는 결코 회복되지 못했다고 하던데……. 그렇다면 애착이 깨지는 경험으로 마음에 상처를 입은 사람들은 다시는 회복될 수 없는 것 아닐까? 여기에서 드디어 반가운 이야기가 나온다.

수오미S. Suomi는 원숭이 격리 실험을 하면서 할로우와는 조금 다른 식으로 접근했다. 격리된 채 자라나 이상 행동을 보이는 원숭이들에게 젊고 건강한 원숭이(수오미는 이들을 '치료자 원숭이'라고 불렀다)를 붙여주었다. 건강한 원숭이는 격리되었던 원숭이들을 위협하거나 혼란스럽게 하지 않고 부드럽게 어울려 놀면서 접근하고 매달렸다.

2주 뒤 격리된 원숭이들이 다른 원숭이들의 사회적인 접근에 조금씩 반응을 보이기 시작했다. 혼자 웅얼거리거나 박수를 치는 이상 행동은 점점 줄어들었다. 6개월이 지나자 격리된 원숭이들이 서로 어울려 잘 놀고 치료자 원숭이에게 적극적으로 장난을 쳐왔다. 이상 행동은 완전히 사라지고 전혀 나타나지 않았다. '치료 기간'이 지나 치료자 원숭이와 격리된 뒤에도 격리 원숭이들은 도로 나빠지지 않았고 한결 나아진 모습을 유지했다.

원숭이와 사람은 엄연히 다르지만 원숭이 실험 결과를 보면서 치료가 가져올 변화의 가능성을 추측할 수 있다. 자기 뜻과는 상관없이 애착 관계의 결핍을 경험했던 사람이라면 지금 자기 모습에 속상하고 원망이 되겠지만 변화가 불가능한 건 아니다. 역전승이 가능하다.

정신건강의학과에서 상담을 받으면서 환자들은 치료자와 애착을 형성한다. 아무리 치료자가 애착을 잘할 수 있는 환경을 제공해준다고 해도 쉬운 일은 아니다. 항구에 정박 시설이 제아무리 잘 되어 있다 하더라도 배 쪽에서 닻을 내리지 않으면 안 된다. 닻을 내리지 못한 채 쩔쩔 매는 동안 배는 계속 흔들릴 테고 잘못하면 도로 바다로 떠내려갈지도 모른다. 그래도 바다 한가운데 또는 폭풍우 가운데 닻을 내리는 게 아니기에 그나마 좀 낫다.

진료실에서 환자는 어떻게 닻을 내려야 할지, 즉 어떻게 치료자와 친해져야 할지 조금씩 배우게 된다. 야단을 맞는 게 아니라 격려를 통해 관계의 불안을 극복한다. 이상적인 치료 환경에서라면 지금까지 시도해본 적이 없었던 새로운 행동들을 연습하고 불안을 다루며 위험을 감수하기 시작한다. 자신을 위해 유익한 행동들을 선택하게 된다. 상담을 받는 사람들은 따뜻함과 함께 자아 존중을 경험하고 치료자는 일관성 있게 신뢰할 수 있는 모습을 보여준다.

그렇다고 모든 사람들이 다 치료를 받을 수는 없는 노릇이다. 그래도 변화는 가능하다. 미리부터 움츠러든 채 가능성의 문을 꽉 닫고 있지만 않다면 주변 사람들과 맺는 작은 관계들로 변화될 수 있는 가능성은 계속 있다. 사랑과 인간관계는 도전적인 과제이며 때로는 마음이 무너지는 경험일 수 있다. 그러나 이야말로 우리가 배우고 성장하며 사랑하고 사랑받을 수 있는 가장 좋은 기회다.

잘 알려진 명언 가운데 이런 것이 있다.

돈이 필요하지 않은 것처럼 일하라. 한 번도 상처 입지 않은 것처럼 사랑하라. 아무도 보고 있지 않은 것처럼 춤추라.

사랑스러운 사람을 사랑하는 건 누구나 할 수 있다. 그러나 근육을 키우려면 적당한 무게가 주어져야 하는 것과 마찬가지로 사랑스러우면서도 때로는 밉살스러운 그 사람과의 관계 속에서 허덕이며 버티는 동안 사랑의 근육이 자라난다. 앞서 나왔던 에리히 프롬은 사랑이란 지식과 노력이 요구되는 일종의 기술art이며, 운이 좋다면 우연히 만나 푹 빠져드는 그 무엇이 아니라고 했다. 어떤 것이든 한 가지 기술을 쌓으려면 이론과 실기 모두를 병행해서 전력투구를 해야 한다.

사랑도 그렇다. 사랑받은 경험이 없어서 사랑하기 힘들다고? 이해는 가지만 사실 대부분의 경우가 그렇다. 『인생 수업』의 저자 로스E. K. Ross는 우리가 경험한 대부분의 사랑이 조건부의 사랑, 혹은 보상이었다고 말했다. 잘하면 칭찬받고, 예쁘면 사랑받고, 능력이 있으면 인정받았다. 그렇지만 지나온 시간들은 내가 한 선택이 아니었기 때문에 어쩔 수 없다. 그러니 지금부터 나는 선택하기로 결심한다. 사랑하기로!

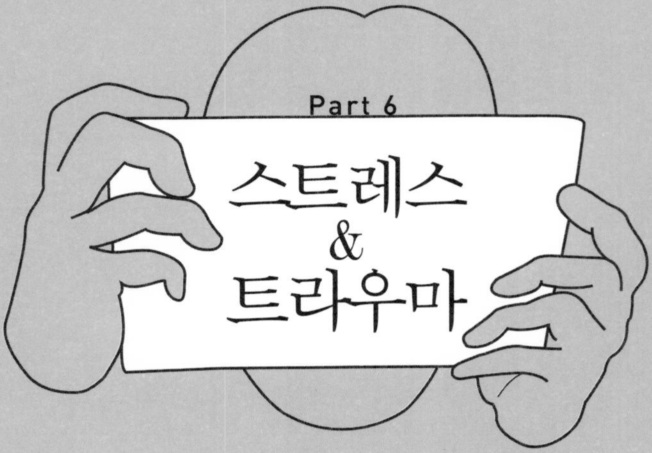

Part 6

스트레스 & 트라우마

생물체의 항상성을 깨뜨리는 자극, 스트레스

"내 삶은 정말 스트레스 투성이야. 지긋지긋해. 아, 어떻게 해야 여기에서 벗어날 수 있을까?"

요즘 들어 스트레스라는 말은 참으로 쉽게 쓰이는 말이 된 것 같다. 어떤 말에든 이 단어를 붙이기만 하면 말이 된다. '수험생 스트레스', '야근 스트레스', '주부 스트레스', '인간관계 스트레스'…….

이 말을 쓰는 사람들도 다양하다. 어린아이들부터 노인에 이르기까지 누구나 아무렇지도 않게 스트레스란 단어를 입에 올린다. 피부과를 거쳐서 신경정신과를 찾은 한 초등학생 꼬마 아가씨는 풍선껌이라도 불 듯 가볍게 '스트레스'라는 말을 뱉었다.

"엄마 아빠가 자꾸 싸워서 스트레스를 받는 바람에 머리가 빠진 거래요. 피부과 의사 선생님이 그랬어요."

아이의 두피에는 동전처럼 동그랗게 머리가 빠진 자리가 군데군데 있었다. 딸이 머리 감고 말리는 걸 돕다가 머리가 빠진 걸 발견한 엄마는 피부병이라고만 생각해서 피부과에 데려갔다. 그런데 피부병은 피부병이지만 그저 단순한 피부병이 아니었다. 아이는 '스트레스성 탈모'로 진단받았다.

'스.트.레.스'. 아이는 한 마디 한 마디 또랑또랑하게 힘주어 이야기했다. 아이 엄마가 옆에서 그야말로 '확 스트레스 받는' 표정을 짓고 또 감추는 동안에 씁쓸한 웃음과 당황스러움, 안타까움 같은 각종 감정이 뒤섞여 올라왔다.

스트레스는 아주 흔하게 쓰이는 단어지만 정확하게 정의하기가 쉽지 않은 용어이기도 하다. 대부분의 사람들은 스트레스를 일종의 불청객처럼 생각하는 경향이 있다. 정신 및 신체 건강에 뭔가 좋지 않은 영향을 끼치는 것 같긴 한데, 딱 꼬집어서 말하기는 어렵지만 아무튼 부정적인 의미를 담고 있는 걸만은 틀림없다고 받아들인다.

14세기 라틴어에서 찾아볼 수 있는 단어의 뿌리는 'stringere'인데, 직역하자면 '바짝 당기다' 정도의 의미이며 여기서 '고초', '궁지' 같은 의미로 확장된 것으로 보인다. 17세기 영국의 자연철학자이자 과학자이면서 건축가인 로버트 후크R. Hooke가 물체에 작용하는 힘이 어떤 식으로 분포되는지 등을 설명하면서 맨 처음 이 단어를 사용했다. 그리고 그 뒤 스트레스는 '지탱할 수 있는 압력'이라는 의미로부터 '건물 혹은 교량 등이 견딜 수 있는 압력'의 의미까지 다양하게 사용되었다.

스트레스라는 말이 현재와 같은 의미를 가지게 된 것은 불과 100

년이 채 안 되었다고 한다. 1920년대에 처음으로 월터 캐넌Walter Cannon이 생물체가 가지는 항상성Homeostasis을 깨뜨리는 외부적인 요소라는 의미로 스트레스를 사용했다. 항상성이란 내외부적인 자극과 환경 가운데 균형을 잡으려고 노력하는 생물체의 생화학적 과정이다. 말은 어렵게 들리지만 사실은 쉬운 얘기다.

날씨가 더워지면 땀이 나고 갑자기 추워지면 오싹해지는 건 자연스러운 현상인데 이런 게 항상성이다. 날씨가 더워지면 체온을 낮추기 위해 땀을 흘린다. 날씨가 추워지면 소름이 돋거나 몸을 떨어서 열을 만들어내 체온을 올린다. 일정한 체온이라는 목표를 가지고 어떻게든 항상성을 유지해보고자 애를 쓰는 게 생명체의 특징이다.

생명체에게 자신을 항상성의 상태로부터 멀어지게 만드는 요소들은 전부 스트레스로 인식된다. 그중에서도 생존과 직결되는 공격이나 기아는 심각한 스트레스로 분류된다. 누군가가 나를 향해 분노에 가득 찬 주먹을 날리거나 먹을 것이 다 떨어져서 굶주리는 동안 점차 몸이 여위어가고 있다면 항상성이 뿌리부터 뒤흔들리는 상황이다. 스트레스에 대한 초기 개념은 이런 식으로 형성되었다. 환경에서 비롯되는 내적 혹은 외적 자극을 스트레스로 보기 때문에 '스트레스의 자극 모델'이라고 부르기도 한다. 이 모델에서는 좀 더 명확하게 설명하기 위하여 스트레스를 스트레스 유발 인자Stressor로 표현하기도 한다.

스트레스 유발 인자는 눈에 보일 수도 있고 보이지 않을 수도 있다. 실제 상황도 있지만 상상에 의한 가상적인 상황도 있다. 주말에 데이트를 하다가 극장에 갔다. 원래 계획하고 나온 게 아니라서 예약을 하지는 못한 상태다. 무슨 좋은 날이라도 되는지 사람이 너무 많아서 피곤하다. 그나마 관심이 있던 영화는 역시나 모두 매진 상태다. 불쾌지수가 마구 올라가는 이 시점, 사람 많은 극장이나 보고 싶었던 영화표의 매진 등은 '눈에 보이는' '실제 상황'의 스트레스에 해당한다. 마지막까지 끈질기게 기다린 결과, 상영 몇 분 전 취소된 자리가 생겨서 극장에 들어갈 수 있었다. 기다린 보람이 있다고 내심 뿌듯해하고 있는데, 옆에 앉은 연인의 반응이 영 시답지 않다. 웃어야 할 장면에서 침묵하고 울어야 할 장면에서 팝콘을 먹어댄다. 머릿속에 걱정의 나래가 가득 펴진다. '내가 보자고 한 이 영화가 재미가 없어서 기분 나빠 하는 걸까?' '영화 볼 생각이 있었으면 왜 예매를 안 한 채 만나자고 했냐며 화를 내는 중인가?'

영화가 끝나고 줄지어 나오면서 연인이 얘기한다.

"점심 먹은 게 얹혔는지 너무 속이 안 좋아서 무슨 정신으로 영화를 봤는지도 모르겠어."

그 순간, 머릿속에 펼쳐졌던 걱정들은 '눈에 안 보이는' '가상의' 스트레스로 확인된다. 그렇다고 스트레스가 다 없어진 건 아니다. 자신을 향한 분노인지 취향에 대한 평가절하인지 알 수 없는 상태에서 겪던 불쾌하고 부담스러운 스트레스가 속이 안 좋다는 연인의 허약한 위장에 대한 보다 구체적인 걱정이라는, 이전에 비해 상대적으로 부담이 덜한 스트레스로 변한다.

셀리에Hans Selye는 스트레스에 대한 초기 개념을 조금 더 발전시켰다. 항상성을 깨뜨리는 환경만이 스트레스가 아니라 항상성을 되찾기 위해 노력하는 생명체의 시도도 스트레스로 보았다. 즉, 날아오는 주먹으로부터 도망치거나 뭐라도 먹을 것을 구하러 찾아나서는 일 역시 공격이나 기아 못지않은 스트레스로 볼 수 있다는 것이다. 당장 코앞에 닥친 문제들, 그게 누군가에게는 무시무시한 주먹일 수도 있고 누군가에게는 꼬르륵거리는 배일 수도 있는데, 이를 극복하기 위해 자신이 갖고 있는 에너지를 몽땅 끌어다 쓰는 과정도 스트레스가 된다.

안팎으로 다가오는 스트레스 유발 인자에 대한 반응으로 개인이 겪는 고통과 경험, 그리고 이로 인한 반응을 아우르는 관점은 '스트레스의 반응 모델'로 불린다. 주말 저녁 친구가 갑자기 전화를 했다. 전화번호를 보니 아직도 사무실이다.

"뭐야? 주말인데 이 시간까지 일하는 거야?"

말이 끝나기가 무섭게 친구는 거래처에서 부당하게 자신을 대우한 일을 숨 돌릴 틈도 없이 다다다 늘어놓는다. 그런데 그 말들 중에 몇 마디가 유독 귀에 거슬리는 불쾌한 표현들이다. 아무리 기분 나쁘게 한 사람에 대한 말이라고 하더라도 저런 소리까지 하는 건 좀 너무한데…….

한참 폭풍 같이 말을 쏟아내던 친구가 잠시 멈칫 하는 사이에 끼어들어간다.

"그런데 그런 말은 너무 심한 거 아니야? 화가 난 건 알겠지만 아무리 화가 났더라도 그렇게 말하는 건 좀 그렇지."

그 순간, 전화기 속 불평불만 시리즈는 마지막 강렬한 불길을 내뿜는다.

"됐어! 너한테 위로를 바란 내가 바보지!"

전화 통화가 끝나면서, 그때까지 평안했던 주말도 끝이 났다. 다시 전화해도 받지 않는다. 친구가 걱정되면서 뒤통수가 약간 뻐근해진다. '에이, 그냥 참고 끝까지 들어줄 걸' 하고 자책하는 마음이 올라오면서 괜히 속도 조금 불편해진다. 어떻게 하면 친구 기분을 풀어줄 수 있을까, 생각하면서 골치를 썩는 동안에 내 몸과 마음이 경험하는 것이 반응으로서의 스트레스다. 친구의 마음을 위로해줄 방법을 찾아보는 것까지도 스트레스에 들어간다.

스트레스의 교류모델이란?

'스트레스의 교류 모델'은 가장 최근에 제시된 이론이다. 여기에서는 환경적인 요구가 생물체의 자연적 조절 능력을 넘어서는 것으로 스트레스를 정의한다. 개인의 정상적인 생리적, 심리적 기능들을 교란시키는(혹은 교란시킬 것 같은) 환경을 스트레스라고 하며 자극과 반응 사이의 다양한 여러 가지 과정을 고려한다. 스트레스 유발 인자와 내가 보이는 반응들이 서로 맞물려서 나타나는 각양각색의 결과들을 전부 포함하는 개념이다.

여기, 스트레스를 충만하게 경험하고 있는 32세 늦깎이 신입직원의 내외부적인 상황을 들여다보면 이해가 갈 것이다. 석주 씨는 올해 회사에 처음 입사했다. 대기업 입사가 쉽지 않은 세상이니 그럭저럭 괜찮아 보일지 모르지만 그의 속사정을 알면 그런 말도 잘 안 나온다.

석주 씨는 소위 잘 나가는 대학 법학과에 우수한 성적으로 입학했던 수재였다. 졸업도 하기 전에 사법고시 1차 합격도 당당히 해냈다. 그해와 다음해, 내리 두 번 2차에서 떨어졌지만 실망하지 않았다. 언제든 정신만 바짝 차리고 열심히 한다면 어렵지 않게 합격할 수 있을 거란 생각을 하며 그는 커플이 된 같은 과 여자친구와 함께 사법시험 재도전을 준비했다. 그는 언제나 자신의 밝은 미래를 꿈꾸었다. 법조인으로 사회 정의를 실현하는 모습, 사랑하는 아내와 이룬 행복한 가정에서 삶을 누리는 모습 등을 자주 머릿속에 그려보곤 했다.

그러나 애석하게도 그의 꿈은 그저 꿈으로 끝났다. 그는 계속 시험을 봐야 했고 연거푸 쓰라린 실패를 경험했다. 여자친구와 결혼하는 데까지는 어렵게 성공했지만 생각만큼 결혼 생활은 행복하지 않았다. 서로 바쁘다 보니 함께할 수 있는 시간조차 많지 않았다. 더구나 아내가 사시에 합격하면서 문제가 더 심각해졌다. 이미 자존심에 상처를 입어 심각한 내면의 고통을 겪고 있던 석주 씨는 아주 사소한 일에도 무시무시한 용이 입에서 불을 뿜듯 거세게 화를 냈다.

아내는 아내대로 그의 분노와 무기력을 참고 견디는 데 지치기 시작했다. 마침내 아내는 석주 씨에게 폭탄선언을 하기에 이르렀다. 앞으로 이렇다 할 변화가 일어나지 않는다면 애정도 배려도 없는 결혼 생활을 끝내자는 것이었다. 가정까지 잃을 수는 없었기에 석주 씨는 사법시험에 대한 미련을 버리고 취직을 했다.

석주 씨가 경험한 스트레스들은 다양하게 그의 몸과 마음을 공격했다. 정상적 생리적 리듬을 따라가다 보면 서른이 넘은 나이에 안정적인 생활과 환경만큼 필요한 것도 없다. 그러나 석주 씨의 환경은 안타깝게도 그렇지 못했다. 아침부터 저녁까지 공부에만 매달려야 했던 시간들과 쓰라린 실패를 겪으면서 무너진 경험들은 그의 몸을 거덜 냈다. 식사를 제때에 균형 있게 챙겨서 한다는 것, 누군가에게는 기본 생활이지만 누군가에게는 호사일 수도 있다. 석주 씨도 그랬다. 되는 대로 먹고 대충 때우며 지내다 보니 이십대까지만 해도 멀쩡했던 위장이 반란을 일으켰다. 역류성 식도염에 스트레스성 궤양까지 겹치는 바람에 그는 유아식처럼 부드럽고 순한 음식이 아니면 제대로 밥을 먹기도 힘들었다. 신경을 바짝 쓴 날이면 현기증에 극심한 두통으로 고생해야 했다.

석주 씨의 몸만 반기를 든 게 아니었다. 석주 씨의 심리적 리듬은 생리적 리듬보다 더 엉망이 되어 있었다. 그가 머릿속으로 그리고 있던 꿈들은 산산조각이 난 채 그를 아프게 했다. 문득 자기가 꿈꾸던 삶을 떠올릴라치면 마음이 아파 견디기 힘들었다. 사회 정의를 실현하는 법조인은 고사하고 삼십대가 넘어서야 겨우 신입 직장인이 되어 있을 뿐이었다. '행복한 가정이라고?' 행복은 그만두고 평범한 가정생활이라도 할 수 있으면 좋겠다, 싶은 마음뿐이었다.

석주 씨가 지금까지 겪어온 일들은 그의 생리적, 심리적 기능들을 교란시켰다. 이제 새롭게 시작하는 회사 생활도 그에게는 자신을 '교란시킬 것 같은' 환경이다. 회사에 들어가 조직 안에서 생활하는 것은 석주 씨에게 있어서 머리털 나고 처음 해보는 낯선 경험이다. '과연 내가 잘 해낼 수 있을까.' '다른 사람들을 실망시키지는 않을까.' '나보다 나이 어린 상사들이 나를 잘 받아들여줄까.' '아니 그것보다, 내가 이 길을 선택한 게 맞긴 맞는 것일까?' 이 모든 생각들이 석주 씨의 마음을 무던히도 불편하게 만들고 그의 머릿속을 어지럽혔다. 이런 것이 바로 스트레스다. 환경과 개인의 반응이 서로 주고받으며 빚어가는 큰 그림이 스트레스다.

동일한 스트레스 상황에 180도 다르게 반응하는 균영 씨와 경한 씨

스트레스보다 더 중요한 것은 개인이 이 스트레스에 어떻게, 어떤 식으로 반응하는가 하는 것이라고 생각한다. 사람들 모두가 삶 속에서 스트레스를 겪는다. 그러나 모든 사람이 스트레스 때문에 병까지 나지는 않는다. 자극이 되는 스트레스로부터 시작하여 몸과 마음의 병으로 이어지는 과정은 대략 6가지 단계를 밟아 이루어지는데, 이를 흔히 '스트레스-질병 모델'이라고 부른다.

첫 번째 단계에서는 최근에 일어난 그 사건을 어떻게 바라보는가 하는 개인 고유의 시각이 영향을 미친다. 동일한 사건이 일어난다고 해서 동일한 느낌을 받을 거라고 말할 수는 없다. 누구에게나 스트레스가 될 만한 상황은 분명 존재하지만 그렇다고 해서 누구나 똑같은 정도로 영향을 받는 것도 아니다. 사건을 바라보는 개인의 시각은 편광 필터와 같이 작용한다. 내가 그 사건을 어떤 식으로 보느냐에 따라서 그 사건이 내게 의미하는 바는 전혀 달라질 수 있다. 이 사건을 어떤 식으로 바라볼까 하는 것은 지금 벌어진 이 일에 대한 과거의 경험이 어땠는지, 현재 주변에서 얼마나 자신을 지지해주고 있는지, 수입이나 교육 수준 같은 건 어떠한지 등에 의해 좌우될 수 있다.

균영 씨와 경한 씨는 똑같은 계약직 회사원이다. 그들은 애초 업무 성적에 의해 정규직으로 전환될 가능성이 있다는 약속을 받았다. 둘 다 나름대로 열심히 일했지만 약속한 기간이 되었을 때 두 사람 모두 정규직 전환의 기회를 잡지 못했다. 이들 두 사람의 마음속은 지금 어떤 상태일까?

균영 씨는 지금 회사가 처음이 아니다. 이전에도 계약직으로 일하다가 미래가 없다는 생각에 정규직 채용의 가능성이 조금이라도 높은 지금의 회사로 옮겨온 터였다. 균영 씨는 아버지가 안 계시고 어머니의 수입도 많지 않은 터여서 제대로 된 직장에 다니지 않으면 안 되는 상황이었다. 균영 씨는 천성적으로 다른 사람들을 돕는 게 더 편한 사람이다. 자기가 힘들다고 어딘가에 기대려 하거나 손을 벌려 본 적이 없는 사람이기도 하다. 그러니 균영 씨로서는 이 회사에서의 마지막 날이 마음이 무너지는 것 같은 날일 수밖에 없었다.

그러나 경한 씨는 다르다. 사실 경한 씨는 이번 직장에서 정규직이 될까 봐(!) 오히려 내심 걱정을 하고 있었다. 몇 년 전에 경한 씨는 직장 생활을 하면서 모은 돈을 다 투자하여 몇 달간 외국 배낭여행을 다녀왔다. 럭셔리 여행이 아니다 보니 힘들 때도 많았지만 여행을 하는 동안 만난 인생이 진짜 인생이라고 생각하기에 고생을 했다기보다는 오히려 값진 선물을 받은 느낌이었다. 그는 지금 받는 월급도 잘 모아두었다가 기회가 되면 또다시 훌쩍 여행을 떠날 생각이다. 경한 씨 부모님이라고 주머니 사정이 넉넉한 분들은 아니지만 다행히도 그의 자유로운 삶을 이해하려고 노력하는 분들이었다. 어머니만 가끔 걱정하면서 "마흔이 되기 전에는 철들 거지?" 말씀하시는 정도다.

경한 씨는 회사를 그만 두는 날이 새로운 여행지로 옮겨가는 전날 밤처럼, 시원섭섭한 마음이 더 크지 세상이 무너지는 것 같지는 않을 것이다. 정신건강의학과에서 진료를 받는 사람은 자기가 어떻게 살아왔는지 배경 설명을 해보도록 요구받는다. 배경을 알게 되면 그 사람이 지금 이 시점에서 왜 힘들어하는지를 이해할 수 있는 가능성이 커지기 때문이다. 서로 다른 배경을 가진 사람들은 동일한 상황도 전혀 다르게 볼 수 있다.

두 번째 단계에서는 개인이 갖고 있는 심리적 방어 기전들이 작동하기 시작한다. 편광 렌즈를 통해 일부분 걸러져서 들어온 빛들이 방어 기전이라는 일종의 오목 렌즈를 통해 분산되는 지점이다. 이럴 때 사용되는 방어 기전들도 개인의 특성에 따라 무척이나 다양하다.

누군가는 부정한다. '아니야, 나에게 이런 일이 생겼을 리가 없어. 서류 처리하는 부서에서 실수한 걸 거야.' 누군가는 남 탓을 한다. '전에 상사가 잘못한 걸 지적했었지. 그랬더니 나를 제거하려고 이런 짓을 하는 거야.' 누군가는 성질을 낸다. 인사과를 찾아가서 소리를 지르며 화를 낸다. 누군가는 '수동 공격적인' 행동을 보인다. 다음 날부터 자꾸만 지각을 하고 중요한 서류들을 잃어버린다. 누군가는 신체화 증상을 경험한다. 갑자기 장에 탈이 났는지 수시로 화장실에 들락거리는 신세가 된다. 누군가는 그냥 무조건 참는다. 참는 동안에 속이 뒤틀리지만 언젠가 본때를 보여주겠노라며 그냥 참는다. 누군가는 합리화를 한다. '내가 처음부터 너무 잘 나가면 교만해질까봐 인생이 나를 시험하는 중일뿐이야. 시험 기간을 잘 지내면 다시 기회가 주어지겠지."

물론 성숙한 방어 기전을 통해 잘 대처하는 사람들도 있다. 속은 별로 좋지 않지만 계약직 사원의 애처로운 모습을 유머를 통해 부각시키거나 다음에 다시 기회가 주어질 때에는 어떻게 해야 할지 계획하는 시점으로 삼기도 한다. 이런 방어 기전들이 적당히 잘 먹히면 스트레스는 여기서 끝이 난다.

하지만 나름 분산시킨다고 분산시킨 스트레스들이 방어 기전의 그물망을 통과한 뒤에도 세력이 약화되지 않으면 그다음에는 생리적인 반응이 유발된다. 이것이 세 번째 단계로 스트레스가 몸에 영향을 미치기 시작하는 단계다. 직접적인 신체화 증상을 겪는 사람도 있다. 사촌이 땅을 사면 배가 아프다고 하는 건 유명한 신체화의 예다. 샘도 나고 화도 나는데 차마 그 표현을 못하니까 내 몸이 대신 표현을 하는 게 복통이다. 분하고 억울한 생각에 씩씩거리는 동안 가슴이 두근거린다든지 자고 일어나 보니 얼굴에 잔뜩 뾰루지가 생기거나 입술에 물집이 잡히는 수도 있다. 밤에 자려고 누웠는데 잠이 오지 않고 머릿속으로 생각들이 줄지어 지나가기도 한다. 여기서부터는 슬슬 '증상'으로 이름 붙일 만한 현상들이 나타나기 시작한다.

여행을 떠날 생각에 기분이 들뜬 경한 씨는 제쳐두고 세상 마지막 날 같은 생각에 마음이 괴로운 균영 씨의 생각을 들여다보자. 균영 씨는 여러 가지 방법 가운데 꾹 참기를 택했다. 근데, 이게 생각만큼 잘 되지가 않았다. 하도 꾹 참기를 많이 해봐서 참는 힘이 떨어진 건지 몰라도 그날 밤 잠이 잘 오지 않고 억울한 생각이 부글부글 끓어오르는 현상을 경험했다.

네 번째 단계에 가면 자신이 갖고 있는 나름대로의 적응 기법들을 사용하기 시작한다. 이것 역시 사람마다 천차만별로 다르다. 누군가는 진탕 술을 마시고 왁자지껄 떠드는 게 방법이 된다. 누군가는 이 상황을 이겨낼 힘을 달라고 기도한다. 또 누군가는 애인을 붙들고 어떻게 이런 일이 나에게 일어날 수 있느냐며 눈물로 호소하고 그의 위로를 받아낸다. 누군가는 아무 생각 없이 땀 흘리며 걸을 수 있는 등산길에 나선다. 물건을 사러 갔다가 사소한 일로 신경질을 나오며 주인 나오라고 찾는 사람도 있다. 사람들은 이런저런 시도를 해본 뒤에야 자신이 끌어다 쓴 적응 기법이 통하는 스트레스가 있고 안 통하는 스트레스가 있다는 사실을 알게 된다.

균영 씨가 썼던 방법은 비슷한 입장에 놓인 친구를 만나 그의 이야기를 듣는 것이었다. 처음에는 상당히 도움이 되었다. 동병상련이라고, 그가 힘들었던 이야기를 할 때에는 자기도 뭉클했다. 자신의 일만 바라볼 때에는 세상이 끝장난 것처럼 보이던 것이 한 걸음 물러서 있는 입장이 되어 보니 "야, 그래도 뭐 일할 곳이 여기뿐이냐? 그리고 우리가 그렇게 나이가 많은 것도 아니고 왜 다시 기회가 없겠어?" 같은 소리도 할 수 있었다.

여기에서도 처리되지 않은 채 남은 스트레스를 가지고 다섯 번째 단계인 '질병 행동'으로 들어간다. 자기가 힘들어하고 있다는 – '스트레스 받고 있다는' – 사실을 깨닫고 어떻게 해야 할지 고민하기 시작한다. 상담을 받을 것인가, 필요하다면 약물 복용이라도 해야 할 것인가, 상담이라면 어디에서 받아야 하는가, 병원에 갈까 아니면 상담실을 찾아볼까, 인터넷에 먼저 질문을 올리는 게 나을까 등등의 고민이 떠오른다. 도저히 혼자 힘으로 견딜 수 없다고 생각해서 병원을 찾는 순간 그가 겪고 있던 여러 가지 몸과 마음의 문제들은 그 현상에 적절한 진단명을 부여받는다.

균영 씨가 병원을 찾기로 결심한 게 이 단계였다. 친구를 만나 자기 이야기를 털어놓고 위로를 받으니 마음이 안정된 것 같았지만 며칠 지나면서 다시 잠이 안 오고 속이 부글거리는 현상이 생겼다. 시간이 흐르면서 기분이 점차 안정되었음에도 불구하고 '어제도 못 자고 그저께도 잘 못 잤다. 정말 피곤한데 큰일이다. '어휴, 오늘도 또 못자면 어떻게 하지?' 하는 걱정 때문에 잠이 안 와 고생하는 날들이 늘어났다. 마침내 병원을 찾은 균영 씨는 걱정 때문에 시작되었던 불면이 습관성이 되어서 '비기질적 불면증Nonorganic Insomnia'으로 넘어갔다는 이야기를 듣게 되었다.

"스트레스가 많이 컸나 보네요."

균영 씨와 상담한 정신건강의학과 의사는 균영 씨의 이야기들을 주의 깊게 듣다가 이렇게 얘기했다.

"심각한 문제가 생기거나 한 건 아니지요. 우울증이라고 이름까지 붙이기도 애매한 상태고요. 그렇지만 병이 아니라고 할 수도 없어요. 내가 혼자서 견딜 수 있는 수준을 넘어간 스트레스에는 '적응 장애'라는 병명이 붙지요. 그 이전에 큰 문제없이 잘 지내셨던 분들은 대부분 조금만 도움을 받아도 금방 좋아질 수 있어요. 힘드셨을 텐데, 병원에 잘 오셨어요. 지금 치료를 하시는 게 훨씬 나아요. 그냥 두셨다가 더 큰 병으로 발전할 가능성이 전혀 없는 게 아니니까요."

의사가 병명을 붙이는 그 순간이 스트레스의 마지막 단계인 6번째 단계다. 막연한 스트레스에서 시작한 무게감이 나의 일상적인 삶을 휘젓는 문제로 정의되는 과정은 이렇게 정리될 수 있다.

스트레스 인자가 달라지면 고통도 달라진다

똑같은 스트레스라도 사람마다 제각각 다른 반응을 보일 수 있다는 사실은 스트레스와 질병 모델의 첫 단계에서 잠깐 언급하고 지나왔다. 그러면 왜 이런 차이가 생기는지 조금 더 깊이 생각해보자. 균영 씨를 만난 신경정신과 의사가 균영 씨에게 내린 진단은 '적응 장애'였다. 적응 장애는 말 그대로 '적응을 잘 못하는 게 병적인 정도인 병'이며 스트레스가 되는 사건에 대한 감정적인 반응을 보이는 병이다. 적응 장애는 나중에 더 자세히 설명하겠지만 먼저 이 병의 핵심 요소들을 소개하고 넘어가려고 한다.

이 병을 일으키게 만든 스트레스 인자가 어떤 것인지, 스트레스 인자가 이를 경험하는 사람에게 가지는 의식적, 무의식적 의미는 무엇인지, 그리고 스트레스를 겪는 사람이 이미 가지고 있었던 취약성은 어떤 것인지, 이 세 가지가 적응 장애를 이해하는 핵심 요소에 해당한다.

연구에 따르면 적응 장애의 원인이 되는 스트레스 인자 가운데 흔한 것은 경제적인 어려움에 처하는 것과 병에 걸리는 것, 관계가 깨어지는 것 등 세 가지라고 한다. 이 셋 모두 사람들로 하여금 바닥(심리적으로든 현실적으로든)을 치게 만든다는 점에서 동일하다. 카드 돌려막기를 하다가 이자 때문에 빚이 눈덩이처럼 불어나 신용불량에 처하게 된 사람, 지금 막 병원에서 남은 수명이 길어야 1년이 안 될 거란 선고를 들은 사람, 티격태격하고 싸우다 언제나 화해로 마무리됐기에 이번에도 그럴 줄 알았더니 전화번호까지 바꾸고 연락 두절이 된 연인 때문에 애가 타는 사람. 얼른 생각해봐도 그들이 겪고 있을 인생의 바닥 지점이 쉽게 떠오른다.

스트레스 인자가 달라지면 그에 따라 느끼는 고통이 달라지게 마련이지만 이에 더하여 지금 겪는 이 일이 개인에게 갖는 의미에 따라서도 고통은 더욱 다양한 변주로 나타난다. 경제적인 성공을 인생의 목표에서 최우선 지점에 두고 있었던 사람이라면 '돈은 있어도 그만 없어도 그만'이라고 생각하는 사람에 비해 경제적인 타격이 더 뼈아프게 느껴질 것이다.

병에 걸리는 것도 마찬가지다. 건강하게 오래 산답시고 부단히 애를 쓰면서 몸에 좋다는 건 다 하고 지냈는데 생각지도 못한 불치병에 걸렸다는 사실을 알게 된다면 병에 걸려서 수명이 얼마 남지 않았다는 충격보다도 '이럴 수가, 내가 노력한 게 다 아무 소용이 없는 짓이었어!'라는 심리적 충격이 더 클지도 모른다. '아무리 노력해도 안 돼', '내 힘으로는 아무것도 안 돼'와 같은 생각은 단순한 슬픔이 우울로 넘어갈 때 중요한 역할을 하는 생각들이기도 하니까 말이다. 관계가 깨어지는 것은 경제적인 타격이나 시한부 인생 선고보다 개인적인 의미가 훨씬 더 많기 때문에 그만큼 더 힘들고 고통스럽다.

마지막으로 특정 스트레스 인자에 대해 개인이 보이는 취약성Vulnerability은 이미 이 게임의 승자가 누구인지 – 스트레스가 이길 것인가? 아니면 내가 이길 것인가? – 많은 부분을 결정짓기에 가장 영향력이 크다. 스트레스를 유달리 견디기 힘들어하는 자신을 돌아보면서, 이미 오래 전에 그럴 수밖에 없는 일들이 있었구나 하는 기억들이 떠오른다면 참으로 가슴 아픈 일이다. 여기에서 '그럴 수밖에 없는 일'에 속하는 일로 다시 한 번 지적되는 것은 어린 시절의 경험이다.

유아기 때 부모를 잃은 경우, 역기능적인 가족 안에서 자라난 경우 스트레스에 좀 더 쉽게 무너진다는 보고가 있다. 굳이 연구 결과를 들먹이지 않아도, 안정적인 가정에서 자란 사람보다 폭풍 같은 환경에서 자란 사람들이 삶을 견디기가 더 힘들 수 있다는 건 금방 이해가 간다. 그 외에도 성격 장애를 갖고 있거나 신체적인 장애를 갖고 있는 사람이라면 스트레스 견디기가 더 힘들 수 있다.

나중에 어른이 되어서 스트레스에 반응하는 능력에 영향을 미치는 가장 중요한 인물은 엄마다. 엄마가 제공하는 양육환경, 즉 엄마가 아기를 어떻게 키웠는가 하는 것은 아이가 어떤 사람이 될지, 필연적으로 만나게 될 삶의 굴곡을 지날 때 어떻게 버텨내게 될지 등

많은 부분을 결정한다.

위니캇D. Winnicott은 엄마의 중요성을 설명하면서 정신분석의 토대를 쌓은 프로이트와 여러 면에서 다른 시각을 보여주었다. 프로이트는 아기가 가지고 태어난 본능과 욕망이 제일 중요하고, 엄마는 아기의 대상에 불과하다고 설명하였지만 위니캇은 아기의 심리 성장과 정서 발달에 엄마가 절대적으로 중요하다고 하면서 엄마의 역할을 강조했다.

위니캇의 표현 가운데 "참 좋은 어머니Good enough mother"라는 것이 있다. 참으로 좋은 엄마란 아기의 필요에 맞추어주고 필요한 지지를 아기에게 보내서 아기가 삶의 좌절과 실패를 견디고 자라날 수 있게 하는 사람이다. 좋은 어머니는 '완벽한 어머니'와는 다르다. 사람은 전혀 완벽한 존재가 아니기에 완벽해지고자 하는 사람은 병적이 되기 쉽다. 철두철미한 계획 아래 수립된 자신의 양육 방식을 아기에게 강요하는 게 완벽한 어머니라면 좋은 어머니는 아기에게 가장 적절하게 반응하는 양육자다.

아기가 흥분해 파닥거리면서 자기의 욕구들을 몸짓으로 드러낼 때 좋은 엄마는 아기에게 거울처럼 반응해준다. 아기가 웃으면 웃어주고 장난치면 같이 장난쳐준다. 이럴 때 엄마는 아기의 대상Object이 된다. 아기가 고요하게 있는 시기에는 엄마가 아기에게 조용한 환경이 되어준다. 아기가 엄마를 필요할 때 엄마가 옆에 있어주고, 아기가 엄마를 찾지 않고 혼자 가만히 있을 때에는 그대로 두는 엄마가 좋은 엄마다. 좋은 엄마는 아이를 가만 놔두는 동안에도 무관심한 채로 있지 않는다. 아기가 엄마를 찾을 때까지 조용히 기다리고 아기가 홀로 있는 그 시간을 잘 지낼 수 있도록 지켜봐준다.

좋은 엄마면 충분하다는 건 이미 어린 시절을 한참 지나버린 대부분의 사람들에게 무척 안심이 되는 이야기이기도 하다. 세상에는 참으로 다양한 양육 방법과 이론들이 존재한다. 실컷 놀게 해야 한다고 하는가 하면, 공부는 습관이기 때문에 어려서부터 공부하는 습관을 들여야 한다고도 한다. 어릴 때 엄격하게 선을 그어주어야 사회 적응을 더 잘 한다고도 하고, 어린아이 기를 죽이면 안 된다고도 한다.

어떻게 아이를 기르는 것이 정답인지 너무 다른 이야기들 때문에 헷갈리고 혼란스러울 때 아이의 모습을 지켜보고 아이의 행동에 그저 잘 반응해주면 된다고 하는 것은 너무 쉬운 해답처럼 들릴지 모른다. 평범하게 좋은 어머니가 아닌, 완벽한 어머니가 되고자 용을 써보고 싶은 마음이 더욱 솟구치는 사람도 있을지 모른다. 그러나 아기를 포함한 모든 사람들은 백이면 백 모두 다르다. 그렇기 때문에 완벽한 양육 방법이란 것 자체가 어불성설이다. 누구에게는 더 많은 위로와 격려가 필요할 수 있고 누구에게는 적절한 실패를 경험하는 게 필요할 수도 있다. 그 정도면 말 그대로 충분하다Good enough.

좋은 엄마가 아기의 대상이 되면서 동시에 아기의 환경으로도 작용하는 모습을 '안아주는 환경Holding Environment'이라고 설명한다. 사랑하는 사람이 나를 꼭 안아주는 장면, 신뢰와 따뜻함으로 표현되는 그 품속을 떠올려보면 잘 지어진 이름이란 생각이 든다. 그 사람이

나를 안아준다. 질식할 듯 몰아닥치던 환경과 상황들이 그 순간 숨을 죽인다. 천둥 번개가 쳐도 엄마 품에 안긴 아기는 안심하면서 잘 수 있다. 잠깐 놀라 깰지 모르지만 다독거리는 엄마 손길에 금방 다시 잠이 든다.

안아주는 환경 속에서 자란 아기는 세상을 이길 수 있는 지원 기지가 가까이 있음을 알기에 힘들어도 쉽게 무너지지 않는다. 지원 기지는 처음에는 외부 대상인 엄마다. 나중에 지원 기지는 자기 자신 안에 자리 잡는다. 좋은 어머니는 아기의 공격성에 보복으로 반응하지 않는다. 앙갚음을 하지 않은 채 아기의 공격성을 잘 받아주고 견뎌냄으로 아기가 자신의 한계 너머에 존재하는 현실을 깨닫고 다른 사람들을 인식할 수 있도록 도와준다. 좋은 엄마가 길러낸 아기들은 스트레스에 강할 수밖에 없다.

"안 힘들게 산 적이 없는 것 같아요"

내가 왜 스트레스에 이토록 약한가 점검해봐야 하는 또 하나의 자리는 이전에 비슷한 경험을 한 적이 있는가다. 지금 내가 겪는 일이 유독 힘든 건 누구나에게 똑같이 괴로운 일이라서가 아닐지 모른다. 이전에 내가 겪었던 마음의 상처나 실망감을 다시 일깨우는 일이라면 몇 배는 더 아플 수 있다. 다친 데를 또 다치면 더 아프기 마련이다. 상처를 자꾸 받다 보면 익숙해져서 더 이상 아프게 느껴지지 않을 것 같다고? 그렇게 생각하는 사람이 있다면 아마도 충분히 아파보지 않은 사람일지 모른다.

도연 씨는 얼마 전 늦깎이 대학생이 되었다. 학교를 졸업하고 평범한 직장인으로 무난하게 지내던 도연 씨는 '아무 일 없이 진행되는' 일상에 숨이 막혀서 사표를 던지고 제2의 진로를 선택하기에 이르렀다. 고등학교를 졸업한 뒤 전문대에 진학했을 무렵에는 집안 사정이 어려워서 아르바이트를 몇 개씩 해야 겨우 학비를 댈 수 있었다. 그러니 남들이 말하는 대학 시절의 추억, 도연 씨에게는 그야말로 꿈도 못 꿀 일이었다.

다시 그렇게 시간을 보내버릴 생각은 전혀 없었다. 공부도 각종 활동도 열심히 하리라 단단히 벼르면서 들어간 학교, 그러나 현실은 녹록하지 않았다. 도연 씨는 가까운 친구 하나 만들지 못했고, 이쪽저쪽 기웃거리기만 하며 적응에 힘들었다. 더 스트레스가 되는 건 자신의 모습 때문이었다. 대학교에 다시 입학할 때에는 새로운 진로를 시작한다는 의미가 가장 컸다. 그런데 정작 힘든 건 학과보다도 인간관계였다. 같은 과 학생들 사이에 왕따처럼 서성거리는 스트레스가 너무 커서 수업 시간에 들어가지 못한 채 빈 강의실에서 눈물 흘린 적도 있었다. 힘들게 찾아간 교내 상담실에서 이런 질문을 받았다.

“이전에도 이렇게 힘들어본 적이 있었나요?”

“안 힘들게 산 적이 없는 것 같아요.”

“막연하게 느껴지겠지만 조금 더 찬찬히 생각해보세요. 지금이랑 비슷하게 힘든 느낌을 받아본 적이 전에도 있었을까요?”

가만히 기억을 더듬어보는데, 아주 오래 전에 지나간 장면들이 떠오른다. 아이들이 이쪽에 한 무리, 저쪽에 또 한 무리 서 있다. 도연 씨는 이쪽에도 저쪽에도 끼지 못하는 깍두기 신세였던 자신을 기억해냈다. 잊고 지냈던 첫 번째 대학 시절도 생생하게 기억이 났다. 다시 학교에 들어오기 전까지는 일하느라 바빠 시간이 없어서 친구를 못 사귀었다고만 생각했었다.

그렇지만 새삼스럽게 떠오르는 기억 속 도연 씨는 공부에 목숨 건 사람도 연애에 목숨 건 사람도 아닌 – 역시 이도 저도 아닌 애매한 그림자 같은 사람이었다. 전문대니까 2년이란 짧은 시간 동안 학교를 다녀서 그런 거지, 합리화하려고 했지만 자신을 제외한 나머지 사람들 중에는 함께 일을 하는 사람도 연애를 한 사람도 가까운 친구가 된 사람들도 있었다. 도연 씨가 겪은 것처럼 이전에 나를 힘들게 했던 일들은 또다시 돌아올 때 더욱 나를 아프게 한다.

어린 시절을 지나는 동안에 사람들은 세상에서 쏟아져 들어오는 각종 스트레스들을 다루는 자신만의 방법을 만들어내게 된다. 이런 방법들 가운데 방어 기전이 들어간다. 스트레스–질병 모델의 두 번째 단계에서 '방어 기전'에 대한 이야기를 한 적 있다. 만일 아이가 겪어야 했던 스트레스가 유달리 크거나 다른 사람들보다 더 쉽게 무너지는 특성(이를 '취약성'이라고 부른다)을 갖고 있다면 그 아이는 미성숙한 방어 기전을 갖게 되기 쉽다.

가랑비가 내린다면 예쁘고 가벼운 우산으로 충분하다. 그렇지만 비바람이 몰아치면 튼튼한 우산을 써야 한다. 집 밖으로 나가면서 우산을 펴는 순간 비바람이 너무 거세게 몰아쳐서 우산을 펴지도 못한다면, 혹은 애써 우산을 폈는데 형편없이 약한 우산이라 찢어지거나 뒤집어져 버린다면 흠뻑 젖은 꼴이 될 수밖에 없다. 가장 도움이 필요한 그 순간에 가장 무방비 상태가 되어버린다. 이것이 미성숙한 방어 기제를 가진 사람의 모습이다. 미성숙한 방어 기제를 가진 어린이는 자라서 상실이나 이혼, 경제적 타격 같은 여러 가지 삶의 문제들과 마주치게 될 때 제대로 반응하지 못한다.

'회복탄력성Resilience'이라는 개념이 있다. 똑같은 높이에서 똑같은 크기의 고무공과 찰흙덩어리를 떨어뜨린다고 생각해보자. 땅에 부딪히는 그 순간을 고속 카메라로 촬영해보면 고무공도 찰흙덩어리도 똑같이 납작하게 찌부러진 모습이 될 것이다. 그렇지만 다음 순간, 고무공은 탄성력을 통해 원래의 자기 모습을 회복한다. 몇 번 다시 튕겨 올라오면서 몇 번은 더 찌그러지는 시간을 지나야 하지만 말이다. 그러나 찰흙덩어리는 철퍽, 떨어지면 그걸로 끝이다.

회복탄력성은 역경에 효과적이면서도 끈질기게 대응하는 능력이다. 몇 번을 넘어져도 다시 일어나는 오뚝이 같은 회복탄력성을 가진 사람이라면 인생의 역경 앞에서도 순간 찌그러질 수는 있을지언정 영원히 납작해지지는 않을 것이기에 부딪쳐볼 만하다고 생각할 수 있다. 혹시 이런 회복탄력성을 자신의 특장점으로 생각하는 사람이 있다면 이것은 근사한 외모나 타고난 지능처럼 상당 부분 내 노력에 의한 것이 아니라는 점을 기억해야 한다. 회복탄력성은 어린 시절 부모와의 관계가 어땠는지에 의해 결정되는 경우가 많기 때문이다.

그렇다고 회복탄력성 수준이 한참 떨어진다고 생각하는 사람이 부딪히는 상황마다 나를 '이 따위로' 키운 부모 탓만 하고 있어서도 안 된다. 성격 유형이 스트레스에 미치는 영향도 부모 탓 못지않게 크기 때문이다. 성격의 한 유형으로 A유형이라는 게 있다. 흔히 애기하는 '소심한 A형', 소위 A형 혈액형을 가진 사람들의 이야기가 아니다. 심장 질환을 앓는 사람들의 성격 유형에 대한 연구에서 나온 결론이다.

관상 동맥 질환은 심혈관계 질환 가운데서도 치명적인 결과를 낳는 병인데, 이 병에 잘 걸리는 사람들의 성격적 특성을 A형 유형이라고 한다. 이 성격은 경쟁적이고 정력적이며 공격적인 특징을 갖는데, 이런 사람이라면 여유로운 성격의 사람에 비해 관상 동맥 질환을 앓게 될 가능성이 매우 크다고 할 수 있다.

B유형 성격은 차분하고 편안한 성품으로 분류되며, 당연하게도 관상 동맥 질환의 가능성이 낮다. 성격 유형 역시 어느 정도 선천적으로 타고나는 부분들이 있기 때문에 여기서조차 부모 탓을 한다면 ("왜 나를 이런 성격으로 낳은 거죠?") 할 말은 없지만 스트레스에 대한 반응이 가벼운 자극으로부터 심각한 파국에 이르는 다양한 스펙트럼으로 나타나는 것에 나 자신의 성격과 성품이 기여하는 바가 크다는 사실은 기억해둘 필요가 있다.

기억을 담당하는 '해마'를 손상시키는 스트레스

스트레스는 그냥 느낌에서 끝나지 않고 우리 몸 전체에 영향을 미친다. 온 몸으로 영향력을 떨치기 위해 동원되는 핵심 기관은 뇌다. 뇌는 스트레스를 감지하고, 이에 대해 평가하고, 어떤 반응을 보일지 선택하고, 마침내 반응을 일으키는 모든 과정을 담당한다. 뇌의 어떤 부위가 스트레스 반응을 담당하는지 꼭 집어 말하기는 어렵다. 왜냐하면 뇌가 일하는 방식 자체가 네트워크 형식으로, 전 뇌 영역에 걸쳐 정보를 주고받으면서 상황을 정리하기 때문이다. 그래서 사랑에 대해 이야기할 때와 마찬가지로 스트레스에서도 뇌의 특정 부위보다는 뇌 및 신체에 전반적인 영향을 미치는 호르몬이나 신경전달물질이 주로 주목받는다.

스트레스를 받으면 뇌 안의 노르아드레날린 체계와 세로토닌 체계가 활성화된다. 노르아드레날린 체계는 불안에서 중요하고 세로토닌 체계는 우울의 핵심 축에 해당한다. 스트레스에서 가장 흔하게 나타나는 반응이 우울과 불안인 것을 생각하면 금방 이해가 간다. 노르아드레날린 체계에서는 청반(Locus Ceruleus, 푸른 점이라는 뜻)이라고 불리는 뇌의 한 부분이 중요한 역할을 하는데, 뇌 속에 존재하는 대부분의 노르아드레날린이 여기서 만들어진다.

노르아드레날린은 우리 몸의 자율 신경계 중에서 흥분을 담당하는 교감 신경계의 자극과 연결되는 호르몬이기도 하다. 노르아드레날린이 분비되는 상황에서 나타나는 신체 증상은 혈압이 오르고 가슴이 두근거리며 땀이 나고 얼굴이 붉게 달아오르는 모습 등이 있다. 이러한 모습은 자극을 받아 화가 났을 때의 모습과 비슷하다. 교감 신경이 자극되면 이 상황에서 싸울지 도망칠지 뇌가 결정을 내리는 동안 신체가 어느 쪽의 선택이든 잘 수행해낼 수 있도록 준비시킨다. 이것이 바로 '투쟁 혹은 도피' 반응이다.

스트레스를 받아 지금까지 유지하고 있던 균형이 깨어질 때에도 신체는 기본적으로 둘 중 하나의 반응, 즉 이 스트레스에 맞서서 싸워야 할 것인가, 아니면 이 스트레스는 감당하기 어려운 것이니 도망쳐야 할 것인가? 두 가지 선택지 가운데 하나를 고를 준비를 하고 있다. 스트레스를 받으면 시상하부에서 특정 호르몬이 분비되어 시상하부-뇌하수체-부신으로 연결되는 호르몬 축이 활성화된다. 부신피질 호르몬, 소위 말하는 '스테로이드' 호르몬이 왕성하게 만들어져서 혈액 속으로 쏟아져 들어가면 신체는 스트레스 호르몬으로도 불리는 스테로이드 호르몬의 영향을 받게 된다.

이 호르몬의 역할은 워낙 다양해서 다 설명하려면 책 한 권으로도 부족하겠지만 간단하게 요약하자면 심혈관계를 활성화시키고 에너지 사용을 촉진해서 앞에서 언급한 '투쟁 혹은 도피' 반응을 잘 감당할 수 있게 해준다. 스테로이드 호르몬 가운데 하나인 아나볼릭 스테로이드(Anabolic Steroid, 합성한 남성호르몬)는 1988년 서울올림픽 남자 100미터 결승에서 세계신기록을 세우며 금메달을 차지한 뒤 도핑검사에서 양성 판정을 받아 금메달을 박탈당한 벤 존슨 때문에도 유명세를 탔다.

그 외에도 스트레스를 얘기할 때 주로 얘기가 나오는 뇌의 부위로는 '해마'와 '편도체'가 있다. 해마는 기억을 담당하는 뇌의 구조물로, 변연계의 한 부분이기도 하다. 스트레스를 받는 동안에 해마가 중요한 이유는 이전에 경험한 기억들이 스트레스 반응을 만들어내는 데 결정적인 역할을 하기 때문이다. 예전에 내가 경험한 일들은 뇌 안에 기억이라는 이름으로 저장되어 있다. 어떤 기억들은 스트레스 반응을 더욱 강화시킨다. 상처 입은 기억이 더욱 상처에 민감하게 만든다는 이야기를 앞에서 한 바 있다.

또 어떤 기억들은 스트레스에 대해 반응을 보이는 것을 억제한다. 지지적이고 애정 깊은 관계를 경험한 사람은 그 기억들 때문에 신체적 정신적 외상 사건을 입어도 심각하고도 영구적인 정신적 손상을 모면할 수 있게 된다. 누군가에게 깊이 사랑받는 경험을 해봤던 사람은 비록 자신이 무시당하고 짓밟히는 상황 속에 놓이더라도 '상황이 잘못됐거나', '자신을 공격하는 사람이 잘못됐다고' 생각한다. 이

전에 오래도록 자신의 가치를 존중받고, 사랑받았던 기억이 있기 때문에 이런 생각을 하는 일이 가능하다. 무시당하는 데 기분이 좋을 리야 없겠지만, 뭔가 오해가 있어서일 거라고 받아들인다. 혹은 제대로 사람을 보는 눈이 없는 상대에게 심각한 문제가 있다는 생각에 걱정까지 든다. 그러나 그런 따뜻한 사랑의 경험이 없는 사람이라면 자신을 향한 공격의 화살이 겨누어지는 그 순간부터 '내가 이럴 줄 알았지' '난 역시 안 돼' 같은 생각을 하게 된다.

전쟁을 겪은 군인 가운데 외상후 스트레스 장애(Post-Traumatic Stress Disorder, 흔히 PTSD라고 줄여서 말한다)를 앓는 사람들은 해마의 부피가 감소되어 있다는 보고가 있다. 해마는 특히 만성적인 스트레스에 의해 더 쉽게 손상된다고 한다. 편도체는 감정의 모든 영역에서 가장 중요한 역할을 하는 아몬드 모양의 조그마한 구조물이다. 감정을 처리하는 역할을 맡고 있으며 불안이나 두려움을 경험할 때 스트레스 반응을 조율한다. 역시 PTSD 환자에서 편도체의 구조적인 변화가 보고된 적이 있어서 스트레스가 감정에 전반적으로 영향을 미친다는 사실을 역으로 확인할 수 있다.

생명을 위협할 정도의 극심한 스트레스, 트라우마

스트레스는 그 정의부터가 애매한 만큼 어디서부터 어디까지를 스트레스에 의한 병이라고 규정하기 어렵다는 심각한 단점이 있다. 그럼에도 불구하고 스트레스는 개인의 삶 전반에 걸쳐 넓은 영향을 미치고 마침내 몸과 마음에 골고루 병을 일으키는 인자로 꼽힌다. 한 연구 보고에 따르면 내과계 입원 환자들의 약 71퍼센트가 스트레스와 관련된 질병으로 입원한다고 한다. 그중에서도 스트레스와 직접적인 연관 관계가 있는 신체 질환은 긴장성 두통, 편두통, 고혈압, 관상동맥 질환, 기관지 천식, 위궤양, 과민성 대장 증후군, 신경성 피부염, 류마티스성 관절염 등이 있다. 때로는 스트레스와 직접 연관 관계가 없는 병을 찾기가 더 힘들게 느껴지기도 한다.

마음의 병도 마찬가지다. 워낙 흔한 병인 주요 우울증 같은 경우에도 대부분의 사람들이 첫 번째 우울 증상이 나타나기 직전에 개인에게 스트레스를 주는 생활 사건을 경험한다고 한다. 심지어는 거의 확실하게 뇌의 질환으로 받아들여지고 있는 조현증(정신분열증) 같은 경우에도 심근 경색이나 당뇨병과 같은 신체적 질병처럼 정신적, 사회적 스트레스에 의해 병의 경과가 영향을 받는다는 게 정설이다.

그래도 굳이 스트레스가 직접적인 원인이 된다고 꼽히는 마음의 병들이 있다. 가장 먼저 꼽을 만한 병은 스트레스에 대한 반응이 가장 심한 모습으로 나타나는 병으로, 앞에서 잠깐 등장한 외상후 스트레스 장애다. 이 병은 외상적인 사건에 부딪힌 뒤에 나타나는 증상들을 두드러진 특징으로 삼는 불안장애의 한 종류다. 병의 이름 안에 '스트레스'와 '트라우마Trauma'가 들어 있다.

이름을 가만히 풀어보면 '외상을 입은 후에 생긴 스트레스 장애'라는 뜻이다. 여기에서 잠깐, 트라우마란 무엇일까? 트라우마, 즉 정신적 외상은 감정과 심리에 가해지는 깊은 상처를 말한다. 트라우마는 생명의 위협을 느낄 정도의 극심한 스트레스로, 정신 구조에 심각한 손상을 입히는 자극을 말한다. 스트레스도 정신적 자극을 주는 것이긴 한데, 어디까지가 스트레스이고 어디서부터는 트라우마라는 기준 같은 건 없다. 그 뒤에 나오는 '스트레스 장애'라는 단어에서의 스트레스는 유발 인자로서의 스트레스보다 반응으로 나타나는 스트레스를 표현한다고 생각하면 되겠다.

일반적으로 외상후 스트레스 장애를 일으키는 트라우마들은 보통의 스트레스보다는 조금 더 센 의미를 담는 경우가 많다. 전쟁이나 고문, 쓰나미 같은 자연재해, 강간이나 심각한 자동차 사고 등이 정신적 외상 수준에 해당한다고 볼 수 있다. 물론 최근에는 실제로 얼마나 심각한 일을 겪었는지 하는 것보다 더 중요한 것이 개인이 그 사건을 어떤 식으로 받아들이고 해석하느냐라고 이야기하기는 한다. 그래도 정신적 외상은 일반적인 스트레스보다는 훨씬 무게감 있는 개념으로 보는 것이 맞을 듯하다. 외상후 스트레스 장애는 생각보다 매우 흔해서 일반 인구의 약 10퍼센트가 이 병을 앓을 가능성이 있다고 한다.

외상에 대한 반응은 강렬한 두려움이나 공포로 시작한다. 미경 씨는 끔찍한 교통사고에서 운 좋게 살아남은 여성이다. 유치원 교사로 일하던 미경 씨는 아이들을 태우고 유치원으로 향하던 중 중앙선을 넘은 음주운전 차량과 충돌하는 사고를 당했다. 미인까지는 아니었어도 인상이 퍽 좋은 편이었던 미경 씨의 외모는 치명적인 교통사고로 제 모습을 잃고 말았다. 하지만 미경 씨를 더 고통의 나락으로 떨어뜨린 건 사고로 목숨을 잃은 아이들에 대한 죄책감이었다.

분명히 그 사고는 미경 씨의 잘못으로 일어난 것이 아니었음에도 불구하고 미경 씨는 그날 아이들을 하나씩 태우던 그 순간을 떨쳐버릴 수가 없다. 세상에서 마지막 인사가 될 줄 모른 채 아이들은 자기 손을 잡고 유치원 차량에 태워주는 엄마나 아빠, 할머니에게 인사를 했다.

"다녀오겠습니다~!"

차량 밖에서 보호자들이 손을 흔들어주었다. 선생님에게는 "감사합니다~!"라고 인사를 했다. 사고가 난 뒤 몇 달이 지나도록 미경 씨는 운전대를 잡을 수가 없었다. 차만 보면 겁부터 났다. 버스나 지하철을 타는 건 괜찮았지만 다른 사람이 운전하는 차도 타기가 힘들었다. 굳이 차를 타야 하는 경우라면 모자를 푹 눌러쓴 채 주변에 있는 차를 보지 않으려고 애를 썼다.

밤에는 악몽에 시달렸다. 사고가 나던 그 순간이 재현되기도 하고 아이들과 함께 어디로 도망가려는데 잘 되지 않아 식은땀을 흘리기도 했다. 낮에도 미경 씨는 항상 초긴장 상태였다. 아무리 애를 써도 도무지 일에 집중할 수가 없고 사소한 일에도 깜짝 깜짝 놀랐다. 일도, 사회생활도 엉망이 되어버린 미경 씨의 모습은 전형적인 외상후 스트레스 장애다.

강렬한 공포와 자기 힘으로는 아무것도 할 수 없는 경험에서 출발한 이 병은 시도 때도 없이 반복되는 재경험(악몽 속에서도, 혹은 멀쩡한 대낮에 머릿속에서 끊임없이 반복되는 사고 순간에 대한 기억 속에서도), 자극의 회피(차를 아예 못 타게 된 모습은 자동차라는 자극을 적극적으로 피하고 있다는 증거다), 각성 상태의 증가 등을 특징으로 한다. 외상후 스트레스 장애만큼 심하지는 않지만 역시 스트레스와 직접적으로 연관이 있는 병으로 적응 장애가 있다. 앞에서 정규직으로 전환되는 데 실패했던 직장인 균영 씨가 진단 받은 병이기도 하다.

스트레스가 병이 된 적응 장애

적응 장애는 스트레스 상황에 대한 정서적인 반응을 특징으로 하는 병이다. 뚜렷한 스트레스 인자에 대한 반응으로 감정이나 행동의 문제가 나타나는 경우에 적응 장애로 진단하게 된다. 외상후 스트레스 장애보다 조금 더 낮은 비율(일반 인구의 2~8퍼센트)로 보고되는데, 이 병이 드물어서라기보다 다른 심한 병이 있으면 적응 장애를 진단할 수 없기 때문이다. 즉, 스트레스 상황이 심각하고 그에 따른 정서적인 증상들이 심하면 외상후 스트레스로 진단하지 적응 장애로 진단하지 않는다. 우울증이 스트레스 때문에 시작되었다고 하더라도 심한 우울증의 증상이 두드러지게 나타나면 적응 장애로 보지 않고 주요 우울 장애만 진단하게 된다.

적응 장애는 남자보다 여자에게 두 배 정도 많은 편이고 가장 위험한 사람들은 싱글 여성이다. 이 병은 청소년기부터 자주 관찰되는

데, 청소년 시기에는 학교 문제나 부모와의 갈등, 부모의 이혼이나 약물 남용 등이 원인이 되는 경우가 많다. 성인에서는 부부 관계 갈등이나 이혼, 이사, 경제적인 어려움 등이 스트레스 유발 인자로 꼽힌다. 적응 장애는 우울감이 두드러진 경우, 불안이 두드러진 경우, 행동의 문제가 나타나는 경우, 이들이 뒤섞인 경우로 세분할 수 있다. 앞에서 스트레스가 가장 흔하게 일으키는 정서적인 문제들이 우울과 불안이라고 설명했던 것을 기억한다면 쉽게 이해가 가는 부분이다. 그러나 스트레스 때문에 마음이 좋지 않다고 해서 무조건 적응 장애라고 하지는 않는다.

대부분의 정신과적인 질병이 그렇듯 그저 증상을 경험하는 것만으로 무조건 병이라고 할 수는 없기 때문이다. 스트레스 때문에 경험하는 증상들이 '병'이 되는 순간은 둘 중 하나다. 이 스트레스 때문에 나타날 만한 심리적인 고통이 대략 어느 정도 되리라는 게 일반적인데, 그것보다 훨씬 더 심한 고통으로 힘들어한다면 그것은 병이다. 혹은 이러한 스트레스 반응 때문에 원래 그 사람이 하고 있던 일상적인 일들, 즉 직장인이라면 직장에서 하는 일, 학생이라면 학교에서 하는 공부, 주부라면 집에서 하는 기본적인 일들이 펑크가 나기 시작하면 거기서부터는 병이라고 말할 수 있다.

중규 씨는 1년 전에 지금 다니는 회사로 스카우트된 평범한 직장인이다. 원래 다니던 회사보다 지금 다니는 회사의 규모는 작았지만 직급도 높고 연봉도 훨씬 많은 좋은 조건으로 스카우트했기에 기꺼이 거기에 응했다. 그런데 막상 일하면서 보니 상황이 처음에 생각했던 것과 많이 달랐다. 큰 회사에서 일할 때보다 작은 회사에서 일하면서는 흔히 말하는 '갑'보다 '을'의 입장에서 일해야 하는 경우가 많아졌던 것이다. 가능하면 모든 일에서 갑의 입장에 맞추어줘야만 하는 직업 생리가 불편하고 불쾌했다. 그렇지만 그건 일이니까 뭐, 감수할 수 있다. 더 힘든 건 중규 씨가 데리고 일하는 직원들 사이에 빚어지는 갈등이었다. 대기업에서 받은 일들을 하도급 업체로 분류하는 과정에서 심심하면 직원들 사이에 다툼이 벌어졌다. 하도급 업체에서도 말썽이 생기기 일쑤였다.

급기야 중규 씨는 자신을 높이 평가해서 지금 있는 회사로 불러들인 윗사람이 자신에게 실망할 거란 생각에 극심한 스트레스를 받기 시작했다. 때마침 중규 씨가 책임지고 일을 진행한 프로젝트가 크게 삐거덕거리기 시작했다. 하청업체에서 문제가 생기면서 진행되던 일들이 모두 멈춰서고 말았다.

중규 씨는 밤잠을 이루지 못하고 두통에 시달렸다. 주변에서는 중규 씨가 잘못한 게 아니라며 위로했지만 그런 말은 전혀 도움이 되지 않았다. 자기 일을 잘 못해내고 있다는 생각은 중규 씨로 하여금 심한 불안에 시달리게 만들었다. 평상시에는 잘 마시지도 못하던 술을 잠을 도울 겸, 스트레스를 잊을 겸 자꾸 찾게 됐다. 하지만 술도 그다지 도움이 되지 않았다. 속만 불편하고, 술 마신 다음 날 아침에 일어날 때에는 더 비참한 기분만 들게 만들었다. 결국 중규 씨는 이 모든 일이 다 자신의 책임이라며 대책도 마련하지 않은 채 사표를 던지고 혼자 여행을 떠났다. 그러고는 푹 쉬려고 찾은 여행지에서조차 불안과 두통으로 어쩔 줄 모르다가 병원을 찾게 되었다.

중규 씨가 보여주는 모습은 쉽게 볼 수 있는 적응 장애의 전형적인 패턴이다. 직장에서 일을 하다 보면 생각대로 일이 풀리지 않아 골치를 썩일 수 있다. 그렇지만 중규 씨처럼 자기 탓을 하면서 불안과 두통에 시달리는 건 흔하지 않다. 일이 꼬이는 상황에서 일반적으로 겪을 만한 고통보다 훨씬 더 큰 고통을 경험하고, 직장인으로서 해야 하는 기본적인 일상에서 못 견디고 튕겨 나오는 모습은 중규 씨의 어려움이 단순히 '누구나 그럴 수 있지' 수준을 넘어선다는 점을 시사한다. 이때부터는 중규 씨가 겪는 스트레스가 '적응 장애'라는 병으로 이어졌다고 볼 수 있다. 적응 장애는 외상후 스트레스 장애와는 달리 자율 신경계의 흥분 증상, 즉 쉽게 잘 놀라고 가슴이 두근거리고 식은땀을 흘리거나 손을 떠는 등의 증상은 잘 보이지 않는다.

현실과 자신을 분리하는 과정, 해리

스트레스가 문제를 일으키는 것은 이게 전부가 아니다. 때로는 스트레스에 대해 보여야 할 반응들이 전혀 나타나지 않는 것도 심각한 문제가 될 수 있다. 이런 현상이 주된 증상으로 나타나는 병에는 '해리장애Dissociative Disorder'라는 것이 있다. 이 이름은 낯설게 들릴지 모르지만 '해리성 기억 상실증Dissociative Amnesia', 흔히 얘기하는 '충격으로 인한 기억 상실증'이라고 얘기하면 누구나 한번쯤 들어본 적이 있을 것이다. 대개 해리성 기억 상실증은 심각한 정신적 충격과 갈등의 결과로 나타나게 된다. 특히 문제가 되는 것은 배신으로 인한 정신적 외상이다. 믿고 신뢰하던 사람이 뒤통수를 치고 떠나가면 분노와 상처로 부들부들 떨게 되는 게 일반적인 사람들의 모습이다.

그런데 이 상처를 너무 심각하게 겪게 되면 이 사건이 뇌 속에서 처리되고 기억되는 과정 자체에 영향을 미쳐서 개인적으로 의미 있는 중요한 기억들이 증발되게 만든다. 추리소설 작가로 유명한 애거서 크리스티의 이야기는 정신과학 교과서에도 실려 있는데, 그녀가 쓴 소설이 소개되는 것이 아니라 그녀 자신이 해리 장애 증례의 주인공으로 등장한다.

1926년, 애거서 크리스티의 남편이었던 아치는 낸시 닐Nancy Neele이라는 여성과 사랑에 빠졌다며 갑작스럽게 이혼을 요구한다. 부부가 크게 싸운 어느 날 남편은 애인과 주말을 보내려고 집을 나가버리고, 애거서 크리스티도 비서에게 "요크셔에 가서 쉬고 오겠다"는 편지를 남긴 채 사라진다. 그 뒤 그녀의 차가 버려진 채로 발견되었다.

이미 유명한 작가였던 애거서 크리스티의 행방에 대하여 대대적인 수색 작업이 펼쳐졌지만 아무 곳에서도 흔적이 발견되지 않았다. 그 후 실종 11일째 되던 날, 한 호텔에 '테레사 닐Teresa Neele'이라는 이름으로 투숙하고 있는 애거서 크리스티가 발견되었다. 말 그대로 '발견'이었는데, 왜냐하면 크리스티는 자기가 누군지 왜 여기 와 있는지도 잘 모르는 채로 멍한 상태에 있었기 때문이다. 당시 크리스티를 진찰한 정신과 의사 두 명은 그녀에게 '해리성 둔주Dissociative fugue(해리 장애 가운데 하나로 자기 과거를 다 잊어버린 채 여행을 떠나는 병)'의 진단을 내렸다.

1926년은 크리스티에게 무척 힘든 한 해였다고 한다. 그해 초 어머니를 병으로 여의었고, 사건 직전에는 남편의 부정이 드러나 고통을 겪었다. 정상적인 상황이라면 스트레스 때문에 무척이나 힘들어 하는 게 당연할 터다. 어머니가 돌아가셨으면 펑펑 울고 슬퍼하면서 어머니를 그리워하고 남편의 바람기 때문에는 상처 받고 화내면서 괴로워하는 게 맞다. 물론 더 '정상적인' 상황은 어머니가 돌아가시지 않고 잘 지내시거나 남편이 자신에 대한 사랑의 약속을 충실히 지키는 상황이긴 하겠지만.

그러나 제아무리 잔잔한 날이라 하더라도 바람이 호수 위에 미세한 물결을 일으키듯 삶에는 언제나 스트레스를 주는 일들이 일어나게 마련이다. 어머니의 임종이나 남편이 바람을 피우는 걸 알게 되는 일은 그중에서도 강풍이 부는 경우에 해당될 것이다. 강풍이 불면 호수의 물이 출렁거리는 게 정상이다. 한데, 만일 강풍이 불어도 물 한 방울 튀기지 않는다면 그건 더 이상한 상황이다.

해리 증상을 보이는 사람들은 스트레스를 감당하는 게 힘들어서 이로 인한 고통과 슬픔, 혼란과 충격을 억누른 채 자기만의 세상 속으로 숨어버린 사람들이다. 여러 종류의 해리성 장애에서 거의 공통적으로 관찰되는 심인성 기억상실Psychogenic amnesia은 자기 자신을 스트레스 원인으로부터 지키려고 하는 우리 마음의 안타까운 발버둥이기도 하다. 충격적인 사건 자체를 잊어버리기도 하고, 자기 자신이 누구인지를 잊어버리기도 하고, 지금 내가 어디에서 무엇을 하고 있는지를 잊어버리기도 한다. 이럴 때 우리 마음속에서 작동하는 방어 기전은 '부정'과 '해리'다.

부정은 우리가 경험하는 다양한 감각 경험, 즉 보고 듣고 만져서 느끼는 모든 경험들을 모조리 취소해버릴 만큼 강력한 수단을 동원해서 현실의 아픔을 인식하는 일을 어떻게든 피하려고 한다. 남편이 끔찍한 사고로 세상을 떠나 그의 장례식까지 치르고 난 뒤에도 자기도 모르게 남편의 아침식사를 준비하는 부인이 있다면 부정의 한 예가 될 것이다.

해리Dissociation는 정서적인 고통을 피하기 위해 현실과 자신을 분리하는 과정이다. 폭행을 당하는 동안 자기 자신이 그 상황을 겪는다는 걸 도저히 받아들일 수 없는 사람의 마음은 그 상황을 '마치 영화를 보는 것처럼' 한 발짝 물러선 상황에서 담담히 바라보도록 만들 수 있다. 교통사고를 경험한 미경 씨는 사고가 나는 순간 자신이 공중에 붕 떠올라서 아래에서 벌어지는 뒤죽박죽의 상황을 바라보는 것 같았다고 말한다. 차가 부딪혀서 찌그러지고, 주변의 차들이 급정거를 하고, 구급차가 도착하고, 다친 자신을 차 밖으로 끌어내는 과정들을 내려다보면서 '저 사람, 참 아프겠다'고 생각했던 것을 기억한다.

가만히 바라보노라니 다친 사람이 자기 자신이라는 걸 깨닫는 순간 통증이 갑자기 몰려들면서 이게 대체 어떻게 된 거지? 하는 혼란감에 휩싸여 미칠 것만 같았다고 이야기한다. 사고를 당하는 순간의 충격이 그 사람 마음에 받아들여질 수가 없어서 해리가 되는 쪽을 선택한 셈이다. 스트레스에 대하여 지나치게 심한 반응을 보이는 것도 문제지만 보여야 할 반응이 나타나지 않는 것도 그에 못지않게 문제가 된다. 이렇게 해서 무의식적으로 눌러놓은 기억과 감정들은 없어지지 않고 고스란히 그 사람의 마음속 깊은 곳에서 곪은 상처로 작용할 수 있기 때문이다.

스트레스가 삶의 균형을 맞추어준다고?

스트레스는 발아래 굴러다니는 돌처럼 너무도 흔하게 마주치는 일상의 한 부분이다. 한편으로 스트레스는 일종의 세균과도 같다는 생각이 든다. 스트레스가 너무 많으면 세균 감염의 경우와 마찬가지로 지독히 고생을 할지도 모른다. 최초의 항생제, 즉 세균을 죽이는 약물인 페니실린 발견에 노벨상까지 준 것은 다 이유가 있다.

그러나 세균이 전혀 없는 것은 또 다른 문제가 된다. 우리 장 안에는 수많은 세균들이 살고 있다. 건강한 성인의 경우 균총은 1킬로그램 정도의 무게가 나간다고까지 한다. 그렇지만 이 세균들은 박멸의 대상이 아니다. 장내 세균은 신진대사와 면역 기능 조절, 음식의 소화, 발암 물질의 분해 및 흡착과 같이 다양한 기능을 하는 걸로 알려져 있으며 심지어 '제3의 장기'로까지 일컬어진다.

최근에는 비만의 원인으로 장내 세균총의 불균형이 꼽히기도 하였다. 장 안에 정상 세균총이 살고 있어야 건강한 장내 환경을 유지할 수 있다. 일정량 이상의 정상 세균총이 존재해야 유해균을 방어할 수 있기 때문이다. 눈으로 볼 때에는 깨끗하게 보이는 피부에도 항상 세균들이 살고 있다. 피부에 묻은 유해 세균이나 바이러스 때문에 질병을 일으킬 수 있는 가능성이 있어서 손을 자주 씻으라고 강조하기는 하지만 피부 표면의 박테리아(세균)가 모두 해로운 것은 아니다. 피부에 존재하는 정상 세균은 피부의 균형을 유지하는 데 중요한 역할을 하고 피부에 상처가 날 경우 염증이 커지는 것을 막아준다.

스트레스도 이와 같다. 잡초를 뿌리뽑듯 스트레스를 우리 일상에서 아예 제거해버린다는 것은 불가능하다. 스트레스는 적절한 수준이라면 꼭 필요하다. 삶의 균형을 맞추기 위해서라도 스트레스의 존재가 필요하다.

잠시 스트레스의 원래 개념인 '외부에서 주어지는 힘 또는 압력'으로 돌아가보자. 덤벨이나 기구를 사용하는 근력 운동은 근육의 힘과 크기가 커지는 형태의 운동이다. 무게를 얹어 주어서 근육이 수축하게 만듦으로 힘이 강해지고 근육이 자라게 만든다. 적당한 무게와 반복 횟수, 운동 간격 등이 근력 운동에서 중요한데, '적당한'이라는 것은 근육이 견딜 수 있는 범위 안에서 가능하면 필요한 만큼의 자극을 일으키는 것을 뜻한다. 너무 무거워서 근육에 지나친 힘을 주게 되면 근육이 파열될 수 있다.

반대로 무게 부하가 되지 않으면 근육 운동이 제대로 될 수 없다.

일상에서 만나는 스트레스도 이와 같다. 시험 스트레스가 없으면 공부할 리가 없다. 마감 스트레스가 없으면 막판에 집중력을 발휘하기 어렵다. 직장에서도 스트레스가 전혀 없다면 업무 의욕이라든가 적당히 긴장감 있는 생활을 기대하기 힘들다. 자극해야 움직이는 게 사람의 특성 가운데 하나이기에 그렇다.

앞에서 참 좋은 어머니에 의해 내가 받는 스트레스들을 탄성력으로 흡수해내는 이상적인 상황에 대해 이야기했다. 물론 그럴 수 있었다면 더할 나위 없이 좋았을 것이다. 내가 가진 스트레스들이 중요하게 다루어지고 내가 겪는 스트레스 그 자체보다 나 자신이 입는 상처들을 안타깝게 여겨주면서 나를 꼭 안아주는 환경을 경험했더라면 말이다.

유치원이라는 사회의 첫 관문을 지나는 어린이들을 한번 보자. 아이들은 아무 생각 없이 사는 것처럼 보이기도 하고 자기들의 세계에서 나름 행복해 보인다. 그렇지만 아이들의 눈높이에서 바라본 세상은 또 다르다. 사회화라는 명제 하에 다른 아이들과 잘 어울려야 한다. 지금까지 대충 얼버무리고 넘어갈 수 있었던 대소변 처리 역시 실수하지 않고 잘 치러내야 한다. 모든 아이들은 예술적 소양이 풍부해야만 한다는 듯 음악도 미술도 각종 주어지는 과제들도 잘 감당해내야 한다. 하지만 그게 어디 그리 쉬운 일인가.

여러 가지 스트레스에 시달려도 “다른 애들은 다 잘하는데 넌 왜 못하니?” 같은 스트레스 유발성 비교 발언에 시달리기 일쑤다. 어른이 보기에 어린이는 언제나 ‘틀린’ 생각을 하는 것 같다. 엉뚱한 데 신경 쓰고 필요 없는 것에 매달린다. 어린이가 다 틀리고 어른이 다 맞는 게 사실이라 하더라도 항상 틀리는 사람의 입장에 있는 것은 역시 쉽지 않다.

참 좋은 어머니가 스트레스에 시달리는 어린아이를 꼭 안아주면서 "괜찮아, 다음에 더 잘하면 돼"라고 말해주는 환경이었다면 좋았겠다. 온갖 새로운 일들에 노출되어 벙벙해진 나머지 쉬고 싶을 때 그냥 가만히 내버려둬줄 수 있었다면 정말 좋았겠다. 도저히 쫓아갈 수 없는 내용들을 익히면서 허덕거리고 쫓아가느라 지칠 때 딱 나에게 필요한 만큼의 격려를 해줄 수 있었다면 참 좋았겠다.

그러나 대부분의 경우에 경험한 양육은, 가만히 내버려둬줬으면 좋겠다 싶을 때 참견으로 개입하는 것이었고, 격려가 필요할 때 야단을 맞는 것이었으며, 칭찬이 필요할 때 무관심한 것이었다. 그렇지만 다른 장에서도 얘기했듯이, 건강한 가정이 문제 있는 가정보다 더 찾기 힘든 시대에 충분히 좋은 부모 손에 자라지 못한 것을 안타까워만하고 있을 수는 없다.

나에게 지금 이 시점에서 스트레스를 주는 누군가를 향해 원망의 시선을 보내봤자 아무 소용이 없다. 한데, 그보다 더 소용없는 일은 내가 스트레스에 남들보다 민감하게 반응하도록 키운 (것처럼 보이는) 부모님이나 환경을 향해 원망의 시선을 보내는 일이다. 그러면 어떻게 해야 할까? 항상 문제가 되는 것은 스트레스가 있느냐 없느냐 하는 그 자체보다 적절한 스트레스인가 아닌가 하는 점이다.

적절히, 적당히 이런 말은 말이 쉽지 실제로 어디까지를 적절하다고 볼 것인가 애매한 구석이 있다. 그렇지만 여기에서도 눈여겨볼 부분이 있다. 적절하다고 '본다는' 것, 즉 그렇게 '보는' 나의 시각에 방점이 찍힌다는 사실이다. 스트레스는 질량 보존의 법칙을 따르는 절대치가 아니다.

시선이 달라지면 다르게 보일 수 있다. 제아무리 거창한 스트레스 해소법이라 해도 스트레스 자체를 없앨 수 있는 방법은 없는 법이다. 그럴 수도 없거니와 그러려고 하는 동안 쓸데없이 누수되는 에너지가 너무 많아진다. 그렇다고 해서 스트레스에 대처하는 방법이 전혀 없는 건 아니다. 스트레스를 바라보고 이를 받아들이는 나 자신을 변화시켜 좀 더 여유롭게 스트레스에 대처할 수 있게 하는 방법이 존재한다.

스트레스가 정상 세균과 비슷하다고 말한 바 있다. 스트레스를 뿌리 뽑으려고 하는 사람은 이 세균들을 다 박멸하려고 몸부림치는 사람과 비슷하다. 피부에 묻어 있는 것 같은 세균을 없애려고 하루 종일 손을 수세미로 문지르고 있는 사람을 떠올려보자. 강박 장애를 앓는 사람 가운데 실제로 이런 사람들이 있다. 손이나 팔에 오염 물질이나 세균 등이 묻어 있다고 생각해서 손을 씻고 또 씻고, 항균 비누 사용은 기본이고 때수건이나 수세미, 목욕 솔 등 다양한 도구를 동원한다.

그러나 결과는 참혹하다. 세균은 없을지 몰라도 피부는 반복되는 자극 때문에 엉망으로 상하기 십상이다. 다른 일상생활을 전혀 할 수 없을 정도로 시간이 허비되어버린다. 그러면 어떻게 해야 할 것인가. 지나치게 세균이 창궐하는 피부를 만들 필요까지는 없겠지만 적당한 수준에서 더불어 살아가는 존재로 내 몸에 존재하는 세균들을 받아들이는 훈련을 해야 한다.

이것이 스트레스 극복의 기본자세다. 자신이 스트레스를 받을 수 있는 존재임을 인정하고 스트레스가 유익할 수도 있다는 사실을 받아들이는 것이다. 스트레스 상황 아래에서 겪는 혼란과 어려움은 힘들긴 하지만 정상적인 반응이며 도움 되는 부분이 있다.

학원 선생님인 승아 씨는 최근의 삶이 자신에게 지나친 스트레스로 다가온다고 느끼고 있던 터였다. 학원에서 하는 일부터가 보수에 비해 자신에게 지나치게 많은 것을 요구하는 것 같았다. 일만 힘든 게 아니다. 얼마 전 오빠가 결혼해서 집을 떠나면서 부모님의 결혼 강요가 눈에 띄게 많아지기 시작했다. 생각 같아서는 승아 씨도 빨리 결혼하고 싶다. 문제는 승아 씨가 워낙 바쁘다 보니 누군가를 만나고 사귀고 할 시간 자체가 별로 없다는 데 있었다. 학원 안에서 같이 일하는 선생님 가운데 한 명이 자신에게 호감을 가진 것처럼 보이긴 하지만 단순히 사귀는 데에서 끝나는 게 아니라 결혼까지 염두에 둔다면 이 사람은 영 아니다.

그런 와중에 느닷없는 친구의 연락을 받았다. 대학 동창이 갑자기 전화를 해와서, 친구였던 아무개가 자살로 세상을 떠났다는 소식을 전했다. 아주 친하게 지내던 사이는 아니었지만 이 소식은 승아 씨의 그렇지 않아도 복잡하던 머릿속을 뒤집어놓는 데 일조했다. 승아 씨는 말 그대로 혼란과 어려움을 겪으면서 마음이 온통 분주해졌다.

얼핏 보아서는 이러한 혼란이나 어려움이 어디에 어떻게 도움이 되는지 잘 모르겠다는 생각이 들기 쉽다. 그렇지만 친구의 자살 소식을 들으면서 승아 씨가 마음이 힘들어지는 건 그녀가 인간관계에서 '살아 있는' 사람이기에 가능한 일이었다. 친구의 사망은 스트레스 척도에서 성적인 어려움 및 경제 상태 변화에 바로 뒤따라오는 항목이다.

친구가 자살했다는 이야기를 듣는데도 아무렇지 않다면 그건 승아 씨에게 다른 더 심각한 문제가 있음을 의미하는 것일 수도 있다. 좋지 않은 소식을 듣고 마음이 좋지 않아지는 것은 정상적인 반응이고, 승아 씨가 다른 사람들과의 관계 속에 존재하고 있다는 사실을 보여준다. 그리고 많은 경우에 죽음은 삶에 대해 더 많은 생각을 하게 만드는 역할을 한다. 마치 어두움이 깊을수록 작은 빛이라도 더 환하게 보이는 것과 같다.

혼란스럽고 어려운 상황에서 승아 씨는 정신없이 시간에 밀려가는 것처럼 살고 있던 자기 자신을 문득 돌아보게 되었다. 그러자 갑자기 모든 것이 분명해지는 느낌이 들었다. '그 친구는 무엇 때문에 죽고 싶을 정도로 힘들었을까. 나는 만날 피곤하다 힘들다 말하는데 뭐가 그렇게 피곤하고 힘든 걸까.' 이 질문에 대한 대답으로, 승아 씨는 오랫동안 미루면서 쓰지 않고 있던 휴가를 내고 며칠간 쉬기로 했다.

스트레스는 자신이 가지고 있는 내적인 자원資源을 깨닫게 하는 기회를 주기도 한다. 아마도 친구의 장례식에 참석한 승아 씨는 현재의 삶에 매몰되어 있던 자신을 한 발짝 물러서서 바라보게 되면서 자기 삶에서 의미 있는 것이 무엇인지 바라보는 시간을 갖게 되었을 것이다. 잊고 지내던 친구들이 자신에게 소중하다는 것을 새삼 느꼈을 수도 있다. 일에 치여서 덮어놓은 채 지내던 다른 사람들에 대한 관심, 위로하는 능력, 함께 울어줄 수 있는 자신의 힘을 보게 되었을 것이다.

"나를 죽이지 못하는 것은 나를 더 강하게 한다"

스트레스를 스트레스로 '보게끔' 기여하는 것 중 하나가 시간이다. 맞닥뜨린 일이 어떤 일인지를 떠나서, 단순히 시간에 쫓기는 것 때문에 경험하는 스트레스가 많다. 『늘 급한 일로 쫓기는 삶』이라는 책이 있다. 내용도 그렇지만 제목을 참 잘 지었다는 생각이 든다. 급한 일은 제목과 똑같이 우리들을 쫓아온다. 급한 일은 언제나 있으며 항상 특별 대접을 요구한다. 그러나 모든 급한 일이 중요한 일은 아니다.

응급실 인턴이 가장 먼저 배우는 치료 원칙은 ABC다. A는 기도 확보Airway, B는 호흡 유지Breathing, C는 혈액 순환Circulation이다. 병원 응급실만큼 급한 일이 넘쳐나는 곳도 좀처럼 만나기 어렵다. 응급실 문을 우당탕 열어젖히며 사고를 당해 엉망이 된 환자가 실려 들어오면 ABC를 잘 따라야 한다. 뇌처럼 중요한 기관은 산소 공급이 몇 분만 늦어져도 뇌사 상태에 빠지게 될 수 있다. 펌프질하듯 흐르는 피를 급하게 지혈시키다가 호흡이 유지되지 못하면 생명이 위태로워진다. 혈액 순환도 급한 순위 안에 들어가지만 어디까지나 호흡이 확보된 이후의 일이다.

우선순위 문제가 생명과 직결되는 것은 비단 응급실에서만의 얘기가 아님을 기억해야 한다. 계획을 세워서 움직이는 것은 좋은 일이다. 다만 너무 욕심 부리지 말고 자기가 어디까지 할 수 있는가 잘 판단한 뒤 현실적으로 가능한 정도의 목표를 세운다. 만약의 사태에 대비해 약간 여유 있게 시간표를 짜는 게 좋다. 가능하다면 한 번에 한 가지 일만 하도록 하고 시간에 쫓긴다고 생각되면 될수록 반드시 휴식 시간을 가져야 한다.

스트레스를 다루기 위해서는 시간뿐 아니라 마음과 생각도 관리해야 한다. 앞에서 '스트레스로 본다'는 이야기를 했다. 어떤 주어진 상황을 스트레스로 볼 지의 여부는 어디까지나 나에게 달려 있다. 이런 상황에서 조심해야 할 것은 강박적인 사고다. 반드시 잘해야만 한다, 이번에 안 되면 안 된다고 하는 생각들은 그럴 듯한 주문처럼 들리기 쉽지만 실상은 어깨에 불필요한 힘이 들어가게 만드는 가장 큰 요인이다. 기대할 수는 있지만 꼭 내가 바라는 대로 일이 굴러가야만 할 필요는 없다. 이럴 때 상담실에서 많이 해주는 이야기는 '날씨처럼' 생각하는 게 좋다는 말이다. 갑자기 무슨 엉뚱한 날씨 타령인가, 이런 생각이 들지 모르겠다.

일과 상황을 바라볼 때 마치 어릴 적 소풍 날씨를 기대하던 것과 비슷하게 바라볼 수 있다면 좋겠다. 어린 시절, 소풍날이면 약속이나 한 듯이 비가 올 때가 많았다. 요새는 어떤지 잘 모르지만 옛날 학교에 떠도는 괴담에는 삽으로 용을 때려죽인 수위 아저씨가 등장했다. 내용인즉슨, 수위 아저씨가 뱀인 줄 알고 죽인 용 때문에 소풍날마다 비가 온다는 것이다.

용은 찾아보고 싶어도 전설 속의 동물이니 찾을 수 없는 데다 어린 학생들의 눈에는 수위 아저씨가 세상에서 제일 힘센 사람처럼 보일지 몰라도 나이가 들면서 가끔 수위 일을 하시는 어르신 분들을 뵈면 (기업체의 용역 경비가 아닌 바에는) 그렇게 힘이 세어 보이지도 않는다.

소풍날 날씨가 화창하고 아름다우면 덜 불편하고 훨씬 재미있게 놀 수 있어 좋다. 하지만 기억 속에 자리 잡은 몇몇 즐거운 추억들 중에는 비오는 날 우산 쓰고 비옷 입고 중무장을 한 채 놀던, 때로는 머리카락이 다 젖도록 비 맞으며 뛰어놀던 장면들이 있다.

소풍날 날씨가 좋으면 참 좋겠다, 하고 바라는 건 그럴 수 있는 일이다. 그렇지만 소풍날 날씨가 반드시 좋아야만 한다, 하고 바라는 건 무리이기 쉽다. 날씨는 내 마음대로 되는 게 아니기에 더욱 그렇다.

나에게 스트레스를 주는 대상에 대해서도 이렇게 생각할 수 있다면 스트레스로 보이는 정도가 훨씬 덜할 수 있다. 나를 힘들게 하는 누군가가 제발 그렇게 행동하지 않았으면 좋겠다, 이렇게 바랄 수는 있다. 그렇지만 '그 사람은 절대로 그렇게 해서는 안 돼!', '그 사람은 내가 생각하는 대로 행동해야만 해!'라고 당위를 부여한다면 내 뜻대로 되지 않는 그 순간에 받을 스트레스는 앞에서 "~이랬으면 좋겠다"라고 했을 경우보다 몇 곱절은 튀게 된다. 그리고 곰곰이 생각해보면 날씨만 내 마음대로 되지 않는 게 아니다. 사람들도 상황들도 내 마음대로 되는 게 별로 없는 게 현실 아닐까.

세상에서 가장 바꾸기 쉬운 상대는 자기 자신이라고 한다. 그만큼 내가 맞닥뜨린 상황, 특히 내가 부딪힌 다른 누군가를 바꾸는 일은 너무 어렵다는 뜻이다. 바꿀 수 없다면 빨리 포기하는 게 상책이고, 상대를 바꿀 수 없다면 자신을 바꾸는 게 맞다.

스트레스에 대한 이야기를 정리하면서 떠오르는 노래가 있다. "What doesn't kill you makes you stronger"라는 소절이다. 〈아메리칸 아이돌American Idol〉이라는 미국 인기 오디션 프로그램을 통해 데뷔하여 가수가 된 켈리 클락슨Kelly Clarkson의 노래다. 이 노래에서 가수는 자신을 떠나간 누군가를 향해 당당하게 이야기한다. 나를 망쳐놓고 너는 떠나갔지만 나는 얼마든지 다시 돌아갈 수 있다고. 비록 혼자여도 외롭지 않다고. 어려움을 겪고 나면 나는 더 강해져서 파이터가 된다고. 어려움 그 이후에 그 자리에 가만히 있지 않고 앞으로 더 나아가서 새로운 시작을 하였노라고.

많은 사람들이 좋아하는 문구이자 노래의 제목에 해당하는 내용을 직역하면, "자신을 죽이지 않는 것은 자신을 더 강하게 한다"는 것이다. 이 말은 독일이 낳은 위대한 철학자인 니체Friedrich Nietzsche가 한 말이기도 하다. 스트레스도 이렇다고 생각한다. 스트레스 때문에 너무 힘들고 고통스러울 수는 있겠지만 아파서 헐떡이는 가운데 잠시만 상황을 있는 그대로 바라보자. 혹시 지나치게 부풀려서 보고 있는 것은 아닌지. 아직 실제로 일어나지 않은 일까지 지레 두려워하는 건 아닌지.

인내가 필요한 시점일 수도 있다. 그렇지만 결코 후퇴는 아니다. 단지 스트레스를 겪고 있을 뿐이고, 마침내 본래의 나 자신으로 되돌아갈 거란 사실을 잊지 말아야 한다. 스트레스가 가볍고 쉬운 일은 아니지만 나를 죽이지 않는 것은 나를 강하게 하기 때문에 견뎌야 할 필요가 있다.